政治文化丛书

历史大棋局

古代雄主用人评略

陈家兴／著

人民出版社

策　　划:江苏春雨教育集团有限公司
责任编辑:李甜甜
封面设计:蔡立国
责任校对:吴　伟

图书在版编目(CIP)数据

历史大棋局:古代雄主用人评略/陈家兴 著. —北京:
　人民出版社,2018.1
　ISBN 978 - 7 - 01 - 018477 - 7

　Ⅰ.①历…　Ⅱ.①陈…　Ⅲ.①人才管理-谋略-研究-中国-
　古代　Ⅳ.①D691.4

中国版本图书馆 CIP 数据核字(2017)第 261484 号

历史大棋局

LISHI DAQIJU
——古代雄主用人评略

陈家兴　著

人 民 出 版 社 出版发行
(100706　北京市东城区隆福寺街 99 号)

淮安精彩飞扬广告印务有限公司印刷　新华书店经销

2018 年 1 月第 1 版　2018 年 1 月江苏第 1 次印刷
开本:880 毫米×1230 毫米 1/32　印张:13
字数:248 千字

ISBN 978 - 7 - 01 - 018477 - 7　定价:48.00 元

邮购地址 100706　北京市东城区隆福寺街 99 号
人民东方图书销售中心　电话 (010)65250042　65289539

出版说明

为什么出版《政治文化丛书》?

习近平总书记在党的十九大报告中指出,要发展积极健康的党内政治文化,全面净化党内政治生态。加强党内政治文化建设,对推动全面从严治党向纵深发展、推进党的建设新的伟大工程具有极为重要的意义。

当代中国共产党人和中国人民应该而且一定能够担负起新的文化使命,在实践创造中进行文化创造,在历史进步中实现文化进步。建设党内政治文化,关键要以文化人,推动成风化俗。为此,我们筹划出版《政治文化丛书》,为广大党员干部提供精彩独特的文化读本。

《政治文化丛书》有什么特点?

一是故事意义深刻、文化底蕴深厚。丛书坚持以马克思主义为指导,坚守中华文化立场,立足当代中国现实,结合当今时代条件，体现中国特色社会主义的文化内涵；讲求"故事载道"，以随笔和叙议风格为主要形式，寓深刻道理于生动故事之中。

二是党员干部写、党员干部读。丛书作者都是党员领导干部，不但工作勤奋，是各自工作岗位的行家里手，而且爱读书、爱思考、善写作。他们见解独到，发乎内心，充满真情和智慧，对广大党员干部必有启迪，对广大读者也大有裨益。

三是既有意义、又有意思。丛书力求言之有理、深入浅出，清新可人、篇幅短小（一般都在十万字左右），倡导真诚、摒弃说教，讲品位、讲格调、讲责任，让读者在"悦读"中领悟中华文化的永久魅力和时代风采。

四是持之以恒、细水长流。计划每年出版五六种，春风化雨，润物无声，与读者共同成长，一起进步。

总　序

知古鉴今　古为今用

文化是一个国家的根脉，是一个民族的灵魂。

在 5000 多年文明发展中孕育的中华优秀传统文化，在党和人民伟大斗争中孕育的革命文化和社会主义先进文化，积淀着中华民族最深层的精神追求，代表着中华民族独特的精神标识。三者一脉相承，共同构筑了中国特色社会主义的文化精神和文化品格，是新的历史条件下全体中国人共同的精神家园。

党的十九大报告把发展积极健康的党内政治文化、全面净化党内政治生态纳入全面从严治党战略部署，赋予全面从严治党更深沉的文化内涵，体现了党的建设与中国特色社会主义文化建设的高度统一。习近平总书记在党的十九大报告中强调，当代中国共产党人和中国人民应该而且一定能够担负起新的文化使命，在实践创造中进行文化创造，在历史进步中实现文化进步！这套"政治文化丛书"正是在此背景下编纂而成的。

读罢丛书，想起《周易》的一句话——"观乎天文，以察时变；

观乎人文，以化成天下"。我们在仰望星空的同时，通过阅读好的著作，以史为鉴，正衣冠，明古今，从而达到政治文化建设的目的，实乃有益之事。丛书编委会嘱我写几句话，我想就我国历史上以史为鉴的文化传统问题谈几点体会。

在中华文明数千年的发展历程中，历史与国家发展、与政治兴衰呈现出高度密切的关系。历代政治家、思想家、史学家都充分认识到以史为鉴的重要性。不晚于西周，以史为鉴的政治文化传统已经产生。《诗经·大雅·荡》说："靡不有初，鲜克有终。""殷鉴不远，在夏后之世。"这两句诗的产生显然都与作者对历史的总结有关。又《尚书·周书·召诰》说："我不可不监于有夏，亦不可不监于有殷。""监"即"鉴"，是周初统治集团以夏商灭亡的历史引以为戒的反映。春秋战国时期，列国争霸争强，王朝兴衰如走马灯似的频繁，严峻的形势教育各国统治者，必须注重吸取历史的教训。如《战国策·赵策一》记载赵襄子的家臣张孟谈"观成事，闻往古"，总结出"前事之不忘，后事之师"的名言。再如《荀子·成相篇》云："前车已覆，后未知更何觉时！"西汉初年韩婴熟练引用"前车覆，后车不诫，是以后车覆也"的鄙语，说明"前车之鉴"这个成语的基本思想在战国晚期已经形成。

秦统一与速亡这一天崩地裂般的巨变，极大地推动了西汉初年以史为鉴思想的发展，贾谊的《过秦论》就是其中的杰出代表。在详细分析了秦亡之因后，贾谊指出："是以君子为国，观之上古，验之当世，参之人事，察盛衰之理，审权势之宜，去就有序，变化因时，故旷日长久而社稷安矣。"他从理论层面总结出了以史为鉴的原因、目的、方法与意义。在秦汉以后统一多民族国家的漫长发展历程中，善于以史为鉴是许多杰出政治家获得成功的关键，也是中华民族许多时期登上"盛世""治世"高峰的重要原因，更是中华文明在艰难曲折中不断前行的重要思想基础。这是一个不争的历史事实。

古人不但重视总结历史、以史为鉴，而且重视历史经验的现实转化。"夫明镜者，所以照形也；往古者，所以知今也。"西周初年从夏商灭亡的历史中吸取了"失德而亡"的教训，认识到要想"永保天命"，就必须"敬德保民""明德慎罚"。周初统治集团"务在节俭，毋多欲，以笃信临之""故成康之际，天下安宁，刑错四十馀年不用"。由此可知我国历史上的民本思想起源于西周不是偶然的。汉初刘邦以"马上得天下，马上治天下"自负，拒绝从历史中吸取经验，经郦食其、叔孙通、陆贾等人的说服，终于懂得了礼仪教化的重要意义，遂命陆贾"试为我著秦所以失天下，吾所以得之者何及古成败之国"，于是陆贾"粗述存亡之征"，撰成《新语》十二篇。刘邦从历史中吸取教训，及时调整秦代严刑峻法、横征暴敛的统治政策，推行清静无为、与民休息的国策。这影响着汉初几代君主的施政方针，并与"文景之治"的出现有直接关系。以李世民为首的唐初统治集团深刻认识到"以古为镜，可以知兴替"的真理，为政彰善瘅恶、选贤任能、以民为本、崇尚节俭、大布恩德、严明吏治，造就了一代"贞观之治"。纵观历史长河，善于以史为鉴，并将历史经验与社会现实相结合，是一些王朝成功延续数百年并取得较好治理效果的一条重要经验。

中国特色社会主义文化，源自于中华民族5000多年文明历史所孕育的中华优秀传统文化，熔铸于党领导人民在革命、建设、改革中创造的革命文化和社会主义先进文化，植根于中国特色社会主义伟大实践。在新的历史条件下，我们以史为鉴当然不仅仅是要学习借鉴古代的历史，近代以来中国人民为实现中华民族独立、解放和伟大复兴而不懈奋斗的历史，中国共产党领导中国人民走上社会主义道路的历史，特别是改革开放以来中国特色社会主义建设与发展的历史，同样是我们今天必须借鉴的重要内容。

"述往事，思来者"。站立在960万平方公里的广袤土地上，吸吮着中华民族漫长奋斗积累的文化养分，拥有13亿多中国人民聚合的磅礴之力，我们走自己的路，具有无比广阔的舞台、无比深厚的历史底蕴、无比强大的前进定力。本丛书以中国特色社会主义文化建设的新理念新思想新战略为指导，紧密结合当前党和国家的现实需要，从全面从严治党的战略高度，从历史和现实的维度为读者提供了一套优秀读物。

首先，视野开阔。本丛书从探究历史本来、思考当下与未来的思路出发，内容涵盖古今，既有对我国历史上治乱兴衰轨辙的探讨，也有对革命传统中红色基因的分析；既有青年干部读书养德的心得体会，也有涵养共产党人"心学"的思想养料。著者以马克思主义的历史观与方法论为指导，把古今紧密结合在一起，为读者特别是党员领导干部从广阔的历史长河中借鉴历史经验，深入贯彻落实党的十九大精神提供了开阔的视野。

其次，内涵丰富。习近平总书记曾经指出："在漫长的历史进程中，中华民族创造了独树一帜的灿烂文化，积累了丰富的治国理政经验，其中既包括升平之世社会发展进步的成功经验，也有衰乱之世社会动荡的深刻教训。我国古代主张民惟邦本、政得其民，礼法合治、德主刑辅，为政之要莫先于得人、治国先治吏，为政以德、正己修身，居安思危、改易更化，等等，这些都能给人们以重要启示。"本丛书正是以扎实的史料、丰富的内涵，从理论与实践的层面，为读者特别是党员领导干部修身养德、为政处世提供了一份优质的精神食粮。

第三，文风清新。本丛书不是长篇大论，而是将历史借鉴的深刻内涵，内化于生动活泼的形式、清新隽永的文字之中。每本书都是以对人物、事件和问题的思考为中心，分为若干专题，篇幅短小精悍，突出主题。而著者所关注的问题，又都是曾在历史上发生过，而对现实又具有借鉴、警示意义的内容。这样一种编撰形式和清新的文风，无疑既有益于读者在百忙之中能够阅读、喜欢阅读，又具有强烈的针对性。

最后我想说的是，这套丛书的作者群体主要是在不同工作岗位上的党员干部。因而丛书从选题到内容，都更加切合当前全面从严治党形势的需要。我在拜读学习的同时，也对他们在繁忙的工作之余所作出的理论与学术贡献感到由衷的敬佩！

卜宪群

中国社会科学院历史研究所所长

目　录

自　序　用人的眼界、魄力与气度 / 001

一　"君若用之，当为君射天下" / 001

　　　　—— 齐桓公用人史话

二　晋文公：赏与罚既公且明 / 013

三　晋襄公：被臣子唾面而不怒

　　晋悼公：光脚跑出宫门救爱将 / 023

四　秦穆公："五张羊皮"换治国良才 / 033

五　楚庄王：臣子"咸猪手"事件咋处理 / 043

六　魏文侯：为何送给乐羊一整箱告状信 / 053

七　齐威王：信任章子不叛变的定力从哪里来 / 065

八　燕昭王：千金买马骨与筑黄金台 / 075

九　秦孝公：见飞鸿过眼为何停杯长叹

　　惠文王：错失苏秦的后患 / 085

十　昭襄王：用弟弟为人质换见孟尝君一面 / 093

十一　嬴政：五湖四海　听之不疑 / 105

十二　刘项何以一得天下一困垓下 / 115

　　——刘邦用人史话（上）

十三　张良最初也是个"弼马温" / 125

　　——刘邦用人史话（中）

十四　"不见兔子不撒鹰" / 139

　　——刘邦用人史话（下）

十五　以广纳贤才开启治理新局 / 151

　　——汉武帝用人的得与失（上）

十六　卫青出身奴仆却被用为将帅 / 161

　　——汉武帝用人的得与失（中）

十七　公孙贺听闻当丞相为何顿首涕泣 / 171

　　——汉武帝用人的得与失（下）

十八　奸与雄交织　用与杀并行 / 185

　　——曹操用人史话（上）

十九　不让部下追关羽的真正原因 / 197

　　——曹操用人史话（中）

二十　"唯才是举，吾得而用之" / 207

　　——曹操用人史话（下）

二十一　"举贤任能，我不如卿" / 217

　　——孙权用人史话（上）

二十二　让周泰解开衣服看身上的伤疤 / 227

　　——孙权用人史话（中）

二十三　周瑜的儿子犯罪之后 / 241

　　　　——孙权用人史话（下）

二十四　少而精　用而信 / 255

　　　　——刘备用人史话（上）

二十五　"孤之有孔明，犹鱼之有水也" / 263

　　　　——刘备用人史话（中）

二十六　"惟贤惟德，可以服人" / 273

　　　　——刘备用人史话（下）

二十七　十八学士"登瀛州" / 283

　　　　——李世民用人史话（一）

二十八　唐太宗"钓鱼执法"之后 / 291

　　　　——李世民用人史话（二）

二十九　白鹊做窝非祥瑞，贤能才是 / 303

　　　　——李世民用人史话（三）

三十　　"四海之主，不得独私故人" / 313

　　　　——李世民用人史话（四）

三十一　尉迟敬德打了李道宗一顿老拳 / 321

　　　　——李世民用人史话（五）

三十二　李世勣"其为长城，岂不壮哉！" / 333

　　　　——李世民用人史话（六）

三十三　凌烟阁二十四功臣成就贞观之治 / 343

　　　　——李世民用人史话（七）

三十四　　"岂因吴三桂反叛，遂诿过于人耶！" / 351

　　　　　　—— 康熙用人评略（上）

三十五　　"心术不善，纵有才学何用？" / 363

　　　　　　—— 康熙用人评略（下）

附 一　　中国传统治理中的识人之道 / 373

附 二　　千古德才费思量 / 381

后 记 / 396

自　序

用人的眼界、魄力与气度

历史是一盘大棋，雄主们布局落子，往往大有乾坤，极是好看。一着妙手，往往能扳回危局；一步臭棋，则可能势如垣颓。

历史是一部大书，尽管治乱兴衰的章节扣人心弦、发人省思，但"得人者兴、失人者崩"始终是这部大书的一条主线。

党的十九大报告鸿篇巨制，用人所占的篇幅相对不多，但分量却很重。"聚天下英才而用之""识才的慧眼、爱才的诚意、用才的胆识、容才的雅量、聚才的良方""坚持五湖四海、任人唯贤""坚持事业为上、公道正派""把党内和党外、国内和国外各方面优秀人才集聚到党和人民的伟大奋斗中来""形成人人渴望成才、人人努力成才、人人皆可成才、人人尽展其才的良好局面"……这些论断和话语可谓掷地有声、振聋发聩，意味着党的用人观抵达了一个前所未有的境界，让人憧憬、引人遐想。

习近平总书记多次强调"聚天下英才而用之"的理念，指出"要把我们的事业发展好，就要聚天下英才而用之。要干一番大事业，就要有这种眼界、这种魄力、这种气度。"这一理念之所以宏阔超凡，正在于其眼界乃是放眼天下，坚持"五湖四海"。其魄力，体现在不论亲疏贵贱远近，一切唯才是举。其气度，足以延揽天下英才共襄盛举、共图大业。

历史上那些有能为的雄主，都是在用人的眼界、魄力与气度上高人一筹。从春秋时期的"齐桓晋文"，到"周公吐哺，天下归心"的曹操，再到"天下英雄入吾彀中"的唐太宗，历代雄主多有"聚天下英才而用之"的眼界、魄力、气度，更在识才、爱才、用才、容才、聚才诸方面多有谋略与故事，不仅成就他们在中华史上熠耀古今的丰功伟绩，也为后人留下可资借鉴的宝贵财富。

比如，战国七雄独秦一统，关键就在于始终坚持五湖四海的用人谋略，使秦国成为重要人才的净流入国。如宋代洪迈所言："楼缓赵人，……蔡泽燕人，吕不韦韩人，李斯楚人。皆委国而听之不疑，卒之所以兼天下者，诸人之力也。"而"六国所用相，皆其宗族及国人"，在用人上搞亲疏远近、不能举贤任能，导致六国成为贤能之士的净流出国。如魏之张仪、范雎、尉缭等，皆流失在他国建功立业。在一定意义上说，魏国简直成为秦国治国大才的培养基地，其中原委，启人深思。

聚天下英才而用之，当然不是说只有外来人才方堪大用，用本土人才就不好。春秋时期的晏子是齐国人，齐景公以为相，用其策，国力日强，与晋并霸。因而，用人的关键问题是，不能唯亲，而要唯贤，"为官择人，唯才是与"。祁奚告老辞政时，晋悼公问谁可替他，一问举解狐，再问举祁午，解狐为其仇人、祁午乃自己儿子，此谓"外举不隐仇，内举不隐子"。今天，只要是真正的人才，无论党内党外、国内国外，无论亲疏、贫富，都应当吸引过来、凝聚起来，决不能因这些外在因素阻断人才进入的通道。

如何"聚"？这是"聚天下英才而用之"的首要问题。唐太宗希望封德彝举荐贤才却久无所举，问之答曰："非不尽心，但于今未有奇才耳！"太宗则斥道："君子用人如器，各取所长，古之致治者，岂借才于异代乎？正患己不能知，安可诬一世之人！"倘无识才的慧眼、爱才的诚意、用才的胆识、容才的雅量、聚才的良方，不能广开进贤之路，在发现和遴选人才问题上存在制度性壁垒，则如何能聚？唯以此为重大命题而悉心破解之，方能开阔眼界、打开思路、破除壁障。

聚天下英才而用之，关键在"用"。袁绍也很礼贤下士，却不善用，如郭嘉所言："袁公徒欲效周公之下士，而不知用人之机，多端寡要，好谋无决，欲与共济天下大难，定霸王之业，难矣。"曹操每得一贤才而用得其所，是以其军队不足袁绍十分之一却胜负已分，如其当初之言"吾任天下之智力，以道御之，无所不可"。古人云："好贤而不能任，能任而不能信，能信而不能终，能终而不能赏，虽有贤人，终不可用矣"，聚才是学问，用人更有大道，更见气度魄力，不可不深研琢磨，使用当其才、才尽其用。

"得人才者得天下，失人才者失天下"，当今世界，综合国力竞争说到底是人才竞争。要想赢得竞争，赢得未来，必当聚天下英才而用之，达致人人渴望成才、人人努力成才、人人皆可成才、人人尽展其才的境界。

本书评点的就是古代雄主用人的精彩故事。故事所承载的雄主用人的眼界、魄力与气度，及其所潜藏的用人之道，我写来直抒胸臆、动人心魄，你读来必也酣畅淋漓、荡气回肠，尤其是为政者、管理者，必会有所思、有所获、有所用。

是为序。

陈家兴

2017 年 10 月

一

"君若用之，当为君射天下"
—— 齐桓公用人史话

鲍叔牙向齐桓公引荐管仲，桓公恨恨地说：他射我的箭还在，每每戚戚于心，要食其肉而不厌，怎么还要用他呢

两个奸佞小人趁机挑拨说："今君一则仲父，二则仲父，齐国疑于无君矣！"桓公笑说："寡人于仲父，犹身之有股肱也。有股肱方成其身，有仲父方成其君。尔等小人何知？"

齐桓公晚年，食不甘味、夜不酣寝、口无谑语、面无笑容，智慧退出要津，任性与本能滋长，就开始昏聩用事

春秋战国时代，是雄主豪杰辈出的时代。无论春秋五霸还是战国七雄，所以成其雄霸之业，与其君主用人的宏阔视野与非凡格局是分不开的。也正因此，常常出现"贤人任而天下服，一人用而天下从"的旷世奇象。如管仲、苏秦等等，皆有辅佐君主雄霸天下之能。因此，考其雄主用人气象，亦是一件快意人生事。

齐桓公首先称霸，且列五霸之首而成其"伯业"，与其能用管仲高度相关。读其用管仲故事，莫不感怀于衷。

　　鲍叔牙向齐桓公引荐管仲，桓公恨恨地说：他
　射我的箭还在，每每戚戚于心，要食其肉而不厌，
　怎么还要用他呢

管仲有经天纬地之才，济世匡时之略；齐桓公有礼贤下士之风，雄霸天下之怀。其臣之遇君，如鱼之得水，而能尽展其才学抱负；其君之遇臣，如鸟之得翼，方能抒翱翔宇内之志——二人

鲍叔牙（选自《养正图解》）　　　　管仲（选自《三才图会》）

之相遇，可谓千古佳话；二人之相得，成就春秋一段传奇。

　　其实，在齐桓公小白之前，管仲先遇鲁庄公，奈何庄公见识浅薄，既不识管仲之才，又不听臣子或用或杀之言。及至听闻齐桓公拜管仲为相，方大悔不迭。当初，管仲辅佐的也不是小白而是公子纠，小白乃由管仲好友鲍叔牙辅佐。甚至在齐内乱已平要迎立新君时，管仲向鲁庄公请求带人马去追杀小白，以防他"先入为主"抢先入齐当了国君。在追上并用计接近小白时，管仲伺机弯弓搭箭射杀小白。所幸仅是射中了衣带钩，小白急中生智，咬破舌尖口吐鲜血骗过管仲。

　　在鲍叔牙费尽心机把管仲从鲁国安全囚回并向齐桓公引荐时，桓公还恨恨地说：他射我的箭还在，每每戚戚于心，要食其肉而不厌，怎么还要用他呢？鲍叔牙说："人臣者各为其主。射钩之时，知有纠不知有君。君若用之，当为君射天下，岂特一人之钩哉？"当此之际，桓公还是看在鲍叔牙的面子上，对管仲只表态"赦勿诛"。这正是桓公之明处，设若刚愎自用而固执己见，必不听叔牙之言。设若听闻有贤便不细辨详察而用之，则庸碌奸滑之徒岂非有隙可钻？

接下来，齐桓公仍只是想拜鲍叔牙为上卿，任以国政。这也无可厚非，毕竟他还只知叔牙之能而不知管仲真是天下奇才。叔牙则力荐管仲，说自己非治国之才，管仲才堪当大任，并细说自己五个方面比不上管仲。叔牙对齐桓公讲，如果你想治理好齐国，有高傒和我就足够了。如果你想称霸天下，没有管仲不行，如《史记》载鲍叔牙语"非管夷吾不可。夷吾所居国国重，不可失也"。司马迁更在《管晏列传》中说："天下不多管仲之贤而多鲍叔能知人也。"可谓极言鲍叔牙之知人善荐。春秋佳话，每每如是。

于是，桓公被说动，要叔牙叫管仲来，自己"叩其所学"。这又是桓公明处，显其明主本色，必细辨详察考其学问方才善用。

但叔牙更懂人才的脾性，说相才岂可随便召之？"夫非常之人，必待以非常之礼，君其卜日而郊迎之。四方闻君之尊贤礼士而不计私仇，谁不思效用于齐者？"这道出了尊重人才的两重含义：既使人才自己受用，又使天下英才趋之，正是古人"用一贤人则群贤毕至"的用意，也就是我们今天强调用人导向的意思。人才能被尊重到这个程度，能不"士为知己者用"？

于是桓公亲自到郊外迎接管仲，与之同载入朝。当时百姓争相观看，堵塞道路，观之无不骇然，惊叹不已。如此礼贤周备、不计前仇、捐却私忿的胸怀，可谓招贤纳士的最佳广告，在周室衰微而诸侯称雄的时代，的确是胸怀宽广高人不止一筹了。

管仲到底是只有虚名还是真有实才，必得亲自一试。这正是知才识才的过程，其实也是一个相互选择的过程。桓公与管仲谈了三天三夜，可谓字字投机，全不知倦。设若桓公只是一个庸主，无雄才大略，又岂能识之？又岂能与高贤彻夜长谈？又岂不会被贤才"炒鱿鱼"？有此一识，方奠定双方在彼此心中的不二地位。

于是桓公兴冲冲便要拜相，没想到管仲拒绝了。管仲说："大厦之成，非一木之材也；大海之润，非一流之归也。君必欲成其大志，则用五杰。"管仲颇有自知之明，说自己在某方面不如某人，必用他们才能治国强兵。这五杰分别是隰朋、宁越、王子成父、宾须无、东郭牙。于是齐桓公拜相管仲并用五人，尊其号为仲父。并称"国有大政，先告仲父，次及寡人。有所施行，一凭仲父裁决。"这简直是无保留的信任。

这种用人的宽广胸怀与视野，真是令人心驰神往。君有用才的宽广胸襟，又有善纳良言的气度，更有考察人才的眼光。臣则既有自知之明，又有察人之慧。设若管仲专才以自用，乾纲独断，必成"武大郎开店"，自此堵塞贤才通达之路。知自己之长短，更知他人之短长，而量才荐用，一心辅佐，共成大业，人才施展抱负才学的胸怀亦当如此宏阔、开放。

> 两个奸佞小人趁机挑拨说："今君一则仲父，二则仲父，齐国疑于无君矣！"桓公笑说："寡人于仲父，犹身之有股肱也。有股肱方成其身，有仲父方成其君。尔等小人何知？"

不过说来奇怪，齐桓公新得管仲为相，竟然第一次就不听管仲之言。听说鲁国要伐齐，桓公便主张伐鲁。管仲反对，但桓公不听，拜叔牙为将，与鲁国战于长勺。想来君臣之间需要磨合，需要用事实来证明彼此的正确度。设若此战一胜，则桓公必于管仲面前有得色，以后未必会言听计从。因此，有此一不听，乃有此后之必听。

长勺之战，乃历史上以弱胜强的经典战例。弱鲁所以能战胜强齐，就是由我们所熟知的那位曹刿指挥的。长勺大挫之后，桓公深悔用兵，于是委国于管仲，臣子有国事来告，他总说"何不告仲父？"可见此时桓公对管仲已是深信不疑矣。

当时桓公身边有两个奸佞小人，一个是竖貂，自宫以事桓公的那位。一个是易牙，烹子而食桓公的那位。两人趁机挑拨说："今君一则仲父，二则仲父，齐国疑于无君矣！"桓公笑说："寡人于仲父，犹身之有股肱也。有股肱方成其身，有仲父方成其君。尔等小人何知？"两个小人的挑拨有水平，戳的都是人的痛处，

齐桓公亟用贤人（选自《养正图解》）

搁在一般人主身上，恐怕心思从此重了。桓公则说得深彻透亮，也深知两位皆是小人，真可谓有知人之明。

此后，桓公奉天子以令诸侯，内尊王室，外攘四夷，扶衰弱而抑强横，率诸侯而讨昏乱，皆用管仲之"伯策"。先后以信服鲁，以德服宋，为郑平内乱以扶厉公复位，北伐山戎而救燕，为鲁定乱以立僖公而存鲁，为邢国筑城于夷仪而存邢，为卫国筑城于楚邱而存卫，大合诸侯伐楚而服之，率诸侯义戴周天子而感动天下，可谓天下莫不归心于齐，莫不畏齐之威、感齐之德、服齐之信。综观桓公在位43年，得以"九合诸侯，一匡天下"，成春秋五霸之首，赖有管仲等一班贤臣辅佐也。

而在当初纠合诸侯以伐宋的途中，更得一贤才宁戚，亦见桓公用人之器量。卫人宁戚路遇桓公而有意讥刺时政、直言犯上，桓公欲斩之，却能立听隰朋之劝，改怒容而变平气，足见其宽容大度。及至宁戚拿出管仲的荐用之书，更是大悦。当晚下寨休军时即命举火，急切地索要衣冠以封宁戚。竖貂说：卫国离齐国不远，派人去打听一下他的口碑，果真为贤才，再封也不晚。桓公则说："此人廓达之才，不拘小节，恐其在卫，或有细过。访得其过，爵之则不光，弃之则可惜！"于是便在灯烛之下，拜宁戚为大夫，和管仲同参国政。

古人讲"水至清则无鱼，人至察则无徒"，此之谓也。大贤高才者，每每恃才傲物，优点与缺点都格外分明。设若以完人为标准用人，恐怕就寻不到什么真正的大才，搜罗到的倒是些庸碌奸滑之辈了。

齐桓公晚年，食不甘味、夜不酣寝、口无谑语、面无笑容，智慧退出要津，任性与本能滋长，就开始昏聩用事

及至管仲患病不久于世，桓公亲往问谁可以为相。桓公想

用鲍叔牙，管仲说：他是君子，但不可以为政，主要因其善恶过于分明。"恶恶已甚，人谁堪之？"他见人之一恶，终身不忘，是其短也。桓公问易牙如何？管仲说：易牙、竖貂、开方三人，不可近也。于是便有了千古流传的对话：

桓公说："易牙烹其子而食寡人，是爱寡人胜于爱子。"管仲对曰："人情莫爱于子，其子且忍之，何有于君？"

桓公说："竖貂自宫以事寡人，是爱寡人胜于爱身，尚可疑耶？"管仲对曰："人情莫重于身，其身且忍之，何有于君？"

桓公说："卫公子开方，去其千乘之太子而臣于寡人，以寡人之爱幸之也。父母死不奔丧，是爱寡人胜于父母，无可疑矣。"管仲对曰："人情莫亲于父母，其父母且忍之，又何有于君？且千乘之封，人之大欲也，弃千乘而就君，其所望有过于千乘者矣。"

管仲不是算命先生，岂能预知三人日后作乱？只不过仅视其小人习性，便知在自己去后必不能安分守己而已。至于三人日后所作何乱，又岂是管仲想得到的？桓公日后亲历，却悔悟已迟，掩面而逝，自愧无颜见仲父于地下也。

桓公与管仲的病榻对话传到了易牙耳朵里，易牙便对鲍叔牙说：仲父之相，还是你所荐的。现在他竟然说你不可以为政而荐隰朋，"吾意甚不平焉"。鲍叔牙说：这正是我之所以推荐管仲的原因啊。他忠于为国而不私其友……如果使我当国为政，"即尔等何所容身乎"？这话说得酣畅淋漓之至，管仲与鲍叔牙，真可谓千古知音，一如管仲所叹"生我者父母，知我者鲍子也"。鲍叔牙的知人更是千载以传。桓公得此二人，真可谓天幸也。

隰朋病逝后，桓公想用鲍叔牙。叔牙说："臣之好善恶恶，君所知也。君必用臣，请远易牙、竖貂、开方，乃敢奉命。"桓公说："仲父固言之矣，寡人敢不从子！"即日罢斥三人，不许入朝相见，鲍叔牙才接受任命。其后，桓公仍能合七国之君而救杞，诸侯尚从齐之令，以能用鲍叔，不改管仲之政故也。足见管仲的影响力，也旁证用一贤人的划时代价值。

齐桓公晚年，所谓食不甘味、夜不酣寝、口无谑语、面无笑容，这时智慧退出要津，任性与本能滋长，就开始昏聩用事了。于是起用竖貂、易牙、开方三人，鲍叔牙谏诤都不听从，结果叔牙发病而死，"齐事遂大坏"。三人欺桓公老耄无能，专权用事，顺三人者不贵亦富，逆三人者不死亦逐，生生地把一个国家搞乱了，让桓公亲手缔造的霸业危乎其坠。

后来桓公患病，易牙、竖貂便把桓公与外面隔绝开来，在其寝室周围筑起三丈高墙，只留一狗洞派小内侍出入打探生死消息。临终前，只有曾经一幸之恩的小妾翻墙而入，为其送终死节。几个儿子为谁当国君打得不可开交，三位奸佞各助其主

桓公之死（选自《离骚全图》）

祸乱齐宫，桓公死在床上 67 天一直无人为其殡葬，尸体生虫如蚁，直散墙外。再后来，还是有赖于当初管仲的远见，在桓公盛年嘱其把世子昭托孤于宋，而终使其得君位。

只因最后任性用了三位小人，以致春秋霸业差点毁于一旦，岂不令人悲叹？所幸齐之继任者信管仲而能"遵其政"，也便"常强于诸侯"。

二

晋文公：赏与罚既公且明

跟随文公出亡的仆人壶叔就不满，直言
于文公：你三次行赏，都没有我，请问
我有什么罪过？这分明是有点急于邀功
的意思

包庇一人，看似救人一命，但会失却人心；
不因私废公，看似冷酷无情，却会赢得
人心。诸葛亮挥泪斩马谡，晋文公严惩
二将，循的正是这个公道人心

春秋一代，晋国称霸时间最长。自晋文公制霸中原开始，即有晋襄公的续霸，后又有晋悼公的独霸，先后长达百年之久。

霸业成于用人，晋国所以称霸最久，恐怕又有其"独门秘诀"。用人之道，雄主各有侧重。而从历史记载来看，晋主的用人之道，其最重者，窃以为正在于其赏其罚既公且明。

> 跟随文公出亡的仆人壶叔就不满，直言于文公：
> 你三次行赏，都没有我，请问我有什么罪过？这分
> 明是有点急于邀功的意思

晋文公重耳年少时就爱结交贤士，在外流亡 19 年，从者有赵衰、狐偃、先轸等贤士，还有数十位不知名的人。在未入位时，身无长物，而追随者如云，亦是历史上少有的气象。贤才追慕雄主也如是，雄主吸引贤才也如是。

及至复国，晋文公便大会群臣论功行赏。他分赏为三等，

《晋文公复国图》（局部）

以从亡为首功，送款者次之，迎降者又次之。还下诏悬于国门：若有遗漏功劳者，请直言。如此分明，当是文公过人处。如果说，用什么人不用什么人是最重要的用人导向，那么赏什么罚什么则是最重要的治人之道。赏得分明，罚得在理，则人才各安其位，各尽其才。反之，人才就都会不得安生。

当然，晋文公这等行赏之法，当时也不是什么人都能理解的。跟随文公出亡的仆人壶叔就不满，直言于文公：你三次行赏，都没有我，请问我有什么罪过？这分明是有点急于邀功的意思。照一般人的理解，与领导这么亲近，领导就会首先想到他、优先安排他，哪会等到他自己去问呢。雄主用的当然不是这等思维。文公说出了下面一番话，让壶叔"愧服"，这一服，服的是理；这一愧，愧的是己。而"晋人闻之，皆说（悦）"。这表明，赏得

晋文公（选自《绣像东周列国志传》）

分明，确实能收服人心。

文公之说，史家记载细节各有差别。司马迁在《史记》中是这样写的："导我以仁义"，用德惠来防范我的过失，受上赏。以善行辅佐我，终于使我得以成就功业，受次赏。矢石之难、汗马之劳，复次赏。至于奔走之劳、匹夫之力，又在其次。"三赏之后，故且及子。"冯梦龙在《东周列国志》中则评价说"上赏赏德，其次赏才，又其次赏功"。这可说是中国传统的价值观，自古至今，也是合乎历史演进的大逻辑的。

不过，文公善赏，却忘性大，竟然把那位割股啖君的介子推给忘了。而介子推本也不求俸禄，便携母归隐于绵山。等到想起他，文公便用了各种方法想促他出山，但介子推就是不出来，于是便用火烧山以逼他出山，却反得其咎，把他们母子烧死于树下。晋文公感念其忠怀，葬其于绵山，修祠立庙，并下令在介子推死难之日禁火寒食，以寄哀思，流传至今的寒食节即源于此。

这堪称千古一憾，虽然这与介子推的清高品格有关，但也不能不说是晋文公善赏之白璧微瑕。司马迁就大为感慨地写道："晋文公，古所谓明君也，亡居外十九年，至困约，及即位而行赏，尚忘介子推，况骄主乎？"确然，行赏能做到完美极致者，古今有几？其为雄主者，唯尽力为之，有错即改而已。

晋文公便这样以论功行赏开始修国政，"举善任能，省刑薄敛，通商礼宾，拯寡救乏"，即使晋大治。

> 包庇一人，看似救人一命，但会失却人心；不因私废公，看似冷酷无情，却会赢得人心。诸葛亮挥泪斩马谡，晋文公严惩二将，循的正是这个公道人心

当初文公流亡于曹国时，曹共公无礼，而独有其大夫僖负羁送食物和玉璧给他。及至文公伐曹，便下令不许惊动僖负羁一家，有犯僖氏一草一木者斩首。却偏偏有魏准、颠颉二人挟

功骄恣，酒后竟然烧了僖负羁的家。这两人都有从亡 19 年之劳，又新立大功，但文公决意论罪，终诛颠颉而革魏准职。将士们一看，这两人有从亡大功，一违君命便或诛或革，况他人乎？于是知国法无私，三军肃然知畏。如此公道处置，确是晋文公的远见卓识。

事实上，关于有功者犯事的问题，自古而今有多种处置方式。比如有功过相抵而免罪者，有允许戴罪立功者，甚至有为有功者网开一面、重责备而轻惩处者。但唯雄才大略、胸襟旷远者，才能做到不以私废公、不以功掩过。

延安时期，被称为革命功臣的黄克功，因求恋不成而枪杀女大学生刘茜。对黄克功杀还是不杀？当时也是争论不休。黄本人希望能死在抗日杀敌的战场上，不要死在延安的法场上。案件审判长雷经天写信给毛泽东提出"严格依法办事，对黄克功处以极刑"。但也有领导同志请求毛泽东赦免黄克功的死刑。

然而，在毛泽东同志看来，共产党必须功过分明，赏罚严明，功不抵罪，罪不否功。他在给雷经天的那封著名复信中这样写道："黄克功过去斗争历史是光荣的，今天处以极刑，我及党中央的同志都是为之惋惜的……有如此卑鄙的，残忍的，失掉党的立场的，失掉革命立场的，失掉人的立场的行为，如为赦免，便无以教育党，无以教育革命者，并无以教育做一个普通的人……正因为黄克功不同于一个普通人，正因为他是一个多年的共产党员，是一个多年的红军，所以不得不这样办……

一切共产党员，一切红军指战员，一切革命分子，都要以黄克功为前车之戒……"这段话，深刻揭示了共产党人对待功与过的价值理念，也深刻阐明了"罚"的理由与力量。

历史与实践演绎的逻辑就是这样：包庇一人，看似救人一命，但会失却人心；不因私废公，看似冷酷无情，却会赢得人心。诸葛亮挥泪斩马谡，晋文公严惩二将，循的正是这个公道人心。

由此，晋文公的赏罚之道内蕴的道理在于：赏，立起了高线，树起了标杆，让人才争相报国立功；而罚，则是划出了底线，设定了边界，让人才知敬畏而不敢越雷池。其赏公、其罚明，则各色人等自入其道，竭力而尽才，何愁国之不治？

伐曹后不久，晋楚即发生城濮大战，晋军大败楚师，文公践土主盟，被襄王策命为方伯。文公又论功行赏，以狐偃为首功，先轸次之。

这下诸将又搞不懂，说城濮之战，设奇计破楚都是先轸的功劳啊。文公便讲了他的道理：先轸说"必战楚，毋失敌"，狐偃说"必避楚，毋失信"。胜敌乃一时之功，全信乃万世之利，不能把一时之功看得比万世之利还重要。这下诸将又无不悦服。

原来，当年文公流亡楚国，曾受楚国款待，因便对楚有"他日治兵中原，请避君三舍"的承诺，狐偃提醒的就是必须兑现当年的承诺。确然，失信于楚，必失信于天下，又如何能为一方霸主？以信立国，人必重之，又何敢欺？文公之赏，确实赏得在理。

城濮之战（选自《绣像东周列国志传》）

行赏结束之后，又开始议罪。舟之侨本被安排备船渡师的，却开小差回家看望病妻，结果被斩。此前，还有祁瞒违命辱师被斩——先轸让祁瞒虚建大旗，守定中军不战，结果他见楚师小将挑战而忍不住一战，差点坏事。再加上更早前的颠颉被斩，文公这一次出军下来，就斩了三名宿将，可谓违令必诛，全不轻宥，结果让三将畏服、诸将用命。

文公之罚，所以罚得众人皆服，就在于罚在至理上，否则人心不服，则会空有其罚。罚得大家口服心服，当然就会舍力用命，不敢有疏忽怠慢之失。

当此之时，晋国鼎盛拥有六军，兵多将广，天下无出其右。通观晋文公一生，其之所以能最后成为一方霸主，必有其雄才大略而令贤才追随臣服，非独赏罚分明之力。但其在位短短8年，就能令国治而四方服，成就一番丰功，赏罚分明又确为至关重要的因素。因此，冯梦龙评价说：正所谓"赏罚不明，百事不成；赏罚分明，四方可行"，此文公所以能伯诸候也。此评可谓恰如其分。

三

晋襄公：被臣子唾面而不怒
晋悼公：光脚跑出宫门救爱将

先轸听说襄公应允放归秦国三将，立即怒气冲冲入见。唾襄公之面说：将士们千辛万苦抓住三人，怎么能听妇人片言只语就放了？襄公立时醒悟过来，拭面而谢，立即派人去追

悼公读罢，急问魏绛安在。听说他在宫门待罪，急得不穿鞋光脚就跑出宫门。回宫大骂弟弟杨干：不知礼法，差点陷我于错，杀我爱将

文公逝后，襄公主丧即位。这时，秦国趁机潜师袭郑，却在郑国弦高犒师后，中途灭了滑国而返。滑是晋国边境的小城，秦国这是明摆着在欺侮人，不把晋国放在眼里，当时秦穆公三置晋君、再平晋乱，威名远播，见春秋霸主晋文公新丧，便颇有顾盼自雄之心。

> 先轸听说襄公应允放归秦国三将，立即怒气冲冲入见。唾襄公之面说：将士们千辛万苦抓住三人，怎么能听妇人片言只语就放了？襄公立时醒悟过来，拭面而谢，立即派人去追

于是，襄公便在崤山灭了秦军，俘了孟明视等三将。襄公母亲文嬴，乃是秦穆公的女儿，便为三人求情。襄公于是应允放归，先轸听说了，立即怒气冲冲入见。唾襄公之面说：将士们千辛万苦抓住三人，怎么能听妇人片言只语就放了？放虎归

山，将来后悔就晚了。真可谓情急之中顾不得礼数。而襄公并未因此而怒，反而立时醒悟过来，拭面而谢，立即派人去追，却已不及而罢。这正是襄公的大肚量，襄公所以能续霸因缘于此。确然，有这般肚量，能容下臣子过失，具包容万物之心，堪为雄主，亦能成其伟业。

急而唾面，这是先轸之失，却因忠而失，可谓大礼不拘小节。拭面而谢，这是襄公之德，不因小过而犯大错，唯雄主为能。但毕竟，为人臣子有此过失，君主心里过得去，但臣子心里未必过得去。

后来，翟国犯晋，襄公让先轸为帅。先轸便推辞说："臣忿秦帅之归，一时怒激，唾君之面，无礼甚矣。无礼之人，不堪为帅。"这是先轸内心里的一个疙瘩，唯忠良常自惴自责而深感不安。但襄公却说：你为国发愤，乃忠心所激，寡人岂不谅之？这足见襄公的度量不是装出来的。只是可惜，这般度量仍然难以挽回忠良之命。

此时，先轸已有了求死之心。晋国首战告捷之后，先轸却悄悄地单车数人杀入翟阵，敌人胆怯，弓箭竟然射不穿他的重铠，先轸只好解甲受箭。行前，则留有表单一道以呈襄公。冯梦龙在《东周列国志》中写得荡气回肠："臣归而不受赏，是有功而不赏也；若归而受赏，是无礼而亦可论功也。有功不赏，何以劝功？无礼论功，何以惩罪？功罪紊乱，何以为国？"真可谓一腔忠贞，大义干云。也从一个侧面表明，晋之赏罚分明

先轸之死（选自《绣像东周列国志传》）

这一理念，其君其臣皆为共识，皆在誓死捍卫。

晋师凯旋，襄公便拜先轸之子先且居为中军元帅，以代父职。又嘉奖郤缺杀白部胡之功，说你能盖过你父亲的罪孽，所以还你父亲的封地。又对胥臣说，举荐郤缺是你的功劳，亦赏其封地。众位将领见襄公赏当其功，无不悦服。由此看来，襄公的赏罚分明之谋略，实深得乃父真传。

当初，襄公欲斩崤山之战中的秦国猛将褒蛮子，不料执刑的晋国大将莱驹畏于蛮子之勇猛，被他一声大吼"汝是我手下败将，安敢犯吾？"吓得大刀堕地，蛮子撑断绳索即来抢刀。正可谓形势危急，所幸当时边上有一个叫狼瞫的小校，迅速抢刀在手立即结果了蛮子。狼瞫可谓机警而有胆识，否则后果不堪设想。于是襄公便不用莱驹，而拜狼瞫为车右之职。当场录功为用，真可谓不拘一格，唯才是举。

然而，狼瞫没去元帅先轸处拜谢，让先轸心中不悦。因而在与翟之战时，狼瞫自请冲锋，而不为先轸所用。再后来，秦欲战晋以报崤山之败，晋即迎战。元帅先且居便决定先伐秦，狼瞫便请命于先且居，然后只带百余人，直犯秦阵，所向披靡。先且居见秦阵已乱，趁机掩杀过去，把秦兵杀得大败，及至救出狼瞫，但狼瞫已是遍体皆伤，不久伤逝。如此勇夫侠胆，真可谓千古一绝。

事后，先且居说："今日之胜，狼瞫之力，与臣无与也。"先且居决不揽功贪功为己有，可为一赞。襄公更以上大夫之礼葬之，让群臣为其送葬。如此看重贤才良将，可复为一赞。冯梦龙评价说"此是襄公激励人才的好处"，意谓这种量才录功为用的用人策略，对于人才的激励作用极大。古人常谓"士为知己者死"，你分外器重于我，我必以死报之。这种器重，往往比金钱等更有力量。

从文公、襄公赏罚的效果看，其罚，能最大限度地倒逼人才守规矩，不踩红线、不破底线。其赏，则能最大限度激发人

才的聪明才智，敢作敢当，舍我其谁。文公、襄公可谓深得赏
罚之妙。

　　悼公读罢，急问魏绛安在。听说他在宫门待罪，
急得不穿鞋光脚就跑出宫门。回宫大骂弟弟杨干：
不知礼法，差点陷我于错，杀我爱将

　　襄公逝后，中间几任君主庸弱，不堪述之。及至悼公孙周立，
晋国方迎来又一雄主。悼公是晋襄公曾孙，14 岁即位，小小少
年一番话，即令群臣战栗从命。他说：我羁旅他邦，不指望还乡，
岂望为君？为君者，乃己出命令。如果以名奉君，而不遵君之令，
不如无君。你们如果用我之命，就在今天。如其不然，你们就
追随他人吧。这是在群臣面前立威立信，不愿意当傀儡的意思。
当然，这也要看本人有没有真本事，群臣才会最终决定是否信服。
　　悼公即位后，即惩奸佞、用贤能，同时干了一件大事，就
是为赵氏平反。
　　当初，襄公之后立灵公，灵公宠信奸臣屠岸贾，谋杀赵盾，
幸得赵盾逃走。灵公后被赵盾的堂侄赵穿弑于桃园，董狐则直
笔归罪于赵盾。其后，立成公，又立景公。景公在威服齐、郑
之后，颇有矜慢之心，复宠屠岸贾，结果无辜杀了赵盾的儿子
赵朔等全族。其后，厉公立。厉公后，即悼公。其时，赵氏孤
儿赵武已 15 岁。

悼公诛杀屠岸贾（选自《绣像东周列国志传》）　　董狐直笔（选自《绣像东周列国志传》）

悼公寻得赵武，对群臣述说赵衰、赵盾两世立功于国，不忍绝其宗祀，即杀屠岸贾，立赵武。又大正群臣之位，赏善罚恶，贤者尊，能者用，录前功，赦小罪，自此百官济济，各称其职。在赏罚分明上，悼公同样得文公真传。

不过，悼公在用人上，更能别开生面。祁奚70多岁，告老辞政。悼公问谁可以替他。祁奚举荐解狐，解狐是祁奚的仇人。再问，祁奚举荐祁午，祁午是他的儿子。司马迁借用"君子"之口说：祁奚可说是不偏私了，"外举不隐仇，内举不隐子"。这就是"外举不避仇，内举不避亲"的故事。祁奚能有这样的胸怀、悼公能用这样的人才，实乃春秋战国时期在用人上的创举，亦是今天我们读史的一大快事。

《左传》还记述了祁奚后来的另一件事，以彰其正直无私。他告老还乡之后，听说叔向无辜受株连，便来营救。叔向也深信救己者只有祁奚，而不是当时人们所瞩望的另一人。其时已是晋平公为君之际，祁奚成功救了叔向后没有去见叔向，便直接回家了。叔向也没有去面谢祁奚，而是直接去朝见君王去了。真可谓君子之风，山高水长。这个故事从一个侧面表明彼时的晋国，真是人才辈出。晋国之能雄霸百年，人才辈出当是其因。而细究之下，深得用人之道又是人才辈出之因。

悼公有个弟弟叫杨干，扰乱军行，司马魏绛便杀了他的仆御。杨干素来骄贵，哪见过这等阵势？吓得便哭诉于悼公。估计当时悼公情动于衷，听其一面之词便大怒，扬言要杀了魏绛。魏绛便想自刎，幸有两人拦住并一同去见悼公。两人代呈魏绛的书信：有令不遵，有命不用，此河曲之所以无功，邲城之所以致败也，臣戮不用命者，以尽司马之职。

魏绛可谓善说，把过去失败的原因，归结于令之不行。他之所以这样做，只是在尽职而已。而悼公亦善听。有能为的君主，往往能谋深而虑远，察其大者放其小。悼公读罢，便急问魏绛安在。听说他在宫门待罪，急得不穿鞋光脚就跑出宫门。这般生动的历史情节，或为史家刻画，但类似举动是有可能的，说明雄主惜才，也是为急于挽回损失而甘尽一切努力。

悼公握着魏绛的手说：我说的是兄弟之情，你所做的是军

晋悼公因乐求贤（选自《养正图解》）

旅之事。我不能教训弟弟以致犯了军刑，过错在我，和你无干，你赶紧就职。继而回宫大骂杨干："不知礼法，差点陷我于错，杀我爱将。"发现自己错了就能赶紧纠正自己的错误，而不是在错误的道路上继续走下去，这也是有能为者非同常人处。

当时，几位臣子就称贺："君有奉法之臣如此，何患伯业不就？"而据《史记》载，悼公十一年时，悼公说道："自吾用魏绛，九合诸侯，和戎、翟，魏子之力也。"足见用一贤人，给治国称霸带来多大能量。反之，若因此而失一贤人，不但失其治国之能，更失举国人才之心。是以，在用人问题上，为官者不可不慎，万不可以一己之私，而冤枉、慢待一贤才。

后来，一些老将相继而卒，悼公重新整治军队。其时，中军、上军、下军都安排妥当，惟新军无帅。悼公说："宁可虚位以待人，不可以人而滥位。"便使其军吏附于下军。诸大夫都说："君子慎于名器如此。"这样的用人观，不仅超群，更是超前。

用今天的眼光来看，就是用人宁缺勿滥的意思。某个岗位上没有合适的人才，就宁可空着，以待将来有才能者入位。如果非得在矬子里拔高个出来，不适合某个岗位，也把他安上去，其结果往往就是不称职，使岗位所发挥的效应等而下之。如此，一个单位的能力水平就每况愈下。悼公的观念，的确是卓然超群，千载以下，其智慧仍然绽放光芒。

四

秦穆公："五张羊皮"换治国良才

楚成王让他养马，是因为不知道他的才能，若用重金赎他，不就等于告诉人家百里奚的贤能，那还能放他走吗？不如以逃跑之罪而赎之

穆公听闻由余之才，忧心忡忡地说："邻国有圣人，敌国之忧也。"

秦穆公为崤役牺牲将士立碑，并发誓词——"令后世以记余过"

秦穆公作为春秋五霸之一，能把当时的边陲弱国，治理成一方之霸，自有其过人之处。其为雄主，首先就在于胸襟宽广以纳众贤。

> 楚成王让他养马，是因为不知道他的才能，若
> 用重金赎他，不就等于告诉人家百里奚的贤能，那
> 还能放他走吗？不如以逃跑之罪而赎之

秦穆公任用贤才，有史记载的就是从著名的"五羖大夫"百里奚开始的。当时，虞国大夫百里奚被晋国俘虏，晋国把他作为秦穆公夫人的陪嫁仆人送给了秦国。秦穆公见名单中有其名，却不见这个人，就很奇怪。一问，就问出了一个经世之才。

原来百里奚走到半路逃跑了，想到自己的妻子流落在楚国，便逃往楚国去，却被楚国人当作奸细捉住了。楚人问他能干什么？他说会养牛。于是就让他养牛，结果他养的牛又肥又壮。楚成王听说了，觉得其饲牛之道与养马相通，便让百里奚为自己养马。看来，非贤君是很难识大才的，如楚成王也就只有看到饲牛之道

秦穆公（选自《绣像东周列国志传》）

百里奚（选自《绣像东周列国志传》）

与养马相通的眼光。楚成王就这样与百里奚失之交臂。

秦穆公听说了百里奚之贤，便想用重金赎回。估计这是人的正常思维，但在千里马常有而伯乐不常有的年代，秦穆公这样做就等于是直接告诉人家百里奚是千里马了。所幸秦穆公当时的谋臣就说：楚成王让他养马，是因为不知道他的才能，不如以逃跑之罪而赎之，当初管仲就是这样从鲁国脱身的。在古代，得贤人必也工于心计，每每若是。

于是，穆公就派人对楚国说：秦国陪嫁的奴仆百里奚逃到了你们这里，想用五张黑羊皮赎回他。楚国一听，估计也没上心，便爽快地答应了。等到知道百里奚之贤，只怕追悔莫及了。如此波澜不惊地就把大事办了，正是雄主的功夫。挖人才，用上了这等技巧，也算是用心良苦，正表明其强国心之切、求贤心之渴。

穆公见到百里奚，便问多大年纪，百里奚说：才七十岁。这一"才"，足见其不老之雄心壮志。穆公则一叹：可惜老了。百里奚之答则千载以下仍很震撼：让我去捕鸟搏兽，是老了；让我料理国事，我还年轻。我今天遇到你，比吕尚遇到周文王还早十年呢。

于是，秦穆公向百里奚请教，一连谈了三天，言无不合。古代君主遇贤才，往往都是这种昼夜长谈的模式，盖因心中思考治国方略百结而不得解，以试贤才而始解。这种长谈的过程，既是君主识人的过程，亦是贤才显山露水的过程。穆公非常高兴，便任命百里奚执掌秦国政权，"五羖大夫"之名由此而得。

然而，面对上卿的尊荣，百里奚却推辞了，用自己的三次经历讲明蹇叔比他强。于百里奚而言，乃唯贤是举。于穆公而言，可谓贤荐贤，多多益善。于是，秦穆公便派公子絷扮作商人，用厚礼到宋国去迎蹇叔。到了鸣鹿村，公子絷发现蹇叔的儿子白乙丙很有才，便邀他一起去秦国。国之治，其求贤也如是，其觅才也如是，更可谓上下一心。

蹇叔的一番称霸天下谋略，让穆公大为动容。于是穆公封蹇叔为右庶长，百里奚为左庶长，位皆上卿，称为"二相"，并用白乙丙为大夫。二相领政，立法教民，兴利除害，秦国大治。

秦晋大战龙门山（选自《绣像东周列国志传》）

穆公听闻由余之才，忧心忡忡地说："邻国有圣人，敌国之忧也。"

穆公见异国多出贤才，便更加留心寻访。这一用人思路，搞五湖四海，而不搞"近亲繁殖"，实乃秦国兴盛的发端，更是成就其霸业乃至一统天下的秘诀。后来穆公分别得了秦人西乞术、百里奚的儿子孟明视，皆用为大夫，二人与白乙丙一起，号称"三帅"。

百里奚听说晋国人由余有经纶之略，却在西戎为官，很是叹惜。穆公听闻由余之才，忧心忡忡地说："邻国有圣人，敌国之忧也。"这一忧，也足证其雄主之怀，必得天下英才而用乃能畅其怀。于是穆公便采用内史廖的谋略，送戎主美女以夺其志，留由余不归以爽其期，使其政事怠废，上下相疑，结果既取其国，又得其臣。这个挖人才的谋略有点毒辣，不过也正应了人才如宝惟贤主得之的常理。

后来，秦国与晋国大战于龙门山。就在穆公身陷危难的关键时刻，他的好马，却被岐山下的三百多个乡野之人偷去杀着吃了，按律他们应被处死。穆公说："君子不以畜产害人。吾闻食善马肉不饮酒，伤人"，便赐酒而赦之。后来，这三百人听说秦国攻打晋国，都舍命前来助战："皆推锋争死，以报食马之德"。这个故事表明，雄主做事，总是深谋远虑，不似庸主只看眼前。亦表明，你以贤德待人，而人必报你。

秦穆公为崤役牺牲将士立碑，并发誓词"令后世以记余过"

再后来，秦国有杞子等三位将领为郑国主管城门，及见郑国附晋，心生不忿，便劝秦穆公借晋文公新丧、郑君新立之机潜师袭郑。秦穆公便问蹇叔、百里奚,二人回答:"径数国千里而袭人,希有得利者。"况且郑有人卖郑,焉知秦无人将消息告诉郑呢?甚至还分析了三不可:以兵戍人,还而谋之,非信也;乘人之丧而伐之,非仁也;成则利小,不成则害大,非智也。

可惜这个时候的穆公,正自得意中,哪里还能听进什么良善之言?所谓得意,就是史上著名的秦穆公三置晋君、再平晋乱。方其时,穆公威名远播,而春秋伯主晋文公新丧,当此之时,估计穆公顾盼自雄之心不小。因而,穆公便派孟明视等三将出征。

结果,也是我们大家所熟知的,秦军到达晋国边境小城滑邑的时候,遇到了郑国商人弦高,他用十二头牛献秦军,说是郑国派他来犒师。三位将领一看郑国有防备,便趁机灭了滑邑而打道回府。晋文公当时去世还没有安葬,晋太子襄公气愤地说"秦侮我孤",于是便出兵在崤山截住回撤秦军,使其无一人得脱。

关键时刻,还是晋襄公之母、秦穆公女儿文嬴,救了三位被俘的将军。三人回国后,秦穆公素服郊迎,对三人哭道:我因为没听百里奚、蹇叔的话而使你们三位受到侮辱。"三子何罪乎?子其悉心雪耻,毋怠"。三人官复原职,而且穆公待他们更加仁厚。不把己过推及他人,是秦穆公之过人处。历代雄主,多有这样的胸怀与雅量,所以也才能得人。要论过,穆公战略上先错,三位将军战术上后错。战略一错,往往就是全盘皆输。

秦穆公济河焚舟（选自《绣像东周列国志传》）

倘若穆公只看到他人之短，而不正视自己之短，不能严于律己、宽以待人，又如何成其为雄主？

最终，孟明视等决心已足，誓报晋仇，他们渡河焚船以表必胜信心。晋谋臣赵衰言于襄公，指称秦军此时锐不可当，不如避让以稍遏其志，以此来平息两国之争。说白了就是，晋国服软，不与争锋，坚守不战。于秦言，声名卓著谁敢争锋？也算是不战而屈人之兵了。

于是，秦穆公为崤役牺牲将士立碑并发誓词——"令后世以记余过"，表明自己是因为没听百里奚、蹇叔计谋才导致失败，所以发此誓言让后代子孙记住自己的过错。《史记》记载称，君子们听了都感动地说："秦穆公之与人周也，卒得孟明之庆。"意谓穆公在用人方面十分周备，终于使孟明视获得大胜。能把自己的过错刻石勒碑、永为后记，穆公之肚海量矣。

当时，西戎欺秦之弱而欲率诸戎叛秦。及见秦胜晋，便率西方二十余国，尊穆公为西戎伯主。史称"千军易得，一将难求"，穆公能信孟明之贤，能够始终任用，所以终成伯业。

综观穆公用人，贵在胸襟度量。不问学历出身、背景地域，唯才是用，几人能之？礼贤下士，尊贤尚能，责己宽人，又几人能之？认准贤才而用，则始终不相疑而相用，更几人能之？有此三者，则人才焉能不凝心聚力而报之？

五

楚庄王：臣子"咸猪手"事件咋处理

美人很机灵，顺手便扯下了这个人的帽缨，要庄王点亮蜡烛看看是谁。谁知庄王迅速说道：不许点蜡烛，大家都把帽缨扯下来，不扯的话不尽兴

樊姬说：我看未必贤，他和你论政动辄议到夜半，却没推荐一个贤士。一个人的才智终究是有限的，而楚国的贤士无穷。他想以一人之智来代替无穷之士，怎么能称得上贤呢

庄王说：我还是要攻取宋城再回去。子反说：那你就住在这里，我可要回去了。庄王说：你丢下我回去，我和谁一起住在这里呢？我也跟你一同回去算了

作为春秋五霸之一，楚庄王熊侣的用人方式，从一开始就很特别。他即位三年，不理朝政，整天打猎、喝酒。甚至还在朝门上悬令：有敢谏者，死无赦！这般决绝的架式，大抵吓退了奸佞鼠辈，却吓不退忠良之臣。比如，大夫申无畏就来拐弯抹角地进谏，他说楚国有一只身被五色的大鸟，栖息了三年，不飞也不鸣，不知这叫什么鸟。

不能不说这种隐喻式讽谏方法，比单刀直入的方式更能让人接受，穿透心扉的力量也比较强。历史上有些谏臣，往往只为显忠而忽视了听众感受，结果不是不被接受，就是被逐甚至被杀，留得忠名却于事无益，委实算不得高明。俗言"看人下菜碟"，在积极的意义上来说，看对方有肚量可直谏，少胸怀就曲谏，以效果为上，以大局为重，不亦可乎？所谓"身死事小，国灭事大"是也。

熊侣当然知道申大夫是在嘲讽自己，便说：这不是一只普通的鸟。三年不飞，飞必冲天；三年不鸣，鸣必惊人。这分明也用的是暗语，告诉对方自己没有闲着。

然而，楚庄王依然淫乐如故，不知那位申大夫当时是否会以为楚王说的是骗自己的鬼话。另一位大夫苏从则心急如焚，特地求见庄王，一进门就大哭，用了死谏的招数。于是庄王便说：你明知进谏必死，还来冒犯我，不是很笨么？苏从说：我笨，比不上你更笨。你以一时之乐，而弃万世之利，不是更笨是什么？一番直言死谏，说动了庄王。古代这种贤臣不是盖的，即便犯颜直谏也很有一套进谏的技巧。

　　　　美人很机灵，顺手便扯下了这个人的帽缨，要
　　庄王点亮蜡烛看看是谁。谁知庄王迅速说道：不许
　　点蜡烛，大家都把帽缨扯下来，不扯的话不尽兴

　　庄王由此"收心上班"，解散乐队，打发舞女，打理朝政，任命贤臣，还立樊姬为夫人。因为樊姬劝他不要沉迷于打猎，他不听，樊姬便不吃鸟兽之肉。他在内心里认为她才是真正的"贤内助"。樊姬的劝谏充满了女性的方式，不是直接对抗，而是讲求迂回，不是针锋相对，而是绵里藏针。至于这种劝谏的内在逻辑，和现在那句有名的公益广告词"没有买卖便没有杀害"是一个道理。

　　不能不说，庄王通过这种极端而特别的方式，看清了谁忠谁奸，表面上整日淫乐，但实质上脑子很清醒。当然，他能这么玩三年，说明楚国的臣子在恪尽职守，否则很容易就被他玩完了。

楚庄王（选自《绣像东周列国志传》）

考究庄王雄霸传奇，其用人的路数显然在于"善听"，却以"闭目塞听"的架式开始，不亦乐乎？

当然，成就霸业，光善听显然是不够的。在如何"宽仁以待下"方面，庄王很快就露了一手。

有一次庄王设"太平宴"宴群臣，喝得正欢，忽然一阵大风把蜡烛全吹灭了，有个大臣便趁机拉美人的衣服。不知他算不算"咸猪手"的鼻祖，但显然，在古代这样做的性质就十分严重了。

那位美人很机灵，顺手便扯下了这个人的帽缨，对庄王说：

刚才蜡烛灭后，有人拉我衣服，我把他的帽缨扯下来了，你快点让人点亮蜡烛看看是谁。谁知庄王迅速说道：不许点蜡烛，大家都把帽缨扯下来，不扯的话不尽兴。

这就是雄主和凡人的区别：雄主让绝缨，凡人必点烛；雄主着眼大局，凡人多从微处；雄主看大礼，凡人拘小节。这位美人估计也理解不了庄王的格局，事后问庄王原因，庄王说：醉后失礼是人之常情，"奈何欲显妇人之节而辱士乎"？其实，庄王还有一层道理没说出，即得士人之心。设若庄王按美人的要求做了，结果便是得一美人之心，而失一国士人之心。

这就是历史上著名的"绝缨会"，但故事还有续篇。数年以后，楚国伐郑，健将唐狡所至力战，当者辄败。庄王很奇怪地说：我从来没有特殊优待过你，为什么你如此奋不顾身呢？唐狡说：绝缨会上牵美人衣服的就是我，你有不杀之恩，我必舍命以报。由此再证庄王之贤明，一个绝缨决断，不仅得一国士人之心，关键时刻更得这一士人力战敢死之志。

> 樊姬说：我看未必贤，他和你论政动辄议到夜半，却没推荐一个贤士。一个人的才智终究是有限的，而楚国的贤士无穷。他想以一人之智来代替无穷之士，怎么能称得上贤呢

此后，围绕庄王用人的故事，多与善听善用有关。

有一天，庄王对樊姬谈到虞邱之贤。樊姬说：我看未必贤，他和你论政动辄议到夜半，却没推荐一个贤士。一个人的才智终究是有限的，而楚国的贤士无穷。他想以一人之智来代替无穷之士，怎么能称得上贤呢？这樊姬还真是有见地，当得起"贤内助"的名号。庄王知她，亦谓真知。

庄王把这意思和虞邱一说，虞邱也有点自惭形秽，便开启了访贤模式，后来即引荐了大贤孙叔敖。其时孙叔敖为避难，隐居于乡野。于是庄王即拜他为令尹。的确，起用乡野之人，骤然委以大任，必然难以服众。孙叔敖是这么想的，群臣也是这么想的。但孙叔敖的将相之才不是盖的，治政行事的确很有一套，让大家很服气。这说明是骡是马，终究还是要拉出来遛遛。即便不搞公开选拔，最终还是要靠实绩服众的。

楚国的威势日大，后来就灭了陈国，想把它作为楚国的一个县。灭陈的时候，大夫申叔时正在出使齐国。回来后，却不向庄王道贺。庄王很奇怪，还想责备他。于是他便向庄王进谏说：有一人牵牛踩踏了别人家的田，田主人便夺了他的牛，大王你怎么断此案？这又是一个善谏的主儿，打的比方真是恰如其分，只是庄王一时没醒悟过来。

于是庄王说：踩田造成的损失不多，夺牛太过分了，我如果断此案，必定责其人而还其牛。申叔时就此引申，进谏庄王效仿返牛之事而复陈国。庄王便照办了。庄王之明，就明在善于纳谏。

楚国君明臣贤，励精图治，称霸中原、问鼎天下的野心不小。此时，晋国还是霸主，于是楚晋争霸不断。不过往往都是拿附属国开刀的。楚王便找了一个机会，攻打晋国的附属国郑国。等到郑国已经臣服了，晋国的救兵才到。

面对晋国的救援大部队，楚国打还是不打？理智地分析，此行已经达到目的，没必要再战。毕竟晋国的霸主地位也不是虚有其名，是有充分的实力作支撑的。因此，孙叔敖等一班老臣主退，但庄王的宠臣伍参则主战。怎么决断呢？庄王便让诸将主战者写战字，主退者写退字。结果，四位老臣写退字，其他二十余人写战字。于是，庄王取老臣意见而归。庄王的这个决断可谓理性。

不过，伍参夜见庄王，一语戳到了庄王的痛处，让庄王变得血性起来：你以一国之主，而躲避晋国的臣子，会贻笑天下。并力陈晋兵主帅荀林父、将领先谷等的弱点，可谓知彼。显然，知彼是伍参的长处，事实也证明了其知彼的正确性，而作为主帅的孙叔敖则不能。事实上，楚、晋双方主帅都很理性，都深知这一仗不能轻易开启。问题是，一方有伍参这个初出茅庐的知彼家伙，一方则有先谷这个不知天高地厚的轻狂之辈，两个小人物渐渐地把双方拖入战争，当然其间充满了戏剧性、偶然性甚至趣味性，而在关键时刻还是孙叔敖抓住战机，趁势开启了楚晋邲城之战。这一战，最终以楚国胜利而使其开始称霸中原，同时大大动摇了晋国的霸主地位。

庄王说：我还是要攻取宋城再回去。子反说：

那你就住在这里，我可要回去了。庄王说：你丢下

我回去，我和谁一起住在这里呢？我也跟你一同回

去算了

这一战，孙叔敖有点受刺激，感觉很没面子，后来不久就死了。当然这是臣子的自责心理，楚王未必这么轻看他。他的儿子孙安资质平庸，庄王也想用他，但孙安谨守父亲遗命，退耕于野，也就是当起农民来了。再后来，庄王宠爱的优孟看见孙安砍柴，大为感慨。便在庄王面前模仿孙叔敖的行状，唤醒庄王不忘先臣之功。这不禁让人大叹，楚国的善谏之臣何其多也。楚王依旧很善听，便派优孟召来孙安，最后按孙安的意愿把寝邱之地封给了他。

再后来，楚国继续与晋国争霸，有意挑起事端，便兴师讨伐晋之属国宋。这一次，晋国更加力衰，可谓心有余而力不足，对属国有点罩不住了。于是既不想派兵出救，又想保住面子，便想了个轻巧办法，派使者对宋君说会派大军来救，却迟迟没有实质行动，目的就是使宋国坚守，而楚国因路遥粮草不济，久必知难而退。真可谓口惠而实不至。

结果当然不会如晋所愿，楚国硬是围了宋国九个月，双方都已经力竭了，于是发生了历史上的千古奇事：楚宋决战，竟然在两国主帅私底下商量后歇战了，国君也拿他们没办法。宋

优孟戏谏庄王（选自《绣像东周列国志传》）

国大夫华元与楚国的司马子反互透真情，华元说城里已经易子而食，子反说军中只有七日口粮，双方便都做了国君的主——这仗不打了。

问题是，司马子反如何说服庄王的呢？这又是一段千古奇闻。

庄王问子反敌情，子反说了实情，庄王便很高兴地说太好了，要打下宋城再回去。但子反说：我已经告诉对方，我们只有七天口粮了。庄王听了就很生气，的确，哪有这样透自己底的啊。但子反说：小小宋国，尚且有不欺人之臣，楚国怎么能没有呢，所以我就告诉他了。庄王说：虽然这样，我还是要攻取宋城再回去。其言下之意，透露了底细也不要紧，煮熟的鸭子不能就这么飞了。

子反说："然则君请处于此，臣请归尔。"意谓既然这样，你就住在这里，我可要请求回去。真是读之忍俊不禁。庄王说："子去我而归，吾孰与处于此？吾亦从之而归尔。"这话更有意思，你丢下我回去，我和谁一起住在这里呢？我也跟你一同回去算了。

《春秋公羊传》记载了这段趣事，感觉也有演绎的成分，把人物的形象与性格、君臣的融洽关系写得太生动了。不过，楚王的容人之量、待下之宽、纳谏之怀可谓跃然纸上。

六

魏文侯：为何送给乐羊一整箱告状信

乐羊攻下中山后，文侯为之设宴庆贺，
宴毕送他两个箱子。乐羊以为珍宝，
打开却是群臣的告状信

对于贤才来说，如果其言君主不用、其
行不合君主之意，大可以抬腿就走，也
没有什么损失，甚至还会为敌国所用

各国争相求才，对人才求全责备，因
其小过而弃其大用，往往就会让人才
流失

战国时期，各国人才辈出。然而，独有秦国最后一统，一个重要原因在于秦国连续有四位雄主，更成为重要人才的净流入国。山东六国则成为贤能之士的净流出国。在一定意义上说，山东六国有贤能而不用，等于是为秦国培养了大批贤能。如此，秦国焉能不强盛，六国焉能不相继而败？

其实，山东六国也并非没有雄主，所以都能称雄于战国当世，就在于有雄主在位，而能举贤任能，富国强兵。遗憾的是，其主虽能，往往一任而已。一任之后，往往一改此前礼贤下士、选贤任能之风，以致贤能之士争相出走。

比如魏国，战国时期那些名震天下的贤能之士，如吴起、商鞅、孙膑、乐毅、张仪、范雎、尉缭等，皆从魏国流失而在他国建功立业。在一定意义上说，魏国简直成为秦国治国大才的培养基地，可谓贻笑千年，至今仍令人扼腕，更启人深思。

乐羊攻下中山后，文侯为之设宴庆贺，宴毕送他两个箱子。乐羊以为珍宝，打开却是群臣的告状信

事实上，魏国也曾强盛过的，甚至是战国时期首先雄霸天

下的国家。这发生在魏文侯魏斯任上。

三家分晋之后，魏斯于公元前 403 年被周威烈王分封为诸侯，是为魏文侯。魏斯任命卜子夏、田子方为国师，每次经过名士段干木的住宅，都要在车上俯首行礼，以示尊敬。如此礼贤，便有"四方贤士多归之"的效果。

魏文侯的用人谋略，在用乐羊上很有代表性。当时，三家分晋之后，中山国无所专属，文侯谋而伐之。翟璜便推荐乐羊，其子乐舒却在中山为官，文侯不以为意，用乐羊领兵。这即见文侯之明。

及至乐羊围城，中山子姬窟便以乐舒为要挟不断求宽限，如是者三。而文侯左右本就妒忌乐羊骤得大用，见其总是不攻，便在文侯面前说他的坏话。但文侯把群臣的告状信都封在箧内。

后来，姬窟把乐舒烹成羹送给乐羊，想以此使乐羊悲恸而不能战，没想到乐羊够狠，直接就在使者面前吃了一杯。文侯对睹师赞说："乐羊以我之故，食其子之肉。"很有点感激感动的意思。但睹师赞对道："其子之肉尚食之，其谁不食！"这用的是管仲怀疑易牙的逻辑，意谓用这样的狠人，将来风险很大。

乐羊攻下中山后，文侯为之设宴庆贺，宴毕送他两个箱子。乐羊以为珍宝，打开却是群臣的告状信。乐羊乃有拜谢文侯之言："中山之举，非臣之力，君之功也。"而后文侯封乐羊为灵寿君而罢其兵权。对此，《战国策》写道："文侯赏其功而疑其心"。

乐羊取中山的故事，千百年来多有解读。乐羊攻城未成之时，文侯能用人不疑，这正是雄主长处，其后的齐威王亦是。是以，

乐羊子怒餐中山羹（选自《绣像东周列国志传》）

乐羊的"军功章"有文侯的一半，并非妄言。功成之后，送给乐羊一整箱告状信，既是把自己的信任通达给对方，也有促其效忠的用意，可见文侯治人之智谋。封其灵寿君，以示有功必赏，也是赏得其所。惟罢其兵权多有争议。据称当时翟璜就不理解说：文侯你既知乐羊之能，为何不用他将兵备边，怎么能让他赋闲呢？文侯笑而不语，最后还是李克为翟璜点破。

　　用人首先重德，德又首先重其忠，千古一理。乐羊食子之羹，够凶狠，如上所言连自己亲骨肉都吃，将来他不会吃谁？如果日后出现特定条件，他就极可能对君主不忠。不忠，当然是用人之大忌。如鲁迅所言"无情未必真豪杰，怜子如何不丈夫"。可惜乐羊没有作出有情的选择，当时的情形是否真如刘向在《战国策》中所言"乐羊食子以自信，明害父以求法"，难道不食子就无他法以强化攻城的信心与决心，必须以损害为父之道而全法度之尊严？也可能是乐羊想通过食子来向文侯表示忠心以决意攻城，结果却聪明反被聪明误？我们不得而知，但无论如何，这个故事至少提醒人们，不能挑战做人的最基本底线。

所谓雄主，也并非不犯错，而是知错能改；并非不任性，而是能虚心纳谏、反躬自省。庸主则基本相反，刚愎自用，死不悔改。魏文侯有不少犯错犯浑的时候，但他的长处就在于能够迅速修正过失。

魏文侯攻取了中山国，尽占其封地，封给自己的儿子魏击。魏文侯得意地问群臣，自己是什么样的君主。众皆赞其仁德，只有任座不肯阿谀说：你得中山国，不用来封你的弟弟，却封给自己的儿子，这算什么仁德君主。这位任座的忠言简直太过刺耳，完全是不给人一点颜面，这要搁今天一样会令人震怒，大庭广众之下让领导下不来台，还不知会穿怎样的小鞋。魏文侯虽有贤名，却非神人，当然也是勃然大怒，和常人并无二致。任座见势不对，起身就溜了，这知趣而退的反应，当然也和常人一样。

魏文侯之怒，虽为人之常情，却不应成为雄主常态。魏文侯当时正好问翟璜，翟璜也说他是仁德君主，文侯问何以见得？

翟璜说："臣闻君仁则臣直。向者任座之言直，臣是以知之。"
这可以看成是巧妙地给文侯戴了一顶高帽，事实上是给魏文侯
一个台阶下。雄主与庸主的区别就在于：雄主能就坡下驴、更
悟其所失，庸才顶多只会余怒渐消而已。

魏文侯的确立马就转变颜色，有所领悟，派翟璜立即去追
任座回来，还亲自下殿堂去迎接，奉为上宾。设若没这后续一幕，
只怕堂下再无人敢直言，群皆阿谀唯诺而已。

还有一天，文侯与国师田子方一起饮酒，文侯忽然侧耳说，
编钟的乐声有些不协调，好像左边高。田子方闻言微微一笑。
这一笑就被文侯捕捉到了，便诧异地问你笑什么？估计庸人没
有这么敏感，还可能把这一笑当成是夸赞。田子方说："臣闻
之，君明乐官，不明乐音。今君审于音，臣恐其聋于官也。"
意谓国君懂得任用乐官，不必懂得乐音。现在你精通音乐，我
担心你会疏忽了任用官员的职责。真可谓时时谏言警醒为君者，
不可惑于音色，而应恪守本责。文侯有这么多敢谏善谏之人，
又能善纳之，魏之所以雄于天下，这是其中一个重要原因。

> 对于贤才来说，如果其言君主不用、其行不合
> 君主之意，大可以抬腿就走，也没有什么损失，甚
> 至还会为敌国所用

公子魏击出行，途遇国师田子方，连忙下车伏拜行礼。田

魏文侯咨访相材（选自《养正图解》）　　　魏文侯使西门豹治邺（选自《养正图解》）

子方却不回礼，其虽为国师，看来也是有点傲慢的意思，当时魏击就生气了，怒而问："富贵者骄人乎？贫贱者骄人乎？"这一怒，其实只是暗含了意见。不过，田子方说了一段后世闻名之言，大有深意。据《资治通鉴》记载，子方曰："亦贫贱骄人耳，富贵者安敢骄人！国君而骄人则失其国，大夫而骄人则失其家。失其国者未闻有以国待之者也，失其家者未闻有以家待之者也。夫士贫贱者，言不用，行不合，则纳履而去耳，安往而不得贫贱哉！"

这一段话，亦可为君主与贤才关系的正解。对于君主来说，如果傲慢以待贤才，则贤才去，必失其国。对于贤才来说，如果其言君主不用，其行不合君主之意，大可以抬腿就走，也没有什么损失，甚至还会为敌国所用。《史记》记载的这段话，与上述那段话略有不同："贫贱者，行不合，言不用，则去之楚、越，若脱躧然"。直接点明：贤才可以马上离开你去楚国、越国，丢弃你就如同丢掉一双破鞋子。田子方的回敬之语，一样让人受不了，却是贤才士人的风骨，人主绝不可轻贱侮慢之。魏击在乃父的熏染下倒也非败类，不是回告乃父生事而是顿然醒悟，再三作揖感谢指教。

魏文侯的选贤任能，也不是生来就擅长。如上所言，其为雄主，就在于知错能改。比如他任用西门豹的故事。当初，西门豹为邺令时，廉洁奉公、政绩显著，但很轻慢魏文侯的近侍，近侍因此相互勾结中伤他。过了一年，西门豹回去上缴赋税，汇报政绩，魏文侯反而收回了他的官印。这表明魏文侯也有偏听的毛病。

西门豹请求说：我过去不知道治理邺地的方法，现在我懂了，希望发还官印，让我再去治理邺地。如果治理不好，"请伏斧锧之罪"。魏文侯不忍心拒绝，又把官印交给他。西门豹因而加重搜刮百姓钱财，极力侍奉君主近侍，即所谓"重敛百姓，急事左右"。过了一年，西门豹回去上缴赋税，汇报政绩，魏文侯亲自迎接，并加礼拜。西门豹说：往年我为您治理邺地，您要收回我的官印，现在我为您的近侍治理邺地，您反而要礼拜我。我无法治理邺地了。于是交还官印离去。魏文侯不接受官印说：我过去不了解您，现在了解了，希望您尽力为我治理邺地。魏文侯最后没有接受西门豹的官印。

魏文侯这一偏听，就差点失去一大贤才。今天，又有多少领导干部如魏文侯般，都是通过身边左右的人来了解治下之人？很多人才就是这样被人歪解、中伤，无法改变领导的看法而暗自神伤。

各国争相求才，对人才求全责备，因其小过而弃其大用，往往就会让人才流失

在用人上，面对两个能力差不多的人选，用谁不用谁，体现的是用人价值取向。今天很多领导干部困惑于此，关键原因就在于价值标准没有明确。当年，魏文侯也面临这样的难题，其臣子李克就促其确立价值标准——李克就是著名的法家代表人物李悝。

当时，魏文侯在魏成和翟璜两人中选一个国相，问李克选谁好。李克说："卑不谋尊，疏不谋戚"，推说不敢妄议。再问，李克便说："居视其所亲，富视其所与，达视其所举，穷视其所不为，贫视其所不取"，就此五条足以判断人的高下，不必我来挑明。魏文侯说：先生请回吧，我的国相选定了。这其实说的也是知人之道，只不过都重在平时。是以，古人说知人为千古难事，其实未必。

故事到这里还没结束。李克是翟璜推荐的，出来时便遇到了他，翟璜知道文侯召他去征求对国相人选的看法。估计他内心里也会觉得李克会知恩图报而推荐他。李克说是魏成，翟璜听了便忿然作色。一肚子牢骚说：我推荐了吴起、西门豹、乐羊，还有你李克等，哪点比魏成差？李克说："子言克于子之君者，岂将比周以求大官哉？"意谓你推荐我，难道是为了结党营私以谋求高官显职吗？这李克真是一针见血，一下子就刺破了翟璜内心里的脓包，估计今人读来也会内心一震。

然后李克说了两人的差别，他说：魏成享有千钟俸禄，十分之九都用来结交外面的贤士，只有十分之一留作家用，所以得到了卜子夏、田子方、段干木这样的英才。这三人，国君都奉为老师，而你所举荐的五人，国君都任用为臣属，仅此一点，你怎么能和魏成比呢？翟璜听了很惭愧，表示愿终身拜李克为老师。魏国之贤人也如是。不是说是贤人就都无瑕疵，而是说他们皆能知错后改，知不足而后进。

魏文侯之用吴起，亦显其用人思路乃是用人所长，而不求全责备。当初，吴起在鲁国任职，齐国来攻鲁国，鲁想用吴起为大将，但其妻为齐国人，鲁国便疑忌他。于是，吴起杀妻而求将，大破齐军。有人因此在鲁国国君面前攻击吴起，吴起知道后怕被治罪，又听说魏文侯贤明，便投奔他。文侯征求李克意见，李克说：吴起为人贪婪而好色，然而他的用兵之道，连齐国的名将司马穰苴也是比不上的。于是魏文侯任命吴起为大

吴起杀妻求将（选自《绣像东周列国志传》）

将，派他攻打秦国，连克五城。

战国时期，各国争相求才，倘若对人才求全责备，因其小过而弃其大用，往往就会让人才流失。不过，各国君主中喜欢对人才求全责备的不少。千百年来，亦多有如此。唯有那些用人所长、视大用而不拘其小过者，方能把各类人才网罗门下。比如公元前 377 年，子思向卫国国君推荐苟变说：他的才能足以统帅五百辆战车的军队。卫侯说：我也知道他是个将才，然而苟变做官吏的时候，有次征税吃了百姓两个鸡蛋，所以我不用他。卫侯是典型的用圣贤的标准来要求人才的。

子思说："夫圣人之官人（选人任官），犹匠之用木也，取其所长，弃其所短；故杞梓连抱（合抱巨木）而有数尺之朽，良工不弃。今君处战国之世，选爪牙之士，而以二卵弃干城之将，此不可使闻于邻国也。"子思讲的道理可谓深刻，在战国这样纷争之世，正要收罗英武人才，却因为两个鸡蛋而舍弃了一员大将，这要让邻国知道，岂不大喜？卫侯尚能听其言，而鲁国国君不能用吴起，以致魏国得才，岂非愚昧？

可惜，山东六国有雄才大略、远见卓识的君主不多。公元前387年魏文侯一去世，太子魏击即位为魏武侯，吴起便被人设计陷害，使魏武侯对吴起产生疑忌，吴起怕有杀身之祸，便投奔楚国，楚悼王即任命吴起为国相，短短数年楚国便迅速强大，"南平百越，北却三晋，西伐秦，诸侯皆患楚之强"。由此可见，失一大才，为国之患；得一大才，为国之幸。

不过，吴起的改革触动楚国王亲贵戚、权臣显要们的利益，楚悼王于公元前381年一死，吴起的好日子就到头了。即便伏在楚悼王尸体上面，还是被随显贵作乱而起的暴徒们乱箭射死。

七

齐威王：信任章子不叛变的定力从哪里来

当天，齐威王下令煮死阿地大夫及替他说好话的左右近臣。于是臣僚们毛骨悚然，不敢再弄虚作假，都尽力做实事

连续三次都有探子报告章子叛秦，甚至还有朝臣请求发兵攻打章子，但威王始终不作反应

视人才为宝贝，用之而能高枕无忧，正是雄主治国之道

战国时期的齐威王田因齐，公元前 356 年－公元前 320 年在位，以善于纳谏、举贤任能、励志图强而名彪史册。在位 36 年，齐国强于天下，端赖于其用人之功。

> 当天，齐威王下令煮死阿地大夫及替他说好话
> 的左右近臣。于是臣僚们毛骨悚然，不敢再弄虚作假，
> 都尽力做实事

不过，他在最初即位的九年时间里，不理政事，沉迷于酒色，把国家政事都交给卿大夫去管。结果百官们一个个胡作非为，诸侯各国都来进犯，百姓不得安宁，左右的人都不敢劝诫。颇有点春秋时期楚庄王的味道，还好他没楚庄王那般好杀，而居然喜欢听隐语。

于是就有个叫淳于髡的人，用隐语说："国中有大鸟，止王之庭，三年不蜚又不鸣，王知此鸟何也？"齐威王说："此鸟不飞则已，一飞冲天；不鸣则已，一鸣惊人。"当然，春秋时期的楚庄王也用类似的话答复了进谏的臣子，如此相类，不

知历史上确有其事，还是史家的附会。

齐威王说完便干了两件事——分别召见两位大夫。九年在其位而不谋其政，一朝理政任能而一鸣惊人，这等雄主式的癖好玩法，对于今天主政一方的领导干部来说，当然只可远观而不可亵玩。

当时，齐威王召见即墨大夫，对他说：自从你到即墨任官，每天都有指责你的话传来。然而我派人去即墨察看，却是田土开辟整治，百姓安居乐业，官府平安无事，东方十分安定。"是子不事吾左右以求助也！"便封赐即墨大夫享用万户俸禄。又召见阿地大夫，对他说：自从你到阿地镇守，每天都有称赞你的好话传来。但我派人前去察看，只见田地荒芜，百姓贫困饥饿。当初赵国攻打鄄地，你坐视不救；卫国夺取薛陵，你不闻不问。"是子厚币事吾左右以求誉也！"当天，齐威王下令煮死阿地大夫及替他说好话的左右近臣。于是臣僚们毛骨悚然，不敢再弄虚作假，都尽力做实事——"齐国大治，强于天下"。

齐威王可谓明察，比魏文侯甚至要高出一筹。他深知自己身边人会因腐败因素而使传递的信息变形走样，而魏文侯则基本坠入身边人的套中。当然，他这派出去暗访的人也很关键，如果不能秉持公心，人还没走便通风报信，则齐威王所知情也未可靠。这里的关键仍然是齐威王明察而能用人。同时，这一赏一罚的手法够狠，其导向却异常明显。齐国之强，正赖于此后其君臣"莫敢饰诈，务尽其情"。

齐威王烹杀阿大夫（选自《养正图解》）

连续三次都有探子报告章子叛秦，甚至还有朝
臣请求发兵攻打章子，但威王始终不作反应

当然，齐威王不止明察，更能知人。据《战国策》载，当
时，秦国通过韩、魏去打齐国，齐威王派章子为将应战。章子
与秦军对阵，居然搞的军使来往频繁，大有结盟友好之势。章
子甚至还把军旗换成秦军的样子，却暗地里派部分将士混入秦

军。当然，这番良苦用心的计谋，非凡夫俗子所能理解，一些不明就理的人，马上就说他叛秦了。连续三次都有探子如此这般的报告，但威王始终不作反应。这事要搁庸主身上，估计就会带来万骨枯的悲剧，而章子只怕将永戴叛名永无洗白翻身之日了。当时就有朝臣急了，请求发兵攻打章子。齐威王说："此不叛寡人明矣，曷为击之？"面对三人成虎、众口铄金的情势，齐威王何以无动于衷，仍然这般信任章子？

不久捷报传来，齐兵大胜，秦军大败，秦惠王只好自称西藩之臣，派特使向齐国谢罪请和。这回轮到威王左右侍臣想弄明白，威王怎么知道章子绝对不降秦。齐威王便说了一段往事，足见其察于平时、知于细微。

他说，章子的母亲启，由于得罪他的父亲，就被他的父亲杀死埋在马棚下，当我任命章子为将军时，曾勉励他说：先生的能力很强，过几天全兵而还时，一定要改葬将军的母亲。当时章子说：臣并非不能改葬先母，只因臣的母亲得罪父亲，而臣父不允许臣改葬后就死了。假如臣得不到父亲的允许而改葬母亲，"是欺死父也。故不敢"。威王的结论是："夫为人子而不欺死父，岂为人臣欺生君哉？"司马光曾说："知人之道，圣人所难"。齐威王这一知人之法，不亦一道么？

齐威王不止知人，更善纳谏。大家都熟知邹忌讽齐王纳谏的故事，他对威王说："臣诚知不如徐公美，臣之妻私臣，臣之妾畏臣，臣之客欲有求于臣，皆以美于徐公。今齐地方千里，百二十城，宫妇左右莫不私王；朝廷之臣莫不畏王；四境之内

邹忌鼓琴取相（选自《绣像东周列国志传》）

莫不有求于王。由此观之，王之蔽甚矣！"威王听后便下令："群
臣吏民，能面刺寡人之过者，受上赏；上书谏寡人者，受中赏；
能谤议于市朝，闻寡人之耳者，受下赏。"这就把纳谏制度化了。
结果是"燕、赵、韩、魏闻之，皆朝于齐。此所谓战胜于朝廷。"
广开谏言之路，齐威王可以说是开了历史先河、也创造了强国
传奇。而一千年后，唐太宗更把这一高妙的用人之法，运用得
炉火纯青、如入化境，这是后话。

前面说到的那位淳于髡也常进谏，威王当然也是善纳之。有一次威王请他喝酒，问他能喝多少酒才醉。淳于髡说"饮一斗亦醉，一石亦醉"，由此循循善诱，告诉威王"酒极则乱，乐极则悲，万事尽然"，以阐明凡事"不可极，极之而衰"之理。威王心有所悟，便彻底改掉了纵酒的习惯，让淳于髡负责接待各国来往的使节，同时下令不论哪家贵族摆宴，都要请他去加以节制监督。这位被威王重用的淳于髡，起初也是身份低微，是个曾被髡作奴隶的人。

而这个邹忌，更是齐威王因其善谏而用之的。当时邹忌还只是个平民琴师，却以讲琴理而谈治国之道，"夫复而不乱者，所以治昌也；连而径者，所以存亡也：故曰琴音调而天下治。"不到三个月，邹忌就被任命为齐相。

视人才为宝贝，用之而能高枕无忧，正是雄主治国之道

齐威王之用人谋略，更在于视人才为瑰宝。他和魏惠王在郊野狩猎时，有过一番谈话，可见两人之高下。当时，魏惠王问："齐亦有宝乎？"齐威王说没有，魏惠王说我的国家虽小，尚有十颗直径一寸以上、可以照亮十二乘车子的大珍珠，齐国这么大，难道还没宝贝？魏惠王是典型的世俗眼光，耽于物欲，也便成就其为世间一庸主。

齐威王说我对宝贝的看法和你不一样，接下来的一番话，

用文言读来十分带劲："吾臣有檀子者，使守南城，则楚人不敢为寇，泗上十二诸侯皆来朝。吾臣有盼子者，使守高唐，则赵人不敢东渔于河。吾吏有黔夫者，使守徐州，则燕人祭北门，赵人祭西门，徙而从者七千余家。吾臣有种首者，使备盗贼，则道不拾遗。此四臣者，将照千里，岂特十二乘哉！"视人才为宝贝，用之而能高枕无忧，正是雄主治国之道。

当时，魏惠王面有惭色，他就是不听公叔座之言不用也不杀公孙鞅的那位，以致后来被秦国所破被迫迁都大梁才叹息："吾恨不用公叔之言！"如果此公稍有点反躬自省的智能，听了威王的一席话而发奋图强、改弦更张，魏国岂有在其手上迅速衰弱之辱？

齐威王更有一件名彪青史的礼贤下士的故事，就是建稷下学宫，广招天下贤士议政讲学，"为开第康庄之衢，高门大屋，尊宠之。览天下诸侯宾客，言齐能致天下贤士也。"广致天下之士，的确是雄主气概。这些贤士"不治而议论""不任职而论国事"，"自邹衍与齐之稷下先生……各著书言治乱之事，以干世主"，说白了就是让大家充分激荡智慧，集思广益，建言献策。

这个稷下学宫，在其兴盛时期，汇集了天下贤士多达千人，据《史记》载："邹衍、淳于髡、田骈、接子、慎到、环渊之徒七十六人，皆赐列第，为上大夫"，其他还有孟子、申不害、荀子等千古闻名的牛人，都历经稷下学宫的锻造，堪称古今一大传奇。据称，当时凡到稷下学宫的文人学者，无论门派、资历种种，皆可自由发表见解，端的是"百家争鸣"，亦使稷下

齐威王重用孙膑（选自《绣像东周列国志传》）

学宫成为当时各学派荟萃的中心。

至于齐威王用孙膑而强兵雄国的事，更是人尽皆知。当时，魏攻赵，齐威王派田忌救赵，田忌采用孙膑的计谋，围魏救赵，桂陵一战，大败魏军。这一战的关键就在孙膑。庞涓在魏国为将军，"自以能不及孙膑"，而设计废了孙膑，孙膑逃到齐国，"威王问兵法，遂以为师"。那个家喻户晓的田忌赛马的故事，田忌胜威王的计谋就出自孙膑，而威王听闻而叹，说即此小事，已见孙先生之智矣，因而对孙膑更加敬重。一个弃为阶下囚，一个奉为座上宾，从孙膑之遭遇中，亦能见出齐威王与魏惠王的高下来。后来，魏国庞涓率军攻打韩国，齐国在最后时刻才出手救韩，大败魏国于马陵道，杀死庞涓，由此威震天下。

当然，齐威王也有不明的时候。当时，邹忌嫉恨田忌的赫赫战功，便派人拿着十金去算卦说：我是田忌手下的，田将军三战三胜，现在是举行登位大事的时候吗？然后便抓住算卦人，准备以此倾陷田忌，田忌一气之下率亲丁攻打国都临淄想抓住邹忌，却因不能取胜而出逃楚国。直到齐威王去世，才被继位的齐宣王召回复位。如何处理人才之间的关系，使之相谐而不相讧，共同形成合力而不内耗，是雄主需要破解的一大难题，齐威王显然没能解决好这一难题。

而在齐国称雄的时期，秦孝公于公元前 361 年开始用商鞅变法，20 多年即让秦国获得与六国并雄的地位。当然，秦孝公一死，和吴起一样，商鞅的好日子也到头了，被车裂而死。所不同的是，继任的秦惠王也是一位雄主。

八

燕昭王：千金买马骨与筑黄金台

于是燕昭王为郭隗翻建府第，尊他为老师。同时，还在易水之旁，筑起高台，积黄金于台上，以奉四方贤士，名曰招贤台，亦名黄金台

有人开始在燕昭王面前挑拨说乐毅想南面而王，燕昭王便下令举行盛大酒宴，拉出说此话的人加以斥责后处死。又赏赐乐毅妻子王后服饰，立乐毅为齐王

倘若继任者雄，能继续用乐毅，则燕必尽得齐地，更继续选贤任能，只怕历史就要改写，秦能否一统天下还很难说

燕昭王在燕国纷乱不断之时即位，虽胸有雄略强国之志，而难有所为。而于穷困之时，礼贤下士、选贤任能，终使国强，燕国就是一个例子。由此亦足见人才堪为治国的关键变量。

> 于是燕昭王为郭隗翻建府第，尊他为老师。同时，还在易水之旁，筑起高台，积黄金于台上，以奉四方贤士，名曰招贤台，亦名黄金台

燕昭王所要收拾的烂摊子，当然是其父亲姬哙造下的。

公元前 310 年间，燕王姬哙年老昏庸。当时，燕国国相子之正图谋燕国大权，因与苏秦的弟弟苏代有婚姻关系，便派苏代到齐国侍奉质子。后来齐王派苏代回国复命，姬哙问他齐王能称霸吗？苏代说不能，姬哙问为什么，苏代说因为他不信任臣僚，于是姬哙把大权交给子之。最后把整个国家都让给了子之，

燕昭王（选自《绣像东周列国志传》）

自己当起了臣子。姬哙之愚昧昏聩也如是，一国大权就这样被臣子攫取，亦可谓千古奇事。

子之做国王三年，国内大乱，姬哙的儿子姬平攻打子之又不能得手，燕国真是乱得可以。最后齐国于公元前314年攻破燕国，杀了子之、姬哙，算是平息了燕国内乱，燕国人因而很是敬重齐国。然而，齐王却不听孟子劝告——为燕国立新君而去，反而想吞并燕国，结果燕国人又反叛齐国。

直到两年后的公元前312年，姬平才被燕国贵族推举即位，这就是燕昭王。

如何收拾烂摊子？燕昭王的做法还是从招揽人才入手，即所谓"卑身厚币以招贤者"。他问郭隗：齐国乘我们内乱，而攻破燕国，我深知燕国国小力少，不足以报仇，"然诚得贤士以共国，以雪先王之耻，孤之愿也。"先生如果你看到合适的人才，我一定亲自服侍他。人云"国乱则思良相"，此之谓也。

郭隗便对燕昭王讲了一个古人用五百金买千里马马骨的故事。说有个玩马的国君，想用千金重价征求千里马，三年而无所获。这时，有个小侍臣自告奋勇说，我去给你买。国君同意了，不到三个月，这位小侍臣还真找到了一匹千里马，却是匹死马，但他仍花五百金买了死马尸骨。结果国君大怒说，我要的是活马，你买死马何用？白费五百金！侍臣说："死马且买之五百金，况生马乎？天下必以王为能市马，马今至矣！"果然不到一年，"千里之马至者三"。

郭隗然后说：对贤才，"帝者与师处，王者与友处，霸者与臣处，亡国与役处。""王必欲致士，先从隗始。况贤于隗者，岂远千里哉！"这个重贤招士的办法，其实是给天下贤能之人立了一个比较低的标杆，使其认为一个不怎么样的人都能得到重用，我比他强肯定比他更能受重用，不能不说此法简单而又高妙。于是燕昭王为郭隗翻建府第，尊他为老师。同时，还在易水之旁，筑起高台，积黄金于台上，以奉四方贤士，名曰招贤台，亦名黄金台。今天，其故址一说就在北京城东，尚有"金台路"之街名，今人民日报社院内即建有黄金台微景，以为广纳贤才之喻。

燕王如此大动作以招贤，即以好士闻名而传布远近。这一招，便招来数位贤能。乐毅自魏往，剧辛自赵往，邹衍自齐往。昭王奉乐毅为亚卿，开始了燕国由弱到强的剧变过程。

> 有人开始在燕昭王面前挑拨说乐毅想南面而王，燕昭王便下令举行盛大酒宴，拉出说此话的人加以斥责后处死。又赏赐乐毅妻子王后服饰，立乐毅为齐王

当时齐国是齐湣王在位，国力强大。在公元前286年，齐国灭掉了宋国，又于第二年南侵楚国，西攻赵、魏、韩三国，还想并吞东西二周，自立为天子，甚至还和秦昭王比高低，各自改王称帝。但齐国百姓已经无法忍受他的统治。这个时候，燕昭王就想趁势攻打齐国。大概也是这时，燕昭王召回了苏代。苏代之去复还，则更见燕昭王之胸襟。

当时，燕昭王即位后，苏代遂不敢入燕，到了齐国而齐善待之。但苏代过魏国，魏又为燕抓住了苏代。后来苏代出走到了宋国，宋国也善待之。这时齐国伐宋，苏代便给燕昭王写了一封很牛的信。信中说"智者举事，因祸为福，转败为功"，鼓动燕王争取秦国、讨伐齐国。燕昭王很欣赏这封信，说："先人尝有德苏氏，子之之乱而苏氏去燕。燕欲报仇于齐，非苏氏莫可。"于是召回苏代，

乐毅灭齐（选自《新镌陈眉公先生批评春秋列国志传》）

田单破燕（选自《新镌陈眉公先生批评春秋列国志传》）

"复善待之，与谋伐齐"。

照理，燕国内乱，苏代不是罪魁祸首，至少也是帮凶。燕昭王能不计前嫌，召而重用之，其肚量确非常人可比。而苏代也终不负燕昭王，在后来的破齐中发挥不小作用。再后来，燕国派苏代联络诸侯合纵抗秦，犹如苏秦在世时。最后苏代寿终正寝，没有被秋后算账。

在齐强时而欲报仇，不能不说燕昭王有点异想。不过，这二十多年里，燕昭王没闲着，日夜安抚教导百姓，使燕国更加富足。乐毅说：齐国称霸以来，至今有余力，地广人多，独力攻打不易，如果一定要打它，就要联合赵、楚、魏三国。各国正苦于齐王骄横暴虐，"皆争合谋与燕伐齐"。于是，在公元前284年，乐毅一并统领数国军队，大破齐军。后来连续五年，乐毅在齐国继续作战，连下七十多座城池，把攻下来的地方都设立郡县，直接归燕国统辖，没攻下的就剩下莒和即墨两个县城了。

到公元前279年，便有人开始在燕昭王面前挑拨说："乐毅智谋过人，伐齐，呼吸之间克七十余城，今不下者两城耳，非其力不能拔，所以三年不攻者，欲久仗兵威以服齐人，南面而王耳。"这种小人挑拨往往十分有效，不过在雄主面前，则基本无用。

当时，燕昭王便下令举行盛大酒宴，拉出说此话的人斥责说：谁能助我成功，我就愿意和他分享燕国大权。现在乐毅为我大破齐国，齐国本来就应归乐先生所有。乐先生如果能拥有齐国，与燕国成平等国家，结成友好邻邦，这是燕国的福气、我的心愿啊。于是把挑拨者处死。又赏赐乐毅妻子王后服饰，立乐毅为齐王。这一番为乐毅还清白之举，如陆地起风雷，效果出奇，亦见燕王治人之道。

当时乐毅十分惶恐，不敢接受，宣誓以死效忠燕王。由此不禁想起韩信，有乐毅之能而无乐毅之德，非小人作祟而是自请任齐王于刘邦。设若韩信读史，效法前贤，焉有"狡兔尽、走狗烹；飞鸟尽、良弓藏；敌国破、谋臣亡"的浩叹？

齐国人由此敬服燕国乐毅的德义，各国也畏惧他的威名，没有再敢来算计的。

> 倘若继任者雄，能继续用乐毅，则燕必尽得齐地，
> 更继续选贤任能，只怕历史就要改写，秦能否一统天
> 下还很难说

然而，就在这个时候，燕昭王去世，乐毅就不再有好日子了。这种人才因雄主起而用、又因雄主没而废，千百年来皆然，亦是用人上一道历史难题。倘若继任者雄，能继续用乐毅，则燕必尽得齐地，再继续选贤任能，只怕历史就要改写，秦能否一统天下还很难说。

后继非贤者往往就是这样令人嗟叹，燕惠王在做太子的时候就对乐毅不满，即位后便中了齐国田单的反间计，派骑劫代替乐毅为大将，召乐毅回国。乐毅知燕王换将居心不良，便投奔了赵国。从此，燕军将士都愤愤不平，内部不和。其后，齐军大胜燕军，七十几座城池全部都复归。这时，燕惠王和当年的魏惠王一样，后悔了，又害怕赵国任用乐毅，趁燕国疲惫时来攻打燕国。于是燕惠王派人去赵国一方面责备乐毅，一方面又向乐毅表示歉意。

乐毅写了一封著名的回信，历数他与燕昭王的理想与实践，其中这样写道："臣闻贤圣之君，不以禄私其亲，功多者授之；

不以官随其爱，能当者处之。故察能而授官者，成功之君也；论行而结交者，立名之士也。"说的虽是雄主的用人智慧，却也是对燕惠王的一种隐劝。

在回应燕惠王的隐忧时，乐毅写道"善作者不必（一定）善成，善始者不必善终"，在例举了伍子胥被沉江的故事后，说"夫免身全功，以明先王之迹者，臣之上计也。离毁辱之非，堕先王之名者，臣之所大恐也。临不测之罪，以幸为利者，义之所不敢出也。"意谓能免遭杀戮，保全功名，以此彰明先王的业绩，是其上策。自身遭受诋毁侮辱，因而毁坏先王的名声，是其最害怕的事情。面对不可估量的大罪，还企图和赵国图谋燕国以求取私利，从道义上讲，是他所不能做的。这算是给燕惠王吃了一颗定心丸。

这封言辞恳切的信，倒是促使燕惠王让乐毅的儿子做了昌国君，而乐毅也从此往来燕、赵。

·

九

秦孝公：见飞鸿过眼为何停杯长叹
惠文王：错失苏秦的后患

商鞅之下场，固然部分原因是由其自身
的历史局限性所决定的，但改革调整了
既得利益者的利益，这些旧势力所形成
的反改革力量往往能反噬改革者，乃至
让改革成果毁于一旦

苏秦以"连横"之术来说惠文王，并上
了十次奏章，惠文王仍不用他。于是，
苏秦便转而向东，以合纵之术游说东方
六国以孤秦势，大获成功，最终苏秦挂
六国相印

秦国自穆公之后，历任君主多平庸，而致庸才塞道，国力也便弱于诸侯。进入战国时期，东方六国齐、楚、燕、韩、赵、魏称雄于世。秦国偏居一隅，不被诸侯们待见，甚至被视为夷狄。秦孝公嬴渠梁继位，即以恢复穆公时期的霸业为己任，急欲寻求富国强兵之道。从历史上看，所以为雄主者，往往就是受命于危难之际，挽狂澜于既倒，治国于衰弱之中也。因而，其眼界胸襟非同常人。

> 商鞅之下场，固然部分原因是由其自身的历史
> 局限性所决定的，但改革调整了既得利益者的利益，
> 这些旧势力所形成的反改革力量往往能反噬改革者，
> 乃至让改革成果毁于一旦

于是孝公下令招贤，颁布了著名的求贤令。如《史记》载"宾客群臣有能出奇计强秦者，吾且尊官，与之分土"。这一招，便引来了治国之才卫国人公孙鞅，即众所周知的商鞅。

公孙鞅本在魏国丞相公叔手下任中庶子。据《史记》载，

公叔座知他很有本事，还没向魏王推荐就病了。魏惠王来探病，公叔座便推荐公孙鞅，但魏王听而不言。公叔座又说，如果不用他，那就把他杀了。然而，魏王一离开，便对左右的人说："公叔病甚，悲乎，欲令寡人以国听公孙鞅也，岂不悖哉！"真可谓庸主眼里无贤能。及至秦用公孙鞅而破魏，魏只好将国都东迁到大梁，魏惠王才悔不当初："寡人恨不用公叔座之言也。"这又是庸主的惯常表现，往往是在事后才"诸葛亮"起来的。

孝公问公孙鞅治国之道，不成想公孙鞅以羲、农、尧、舜以对，说的是所谓帝道，还没说完，孝公就睡着了，以其言迂阔无用。孝公第二次见公孙鞅，对的是汤武顺天应人之事，说的是所谓王道，孝公仍觉其言不适用。这两次相见，看似劳而无功，却为日后双方成事都奠定了必要条件。于公孙鞅言，有此两次试探，摸清了孝公的大体志向。于孝公言，对公孙鞅的了解有此两"抑"，而有其后一"扬"。

一日，孝公因见飞鸿过眼而停杯以叹，说求贤数月，无一奇才至，如鸿雁徒有冲天之志，而无羽翼之资。身边人趁便进言：公孙鞅有帝、王、伯三术，伯术还没说。孝公听闻伯术，正中其怀。便召见公孙鞅说：你真有管仲之能，我岂敢不委国以听？只是你的术在哪里？

公孙鞅却不言术，而说"富强之术，不得其人不行；得其人而任之不专不行，任之专而惑于人言，二三其意，又不行。"意思是让孝公深思熟虑，下定改革决心。公孙鞅可谓知改革的

商鞅（选自《绣像东周列国志传》）

关键所在，很多时候，不是改革的策略不行，而是改革者受到的掣肘太多。既然要推行改革，就要任之专而信之坚。否则，就很容易功败垂成。

"政不更张，不可为治"。及至孝公决心下定，公孙鞅方才细说秦政所当更张之事，一连三日三夜，孝公全无倦色。足见孝公求贤之渴、思虑之深、求解之切。于是拜公孙鞅为左庶长，并晓谕群臣：今后国政，悉听左庶长施行。有违抗者，与逆旨同。

这可说是无条件地信任，一如齐桓公信任管仲。唯有无私的贤才，方能当得起这样的信任。也唯有一代雄主，也才敢如此无条件地信任。

于是公孙鞅变革，厉行法治，短短 20 年，就使秦国富强，天下莫比。后来，孝公嘉奖公孙鞅之功，封其为列侯，以商於之地为其食邑。

然而，商鞅变法虽然大成，却为自己积下宿怨。在孝公死后不久，惠文王即位，商鞅即被车裂，颇有卸磨杀驴之意。这堪称中国改革史上最悲壮的一页。改革功成，改革者却得如此下场，亦令后代改革者有所忌而不敢放手一搏。

商鞅之下场，固然部分原因是由其自身的历史局限性所决定的，但改革调整了既得利益者的利益，这些旧势力所形成的反改革力量往往能反噬改革者，乃至让改革成果毁于一旦。中国历代改革，失败者多，成功者少，多源于是。

> 苏秦以"连横"之术来说惠文王，并上了十次奏章，惠文王仍不用他。于是，苏秦便转而向东，以合纵之术游说东方六国以孤秦势，大获成功，最终苏秦挂六国相印

惠文王嬴驷虽然杀了商鞅，但脑子没糊涂，仍遵其法，把改革成果保留了下来。分析起来，杀商鞅应是惠文王当时不得

已的办法，要稳固其位，就得依靠和安抚旧势力，于是便拿改革者作了垫脚石。

这从一个侧面表明，惠文王的雄主炼成，是要付出诸多代价的。他即任后，第一个大贤来求见，他便失之交臂，这就是历史上有名的贤才苏秦。其时惠文王初杀商鞅，内心里厌恶游说之士。这一厌恶，便给自己带来了无穷的烦恼，亦表明公叔座对贤才或用或杀之论，虽然可怖，却也不无道理。春秋战国时代，贤才之遇雄主，其命运多如此。公孙鞅遇庸主魏惠王，因其庸而活。韩非子之遇雄主秦始皇，因其雄而死。盖因列国争雄称霸，贤才自己不用便会为敌国所用，必使自己不能安寝也。

事实上，苏秦以"连横"之术来说惠文王，并上了十次奏章，惠文王仍不用他。于是，苏秦便转而向东，以"合纵"之术游说东方六国以孤秦势，大获成功，最终苏秦挂六国相印。《战国策》称："当此之时，天下之大，万民之众，王侯之威，谋臣之权，皆欲决于苏秦之策"，呈现"贤人任而天下服，一人用而天下从"的气象。一人挂六国相印，真可谓中国历史上的奇观，亦是世界史上不可想象的奇事，充分表明春秋战国时代，大才乃是稀缺品，列国争相求贤，谁得大贤最终必得天下。

苏秦的成功，让惠文王大悔不已。《史记》称，"合纵"既成，"秦兵不敢窥函谷关十五年"，足见秦之失一人之患。

当时，苏秦已经说服赵王与东方诸国结盟，却又担心如果这时遭到秦国进攻，东方联盟会因此散伙。便想找一个能在秦

苏秦（选自《绣像东周列国志传》）　　　　张仪（选自《绣像东周列国志传》）

国受重用、能左右秦国政治的人。于是，他想到了同门张仪。此时的张仪正穷困潦倒，还被人诬陷偷了和氏璧。知苏秦正春风得意，也想他能帮助找点事做。但苏秦故意怠慢、羞辱以刺激张仪，却在暗中资助他去了秦国。

　　这回秦惠文王有了失苏秦的教训，便立拜张仪为客卿。而张仪知苏秦的良苦用心后，便誓言苏秦在世时决不言伐赵之事，以报其玉成之德。《史记·张仪列传》记载张仪之语："苏君之时，仪何敢言。且苏君在，仪宁渠能乎！"这番话既表明张仪有感恩戴德之心，又有"吾不及苏君明矣"的自知之明。

　　其后，惠文王用张仪之计而成功制服魏国，便罢了公孙衍而用张仪为相。及至苏秦遇刺身死，张仪便开始吐舌破其"合纵"

之说。他为了秦国而去魏国为相，促魏以事秦。在说动魏王背弃合纵盟约后，张仪回到秦国仍为秦相。

当时，列国继续争雄，齐国战胜燕国，威震天下。楚怀王为"从约长"，与齐深相结纳。惠文王对此很是忧虑，张仪便为主分忧，决定以三寸不烂之舌，使怀王绝齐而亲于秦。当然，张仪用的是骗术，许楚以商於之地六百里。诚如楚臣陈轸、屈原所言，张仪是反复小人不可信，但楚怀王却也是贪图小利之辈，终为张仪所欺。怀王怒而与秦战，反失汉中之地六百里。

春秋战国时代，君主庸弱而又刚愎自用，必然被人玩于股掌之上。楚怀王纵使有屈原、陈轸等贤能之士也是枉然，甚至他还流放了屈原。结果，楚怀王被张仪一欺再欺，后又被秦昭襄王欺，入秦而被秦挟，期间逃赵不纳又逃魏，最终客死异乡，为天下笑。历史上，楚怀王犹如一面"反面镜子"，表明非雄主，有贤才也无用。面对众说横行，处士横议，非雄主亦必难辨真伪。

因此，国之大兴大治，雄主与贤才，缺一不可。唯雄主方能识才，亦能用才。历史上，如齐桓公、秦孝公等雄主，遇贤才必促膝长谈，往往有"三天三夜"而兴不尽，盖因雄主心中有兴国大思，而贤才有治国大方，才能一拍即合。

其后，张仪以楚为发端，用其"连横"之术，说六国连袂以事秦，《史记》详细记载了其说六国之言。此后，秦国开始迈上一统天下之路，张仪当为第一功臣。

十

昭襄王：用弟弟为人质换见孟尝君一面

昭襄王听说孟尝君之贤，就想把他挖过来用为相。便让泾阳君为齐国人质，来换孟尝君到秦国见一面。这挖人墙脚的功夫，真是够狠

范雎说须贾为公事而来，臣岂敢以私怨而伤公义，况且想杀自己的是魏齐而非须贾。秦王便决定亲自为范雎报魏齐之仇

设若昭襄王因错杀白起而疑之、再因郑安平之罪而究之，则范雎必亡，则秦之大业何继？亦更会因此堵塞人才进阶之路

惠文王之后，武王好勇力，因比赛举鼎而自伤以逝。幸有昭襄王嬴稷即位，这又是一位有能为的君主。

昭襄王时代，秦国也并非独强于世，至少还面临两大强敌赵与齐，甚至还有被二者威胁的危险。其时，秦国也就敢欺侮楚、魏、韩诸国而已。其所以受欺者，亦因君主庸弱而内无贤才、外无良将也。

> 昭襄王听说孟尝君之贤，就想把他挖过来用为相。便让泾阳君为齐国人质，来换孟尝君到秦国见一面。这挖人墙脚的功夫，真是够狠

其时的赵国，乃大名鼎鼎的赵武灵王在任，以胡服骑射而强兵。近代梁启超曾为其撰写评传，称其十年之间，四征八讨，使赵为当时一等国，堪为"黄帝以后第一伟人"。赵国甚至还有吞秦之志，胆敢袭击咸阳。更绝者，赵武灵王还冒充赵国的使者，去偷窥秦国的山川形势以及昭襄王的为人，真可谓胆识过人。等昭襄王醒悟过来，惊出一身冷汗，数日心跳不宁。

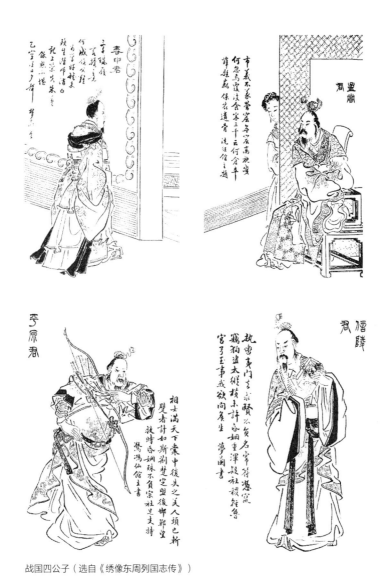

战国四公子（选自《绣像东周列国志传》）

即便赵武灵王饿死沙邱之后，赵惠王用平原君赵胜为相国，赵国并不因此而衰弱，而后又有蔺相如、廉颇等文臣武将护国，尚能使昭襄王占不到什么便宜去。而齐湣王用孟尝君田文为相，残燕灭宋，辟地千里；败梁割楚，威加诸侯，甚至还想代周为天子。由此可见，当时的秦国，论势与力，与赵、齐顶多不相上下，一统天下的路还很长，必待贤人辅佐，方能继续秦之霸业。

史家论六国归一，历来多有分析。而从君主与贤臣角度论之，秦与六国亦是高下立判。六国之有雄主，往往只有一任而已。而秦之强，先后有四任雄主。雄主任，谋深远而用贤能，则国日强；庸主任，目光浅而亲小人，则国日弱。秦之最终独霸，与六国之渐衰，皆源于此。比如，当时的齐王野心膨胀，一意孤行，骄矜而想当天子，不听孟尝君之言而复罢其相。后来，那位筑黄金台的燕昭王用了乐毅，乐毅说服四国共灭齐，连下齐国七十余城，自此齐国渐弱。在这个意义上讲，秦能灭六国，确因秦国历任雄主图强图霸，亦因六国庸主多自"作"自伤。

昭襄王等待大贤范雎到位的时间相当长。在得范雎之前，史载的多是其慕贤之思，及其离间他国贤能之举。这当然不是说，范雎之前，昭襄王无贤才可用，内有臣相樗里疾，外有武将白起，皆是一时翘楚。只不过相形之下，秦王此时缺少的是平原君、孟尝君这样的大贤而已。

比如，昭襄王听说平原君的贤能而嗟叹，其臣向寿便说：赵胜还不如孟尝君之贤。于是秦王就想把他挖过来用为相，便

孟尝君偷过函谷关（选自《绣像东周列国志传》）

对齐国说：让泾阳君为齐国人质，来换孟尝君到秦国见一面。这挖人墙脚的功夫，真是够狠。

及至孟尝君用宾客的"鸡鸣狗盗之术"逃脱之后，昭襄王慨叹孟尝君有鬼神不测之机，真乃天下贤士。及其闻乃是孟尝君之客狐白裘盗赠其姬，又复叹："孟尝君门下，如通都之市，无物不有，吾秦国未有其比"，并不问责。由此足见其求贤若渴之心。

只是其时大贤尚未得，见孟尝君之能可骇，便用计离间齐国君臣，说天下知有孟尝君，不知有齐王，不日孟尝君将代齐，齐王果中计而罢其相。后来秦王为孟尝君之客冯谖所用，欢天喜地去迎孟尝君为相，而冯谖却使齐王知晓此事而先复了孟尝君的相位。这再证秦王渴慕大贤之心不已。

范雎是魏国人，有安邦定国之能，原在魏国中大夫须贾门下为舍人。只是此时的魏国上下已无能君贤臣，是以不能识才，范雎反受其小人之心所累。范雎当初随须贾出使衰弱后的齐国，一番言辞让齐国肃然起敬，齐王送他黄金及牛酒想留用他。但范雎忠于魏国，固辞不受之后仅受其牛酒，却因此而被须贾及魏相魏齐所疑，被打得体无完肤，差点毙命。幸而用计逃出魔掌，化名张禄随秦国的使臣王稽而去。

范雎的贤能天下皆知，独魏王未闻，岂不可恨可叹？如秦使臣王稽听闻范雎被打死而兴叹，说太可惜了，此人不到我秦国，而不得展其大才！秦之求贤，与魏之弃贤，真是高下立判，而两国的命运，也由此可见分晓。

> 范雎说须贾为公事而来，臣岂敢以私怨而伤公
> 义，况且想杀自己的是魏齐而非须贾。秦王便决定
> 亲自为范雎报魏齐之仇

昭襄王在听闻王稽荐张禄之才时，尚未在意，反而说："诸

范雎入秦（选自《绣像东周列国志传》）

侯客好为大言，往往如此。姑使就客舍。"也就是把范雎晾在一边。
这一晾就是一年之久，秦王彻底把他忘了。还是范雎自己找了
个机会上书秦王，秦王才想起他来，于是便召见了他。

　　《史记》很精彩地记述了秦王见范雎的情形。比如昭襄王
长跪请求范雎指教他，如是者三，而范雎只是不应或"唯唯"而已。
等到判断秦王是真心诚意想听高见，范雎才真正开言，在冯梦
龙的《东周列国志》中可谓出语惊人："秦地之险，天下莫及，

其甲兵之强，天下亦莫敌。然兼并之谋不就，伯王之业不成，岂非秦之大臣，计有所失乎？"大贤的眼光就是不一样，着眼的正是大业；大贤的气度也非庸才可比，颇有舍我其谁的气概。

于是范雎在分析批评其臣穰侯等的计策不高明时，向昭襄王推销了著名的"远交近攻"之道。正所谓，"远交以离人之欢，近攻以广我之地，自近而远，如蚕食叶，天下不难尽矣。"秦王再问，范雎说："远交莫如齐、楚，近攻莫如韩、魏，既得韩、魏，齐、楚能独存乎？"于是秦王拜范雎为客卿，用其计。当其时，远交近攻之策，可谓切中要害，列国还真是没有什么好的办法。采用这一策略之后，秦国就独强于世，诸国皆无法与之相抗衡了。

于是范雎深得秦王信任，秦王常常半夜单独召他议事。此时，范雎又向秦王进安秦之计，如《史记》载警醒他"善治国者，乃内固其威而外重其权"，指出秦国太后恃国母之尊，擅行不顾者四十余年。穰侯独相秦国，内仗太后之势，外窃秦王之威……一番话说得秦王毛骨悚然，第二天就收穰侯相印，再置太后于深宫，不许与闻政事。这一计，使昭襄王真正稳固了在秦国的地位。于是，昭襄王开始任范雎为相。

当时，魏国听闻秦欲伐魏而急议，丞相魏齐听闻张禄为魏国人，便想走他的门路以求疏通乞和。这却正好给了范雎报仇的机会。范雎用一番计策公开羞辱魏使须贾，让他转告魏王斩魏齐头而送其家眷入秦，否则便要亲自引兵屠其都城大梁。如此复仇，于范雎是快意，于魏国则是灾难，历史上却并非个案。比如伍子胥带领吴国大军占领楚国之后，即便当年的仇人楚平王已死，也要掘其墓而鞭其尸。此等故事，当为庸主佞臣者戒；而对于贤才来说，快意恩仇，亦是其尽展才智的动力。所以，秦王获知了范雎的往事后，便想为其报仇，也算是雄主用人的一种谋略。

当时，范雎才向秦王言明自己的真实身份，秦王便想斩须贾以快其意。范雎说须贾为公事而来，臣岂敢以私怨而伤公义，况且想杀臣的是魏齐而非须贾。秦王便准了魏国之和，并决定

长平之战（选自《绣像东周列国志传》）

亲自为范雎报魏齐之仇。秦王言"丞相之仇，即寡人之仇"，这足见秦王待范雎之重。

魏齐听闻，便吓得逃往赵国去依附平原君赵胜。昭襄王则亲自"帅师二十万伐赵"，一报当初赵救韩而败秦兵之恨，二即为索取魏齐。平原君不愿交出魏齐，秦王便要求赵国以平原君为人质入秦。后来魏齐逃往魏国求救于信陵君而不纳，乃自刎于途。秦王为范雎报了此仇，方才礼送平原君回国。把臣子的私仇变为国恨，倾国以报之，亦是千古罕见，吴王阖闾、秦王嬴稷等唯能。

其后，昭襄王嬴稷用范雎之计，结齐楚而攻韩甚急。这暂时本没赵国什么事，但赵国贪图韩国的上党之地，接应上党百姓，派廉颇迎战秦兵。此时赵国本也不弱，却中了范雎的反间计，弃廉颇而用纸上谈兵的赵括。乃有史上著名的长平之战，秦将白起坑赵卒四十万，兵临邯郸城下。此后，秦攻赵不断，赵国日渐衰落。这一段历史可谓惊心动魄，一胜一败，归根到底还在于用人上的得与失。

设若昭襄王因错杀白起而疑之、再因郑安平之罪而究之，则范雎必亡，则秦之大业何继？亦更会因此堵塞人才进阶之路

在一定意义上说，范雎的大贤成色并不充足。正如后来燕

人蔡泽直谏于范雎促其急流勇退时所说，范雎与商君、吴起、文种等大贤相比，可谓稍逊风骚。范雎的一大不足，就是诛杀名将白起。

当初范雎见白起攻下诸侯七十余城，又兵围邯郸旦暮且下，忧其功在己上。于是，范雎因此一忧而堕入苏代的解赵围之术中，说秦王使韩赵割地以求和，而令白起班师回朝，秦王一句"惟相国自裁"而令范雎得志。白起则恨范雎，说邯郸一月可拔，可惜范雎不知时势，主张班师，错失良机。秦王听闻而大悔，复围邯郸。后来范雎便借机说服秦王杀了白起。

这说明，所谓言听计从，必得有特定条件。君相无私，君有略而相有贤，则可。否则，必如昭襄王之与范雎般，而致大业波折、将才折损。设若范雎不私，赵国必为白起所破，秦之一统则必更速。

秦王再围邯郸后，便有信陵君魏公子无忌窃符救赵，致昭襄王兵败而归，秦将郑安平降魏。而郑安平乃范雎所荐，按律当与其同罪。但昭襄王为范雎揽过，其待贤者可谓仁至义尽。昭襄王之复围邯郸，岂有不知白起被错杀之理？只是雄主胸怀，多是着眼于大业，尽量减少人才损失。设若昭襄王因错杀白起而疑之、再因郑安平之罪而究之，则范雎必亡，则秦之大业何继？亦更会因此堵塞人才进阶之路。

范雎估计也感觉到了自己的狭隘与过错而致事业有亏，心下过意不去，便说服秦王灭周称帝。及秦王灭西周迁九鼎后，独有魏国使者不到贺，秦王便命王稽袭魏，而王稽与魏国私通，透露此事。秦王追究责任而诛王稽，王稽又是范雎所荐。其后，秦王临朝叹息，范雎进言而问。秦王说，白起诛死，郑安平背叛，如《史记》载称"内无良将而外多敌国，吾是以忧"。

秦王这一忧言，既是一种对事实的陈述，也可以视作一种隐性的警告，向范雎表明自己心明如镜，并非庸弱无知。范雎且惭且惧。范雎这一惧，惧的正是收到了来自秦王的警告信息。这一惭，则惭的是自己为相而贤才不兴反而凋蔽，更惭的是因一己之私而致良将殒命。

至此，方有燕人蔡泽为范雎力陈利弊，促其择贤而荐。于是范雎荐蔡泽于昭襄王，称病而请归相印，秦王尚且不准。范雎遂称病笃不起，秦王才拜蔡泽为相，范雎则老于其封地应，也算是善终。秦王之度量，可谓大矣。秦王之用范雎，乃用其长而容其短。在战国时期的那种特定年代，唯有这样的用人度量，方能令各方人才来归以成大业。

昭襄王在位 56 年，年近七十而逝。究其一生，真正掌权而渐成大业的，也就是范雎辅佐的那十几年。

十一

嬴政：五湖四海　听之不疑

李斯谏逐客书，揭示的正是秦国由弱小
而强盛、最终一统天下的秘诀。用今天
的话讲，就是在用人上讲求五湖四海，
而不是搞"近亲繁殖"

秦王给尉缭弟子王敖黄金五万斤，王敖
只以一万金便收买了赵之佞臣郭开，而
交还四万金复命说："臣以一万金了郭开，
以一郭开了赵也。"

昭襄王之后有孝文王立，没几天就死了。又有庄襄王立，在位三年而逝。嬴政 13 岁即位，国事决于吕不韦，号尚父。嬴政 22 岁时，便平了嫪毐之乱，免吕不韦相，迁谪太后，开始真正主事，由此也开启了他的全盛时代。

> 李斯谏逐客书，揭示的正是秦国由弱小而强盛
> 最终一统天下的秘诀。用今天的话讲，就是在用人
> 上讲求五湖四海，而不是搞"近亲繁殖"

嬴政不认其母，凡谏必诛，前后杀了 27 人。齐人茅焦善谏："主有悖行而臣不言，是臣负其君也；臣有忠言而君不听，是君负其臣也。大王有逆天之悖行，而大王不自知，微臣有逆耳之忠言，而大王又不欲闻，臣恐秦国从此危矣。"几句话说的秦王悚然良久而听之，茅焦遂一一指陈其不仁之心、不友之名、不孝之行，而有桀纣之治。茅焦说毕即解衣趋镬，吓得秦王急

茅焦解衣谏秦王（选自《绣像东周列国志传》）

下殿左手扶住茅焦，右手麾左右去汤镬。茅焦这一直谏的故事，颇似春秋时期大夫申无畏、苏从之谏楚庄王熊侣。

　　由此考究史上那些善谏之臣与善听之君，皆有一个共同特点。善谏者莫不从雄主江山利害出发以谏言，而非就事论事。拿行孝之事来说，忠诚而迂腐者往往会说不孝如何，孝又如何之类。但其为雄主者，往往有不受传统道德法度束缚的心思，循大礼而不拘小节，这般陈词滥调岂能入其耳？而雄主真正在意的，正是江山社稷的根本大事，而不是那些具体细事是非。那些因谏而被枉杀的臣子，其心固然忠，但其谏言往往堂庑过小，不入雄主心胸而徒惹其怒。于是，嬴政拜茅焦为太傅，爵上卿。

当时，韩国派了一个名叫郑国的人来秦国做奸细，这位郑国便为秦国修造一条工程浩大的水渠，目的是消耗秦国的人力、物力。不久，郑国的阴谋被发觉，于是，秦国的王族大臣便对秦王说：东方各国到秦国来的人员，差不多都是替他们的主子来当奸细的，请大王把他们一律轰走。这种上纲上线、以偏概全的思维，可谓古已有之。治国理政，若都如此形而上，而非就事论事、具体事情具体分析，恐怕很容易玩完。

秦王显然觉得甚对，他下令凡是他方游客，都不许留居咸阳。楚国上蔡人李斯为秦客卿，亦在被驱逐之列，李斯是名贤荀卿的弟子，便在途中给秦王上了一道密表，历数秦之雄主用人之谋略，这就是著名的《谏逐客书》。《史记·李斯列传》对此记载甚详。

李斯在书中先"立"："昔穆公求士，西取由余于戎，东得百里奚于宛，迎蹇叔于宋，求丕豹、公孙枝于晋。此五子者，不产于秦，而穆公用之，并国二十，遂霸西戎。"意谓五人都不是秦国人，却能助秦穆公成其霸业。

然后又有"立"有"破"，分别例举孝公之用商鞅，以定秦国之法；惠王用张仪，以散六国之"从"；昭王用范雎，以获兼并之谋。由此总结道："此四君者，皆以客为功。由此观之，客何负于秦哉！向使四君却客而不内，疏士而不用，是使国无富利之实而秦无强大之名也。"意谓四位有能为君主都是靠外来人而成功业的，如果把外来人都驱逐，秦国之强就会无名无实。

继而李斯亮明观点："不问可否，不论曲直，非秦者去，为客者逐"，"此非所以跨海内制诸侯之术也"。结尾又一"破"："今逐客以资敌国，损民以益仇，内自虚而外树怨于诸侯，求国无危，不可得也。"意谓驱逐非秦人，不是成就霸业之道，把人才推给敌国用，是损己利人，怎么能让自己的国家安稳呢。

这一番陈词说的可谓酣畅淋漓，论述强有力，让秦王大悟，立即废除逐客令，用李斯如初。

事实上，李斯这一论，揭示的正是秦国由弱小而强盛、最终一统天下的秘诀。用今天的话讲，就是在用人上讲求五湖四海，而不是搞"近亲繁殖"。宋人洪迈在其《容斋随笔》中亦指出：当时七国虎争天下，都在招四方游士，"然六国所用相，皆其宗族及国人"。"独秦不然，其始与之谋国以开霸业者，魏人公孙鞅也。其他若楼缓赵人，张仪、魏冉、范雎皆魏人，蔡泽燕人，吕不韦韩人，李斯楚人。皆委国而听之不疑，卒之所以兼天下者，诸人之力也。"

洪迈甚至觉得，其他六国历史上，凡是贤人来自五湖四海的国家，就会强盛。他如是例举："燕昭王任郭隗、剧辛、乐毅，几灭强齐，辛、毅皆赵人也。楚悼王任吴起为相，诸侯患楚之强，盖卫人也。"当然，我们不能说用本国人，国家就不会强盛。比如，春秋时期晏子是齐国人，齐景公用之为相，用其策，国力日强，与晋并霸。这里的关键是，在用人问题上，不能唯亲，而要唯贤。

今天，只要是真正的人才，无论党内党外、国内国外，无论亲疏、贫富，都应当吸引过来、凝聚起来。至于如何用得当，用得其所，才当其用，这是另一个层面的问题，至少你不能因各种外在因素就阻断人才进入的通道。

秦王给尉缭弟子王敖黄金五万斤，王敖只以一万金便收买了赵之佞臣郭开，而交还四万金复命说："臣以一万金了郭开，以一郭开了赵也。"

秦王嬴政虽然追回了李斯，却干了一件枉杀贤才的错事，这就是杀韩非。韩公子韩非数上书于韩王而不用，便求用于秦国。对秦王说有计破天下之"从"，而遂秦国兼并之谋，放言用其谋而不成，愿提头来见，如《资治通鉴》载："一举而天下之从不破，赵不举，韩不亡，荆、魏不臣，齐、燕不亲，霸王之名不成，四邻诸侯不朝，大王斩臣以徇国，以戒为王谋不忠者也。"颇有气吞八荒、横扫宇内的雄心豪情。秦王心中颇为喜悦，但一时还没有任用他。可惜李斯并非管仲之类的大贤可比，和那位庞涓却多有相类，以致忌韩非之才而谮于秦王。秦王便囚禁了韩非，韩非最终自缢而死。枉杀一贤才，千载以下犹令人唏嘘，自古人才有生不逢时之叹，岂不知亦有生不逢人之悲？

李斯擅权（选自《绣像东周列国志传》）

　　后来秦王夸韩非之才，惜其已死，估计这时赢政后悔杀了韩非，和赢稷后悔杀了白起一样。李斯一听秦王之悔言，便举荐了魏国人尉缭。尉缭虽算不得什么管仲、晏婴一类的大贤，但其谋并非无用，只是过于阴毒了。他献的计谋便是"赂豪臣乱国"，如《史记》所载"愿大王毋爱财物，赂其豪臣，以乱其谋，不过亡三十万金，则诸侯可尽。"在当时的情形下，这一计谋可谓狠毒而有效。正所谓敌人的堡垒首先是从内部攻破

秦 始 皇 帝

秦始皇（选自《三才图会》）

的。其时，六国君主多庸弱，鲜有兼听之德，其权臣得贿而进谗言，焉有不祸国殃民之理？

秦王便拜尉缭为上客，衣服饮食和自己的一样。这般对待人才，也算是相当不易了。然而，尉缭看秦王的长相觉得他刻薄寡恩，天下未统一时，秦王会不惜屈身于布衣，若得志天下皆为鱼肉，因而要炒秦王鱿鱼，不辞而去。秦王听闻急追而还，和他立誓，拜他为太尉。这一去一还，于秦王言，是渴盼贤才之心；于尉缭言，则是壮志未酬之意。

秦王问尉缭兼并六国的次第，尉缭说："韩弱易攻，宜先；

其次莫如赵、魏。三晋既尽，即举兵加楚。楚亡，燕、齐又安往乎？"这就像下围棋，即便谋势布局没错，但落子的顺序也很重要，顺序一错，也可能棋差一着而致满盘皆输。

其后，秦王赢政用尉缭的乱各国之谋与兼并之计屡屡得手。比如秦王给尉缭弟子王敖黄金五万斤，王敖只以一万金便收买了赵之佞臣郭开，而交还四万金复命说："臣以一万金了郭开，以一郭开了赵也。"这一言，真是千百年来仍令人警觉，自古贪腐者乱国，信然。即便今之贪腐者，亦然。于行贿者言，如王敖般以小博大，大赚不赔；于贪腐者言，如郭开般为己贪一利而弃一地之万利于不顾，令人怆然；于一地之治言，大好河山、无穷机会就在一人之腐中都付东流。严惩贪腐者，严把用人源头关，正是来自历史的深刻警示。

在郭开的谮谗祸国中，赵国先不用廉颇，又中反间计而杀大将李牧。卫国之良才既去，赵国不亡也是天理不容了。郭开贪腐甚多，载其家财去秦，而中途为盗所杀、金为盗所取。冯梦龙说他"得金卖国，徒杀其身，愚哉！"其实这正是贪腐者的下场，不为法办，亦为盗杀。然即便贪腐者罪有应得，而国之失不可得矣。

秦王赢政逐一兼并列国，一统天下，号为始皇，以图万世。然而尉缭见秦始皇意气盈满纷更不休，而认定秦虽得天下，元气已衰，便与弟子王敖遁去。尉缭也算是功成名就而得善终了。秦王则是过犹不及，成其霸业而志得意满、不思用贤才而使国治，以致大业迅速而崩，岂不悲哉。

其后秦王便拜李斯为相，赵高为郎中令。赵高的祸国之行已非赵之郭开所能比拟。秦至二世而亡，在相当程度上就拜赵高等奸佞所赐。然而归根到底，又源于秦始皇得天下后，亲小人、远贤人之故。

十二

刘项何以一得天下一困垓下
——刘邦用人史话（上）

刘邦既能看清自己的弱点，又能看清他
人的长处，更能用人之长、用得其所。
而项羽看不清自己之短，又总显自己之
长，更看不到他人之长。这就是两人的
差别

萧何、曹参、周勃、张良、陈平、韩信，
都从寂默无闻而随刘邦建盖世功勋。除
韩信外，都是经实践检验为有用之才后，
才一步一步得到刘邦重用的

你们做的是猎狗的事情，而萧何做的是
猎人的事情。而且你们多数只有一人追
随我，多的不过两三人；人家萧何整个
家族几十人都跟着我，"功不可忘也"

读《史记》，刘邦给人的感觉颇有点人格分裂。他一方面"仁而爱人，喜施，意豁如也"。另一方面，又完全是一个地痞无赖的形象。

比如，他"为泗水亭长，廷中吏无所不狎侮，好酒及色。"还经常喝酒不付账，两家酒店经常到年终"折券弃责"。面对前来拜访的儒生，他把人家帽子抢过来，"溺溺以辱之"。给吕公送贺礼，明写"贺钱万"，实际不持一钱。后来在危难之际，还不惜牺牲子女以自保。比如在逃跑途中，"见孝惠、鲁元，载之。汉王急，马疲，虏在后，常蹶两儿，欲弃之。"夏侯婴"常收，竟载之"，"汉王怒，行欲斩婴者十余，卒得脱"。一个踹下车，一个拉上车，甚至孩子他爹还想杀了救他孩子的人，这般场面在历代君主身上亦不多见。

刘邦既能看清自己的弱点，又能看清他人的长处，更能用人之长、用得其所。而项羽看不清自己之短，又总显自己之长，更看不到他人之长。这就是两人的差别

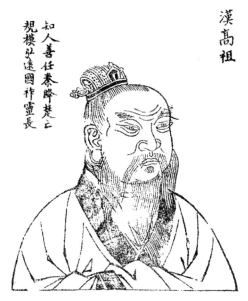

漢高祖

知人善任秦降楚亡
规模弘远国祚灵长

汉高祖刘邦（选自《历代古人像赞》）

然而，这样一个明显"私德有亏"的人，何以终能成大事？
分析起来，当是刘邦卓越的用人策略，使其终得天下。而在其
无赖之个性与用人之大节"短兵相接"时，刘邦亦能立时变倨
为恭。这充分表明，他不会以私废公，因"慢而侮人"的个性
而坏了用人治国之大事。这正是雄主的共有特征，始终分得清
轻重，有个性却绝不任性。

比如，在攻秦不利的时候，高阳城的"监门"郦食其觉得
刘邦是个气度宽宏的仁厚长者，便想劝说刘邦。不意刘邦正在
"踞床而足"，这个动作可说是刘邦"慢而侮人"的一个病征。

见此，郦食其也只是长揖不拜，只说了句"足下必欲诛无道秦，不宜踞见长者"，刘邦便"起，摄衣谢之，延上坐。"这可以说态度转变之快，中间都没有过渡，像冰块遇高温直接从固态变为气态一样。正是这一变，郦食其献计，而刘邦用其计，便夺取了秦军储备的大批粮食。刘邦也便封郦食其为"广野君"，并用其弟郦商为将。

刘邦变脸之速，从一个侧面表明其爱才惜才之甚，面对人才他能礼贤待之，虚心听取并采纳意见，绝不任性而为。相形之下，项羽可以说是过于任性，虽然也能"仁而爱人"，更有"暗恶叱咤，千人皆废"之勇猛，但"妒贤嫉能，有功者害之，贤者疑之，战胜而不予人功，得地而不予人利"。这说明，在用人大事上，刘邦绝不允许自己的个性坏大事，而项羽好逞匹夫之勇，刘项之高下可以说立判。

当然，这还只是说明刘邦在用人上，分得清私德与公义的轻重。而在用人策略上，刘邦更胜项羽不知几筹。其宏阔远大的用人谋略，可以说正是其得天下的原因。在大宴群臣时，刘邦就发表过一番著名的宏论。即《史记》载："夫运筹策帷帐之中，决胜于千里之外，吾不如子房。镇国家，抚百姓，给馈饷，不绝粮道，吾不如萧何。连百万之军，战必胜，攻必取，吾不如韩信。此三者，皆人杰也，吾能用之，此吾之所以取天下者也。项羽有一范增而不能用，此其所以为我擒也。"

刘邦既能看清自己的弱点，又能看清他人的长处，更能用人之长、用得其所。而项羽看不清自己之短，又总显自己之长，

項 王 圖

项羽（选自《三才图会》）

更看不到他人之长。这就是两人的差别。

萧何、曹参、周勃、张良、陈平、韩信，都从寂
默无闻而随刘邦建盖世功勋。除韩信外，都是经实践
检验为有用之才后，才一步一步得到刘邦重用的

从总体看，刘邦的用人谋略就是论功行赏、量才录用，不
搞任人唯亲。但在夺取天下时，更注重实践检验。唐宋八大家
之一的曾巩，曾称刘邦"所与成功者，多贩缯屠狗之徒"。但
是，这所谓的"贩缯屠狗之徒"，经战乱的实践检验证明都是

一等一的人才。马上得天下，当然需要"马上"的人才，所谓的学士大夫，如果不能适应战时的需要，不能经受实践的检验，反而迂阔无用，当然就难入刘邦法眼。

刘邦的"贩缯屠狗之徒"甚多，这里所例举的萧何、曹参、周勃、张良、陈平、韩信，都曾寂默无闻，而后追随刘邦建盖世功勋。除韩信后来为萧何力荐而陡得大将之位外，都是经实践检验为有用之才后，才一步一步得到刘邦重用的。可以说，刘邦甚至把实践当作了检验人才的唯一标准。这样的用人观，大体贯穿了刘邦平天下的过程中。只不过，在得天下之后，其用人观又进一步丰富了，此为后话。

司马迁称萧何在秦时仅"为刀笔吏"，"录录未有奇节"，即平庸而无出奇表现，及汉兴而竟能功勋灿烂，"位冠群臣，声施后世"。事实上，在刘邦心中，萧何是排第一的，他的功劳也最大。萧何在刘邦心中的地位，靠的正是实干，也是为实践所一再检验的。

草莽之际，雄主与贤才，往往惺惺相惜，甚至义结金兰，如刘关张桃园三结义。不过，刘邦与萧何之间，倒是萧何更有先见。在刘邦还是平民触犯法律时，小小的刀笔吏萧何就多次袒护过他。刘邦当了亭长，萧何更是经常帮助他。大家为刘邦出差凑盘缠，别人给三百钱，唯独萧何给五百。在萧何看来，刘邦终非池中物。

刘邦起兵当了沛公，萧何就担任县丞帮刘邦处理事务。刘邦入咸阳，将领们奔着金银去，唯独萧何先奔入丞相府把律令

萧何（选自《古圣贤像传略》）

图书都收藏起来。后来，刘邦当了汉王，就任命萧何为丞相。

这些细节表明，刘邦是通过实践发现萧何的过人之处的。这种草莽寒微，是雄主遇贤才的最佳场合，可谓知根知底，心中有数，最信得过。当然，在一定意义上说，这种相遇，不说千载难逢，在世间也实属不易。

然而，所谓信得过，往往是要用事实说话的。在刘邦带领人马在外攻城略地时，萧何每每用事实证明，他不仅有治理之能，更有忠诚之心。比如刘邦从汉中出发去兵定三秦时，萧何以丞相身份镇抚巴、蜀；刘邦邀诸侯以击项羽时，萧何镇守关中，同时还在后方制定了各种法律规章。但他所做这些事之前，都要先向刘邦请示，刘邦同意他才办。有些事来不及事先请示，事后也会向刘邦报告。这可谓始终恪守臣子的职责与本分，在位不缺位，更不越位。

刘邦多次被项羽打得兵败人逃，萧何总是及时把关中的壮丁调来补缺。前方打仗所需的粮草，萧何总是及时送到。可以说，萧何成为刘邦出兵征战时的最稳固大后方，使得刘邦没有后顾之忧。后来，刘邦便把关中的一切事情全部委托给萧何处理。没有亲密无间的信任，是无论如何做不到这一点的。

> 你们做的是猎狗的事情，而萧何做的是猎人的事情。而且你们多数只有一人追随我，多的不过两三人；人家萧何整个家族几十人都跟着我，"功不可忘也"

在刘邦平定天下，论功行赏、大封群臣时，"群臣争功"，竟然"岁余不决"。但刘邦认为萧何功劳最大，封他为酂侯，给的领地也最多。不意功臣们都不服，于是刘邦君臣之间便有一番著名的谈话。

据《史记》记载，大家当时说："臣等身被坚执锐，多者百余战，少者数十合，攻城略地，大小各有差。今萧何未尝有汗马之劳，徒持文墨议论，不战，顾反居臣等上，何也？"看来历史上，关于文武之功的高下，人们历来所见不同。春秋时期的晋文公，亦每每面对这样的争论，却能给出令众人心服的回答。这正是雄主的远见，其胸怀与眼光又岂是凡夫俗子所能悉知？

当时刘邦给大家讲了一个猎人与猎狗的故事："夫猎，追杀兽兔者狗也，而发踪指示兽处者人也。"他说：你们做的是猎狗的事情，而萧何做的是猎人的事情。而且你们多数只有一人追随我，多的不过两三人；人家萧何整个家族几十人都跟着我，"功不可忘也"。刘邦的比喻今天看来有点不尊重人，这于他倒是一贯的，却是深刻在理，萧何正是这种统揽全局、通达战略型的人才，其他人才则是在其全局与战略中攻城略地型的人才。但是人们往往只看到攻城略地的具体成果，以为盖世奇功，却往往看不到他们何以能攻城略地建奇功。能看到这个"何以能"，正是雄主之长处，也唯有能看到，雄主也才能真正吸引到大贤。当时，"群臣皆莫敢言"，估计内心不服的人也还有，只是不敢再说罢了。

封侯完毕，在评列侯位次时，又发生争执。大家都说：平阳侯曹参"身被七十创，攻城略地，功最多，宜第一"。这时，刘邦不好再驳回功臣们的意见，但心里仍想把萧何排第一。这时关内侯鄂千秋说了一番话，说到了刘邦心坎上。

鄂千秋说：曹参虽有野战略地之功，不过是一时之事。皇上同项羽对抗五年，多次损兵折将，只身逃跑，然而萧何总是及时地把新兵从关中送到前线，不用皇上下命令，几万人就送到了。这已经有好多次了。军中没有粮草，萧何通过水旱两路从关中运到前线，使军队给养不乏。皇上虽然几次地丢掉了东方的大片土地，而萧何却牢牢地保住了关中给皇上做根基，这才是万世不朽的功勋。"奈何欲以一旦之功而加万世之功哉！"于是，刘邦把萧何排在第一。这一番分析，其精神实质和刘邦上面的比喻是一致的。一如下围棋，布局落子之人，与具体某子发挥特殊效力，其功勋当然不在一个层次。布局不当，即便以人力与小智能在局部小胜，也难掩全局必输的结局。布局得当，则即使局部小败，也有全局必胜的定局。

萧何的封侯、定位二事，充分说明刘邦非常看重论功行赏的科学性。论得不合理、赏得不科学，往往就起不到吸引人才、激励人才的效果。甚至论得不精准、赏得不精细，都可能会影响到人才的成色。为什么有的雄主能得一流人才，有的君主只能得次优人才，其原因盖乎此。

刘邦是把其赏能够赏到极处精微的人。比如，萧何是鄂千秋推荐的，刘邦以"进贤受上赏"为由进封鄂千秋为安平侯。萧何父子兄弟十来人都受封。甚至刘邦还另给萧何增加食邑两千户，为的是当初刘邦出差时，萧何比别人多给他二百钱。这一细节更充分表明，有功必赏的刘邦也重情义、有恩必报。

十三

张良最初也是个"弼马温"
——刘邦用人史话（中）

刘邦只是让张良给他当管马的官。对于刘邦来说，在你没有显出大才之前，他是不会把你放到高位的，但又不会轻易让人才流失，颇有点为自己储备人才的意思

张良每每都能出正确的奇谋大智，而刘邦都能用，刘邦知人不可谓不深，信任不可谓不重，其判断力亦不可谓不明。尤其是那些不能立时见效却关系长远的谋略，最考验雄主的判断力

刘邦的长处就在于兼听则明，无论什么流言蜚语，也很难把贤才从自己身边夺走。而项羽的短处就在于偏听偏信，陈平出一个离间君臣之计，项羽就立马变成了孤家寡人

自古人臣有"功高震主"之说，人君则有"后顾之忧"之心。刘邦与萧何也不例外。即便两人相互高度信任，也难免有一时的疑忌，但两人自始至终能成就君相相宜的千古佳话，就在于双方都能及时解疑去忧。

由此看来，萧何也是一个会琢磨事不会琢磨人的老实人

当初，刘邦与项羽长期相持不下时，刘邦一连几次派人回关中慰问萧何。萧何的心腹便提示说，这是汉王"有疑君心也"，于是建议萧何把子孙兄弟凡是能拿起武器的全都送到前方。刘邦果然很高兴。

后来，代相陈豨造反，刘邦在平叛途中，又闻吕后用萧何计杀了阴谋造反的韩信时，便派人到长安拜萧何为相国，又增食邑五千户，派五百人给萧何做卫士。大家都来贺喜，唯独其门客召平来警告说，皇上"有疑君心矣"，"愿君让封勿受，悉以家私财佐军，则上心悦"，结果"高帝乃大喜"。

再后来，黥布造反，刘邦又去领军讨伐。期间又是几次派人回长安来慰问萧何，问他工作情况如何，有无困难。萧何做的和陈豨造反时自己做的一样，结果宾客中有人劝说：你"位为相国，功第一"，还能再往哪里增加呢？"然君初入关中，得百姓心，十余年矣，皆附君"，到今天你还孜孜不倦地去博取百姓的欢心。"上所为数问君者，畏君倾动关中"。于是建议"今君胡不多买田地，贱赊贷以自污？上心乃安"。即通过强制贱买而且赊欠的办法来置办田产，自污以自保。萧何照办后，刘邦打败黥布回京时，百姓半道拦驾上书、控告萧何，刘邦听了反而笑了。

由此看来，萧何也是一个会琢磨事不会琢磨人的老实人。其琢磨事，能把一应治理之事，收拾得无不当。其琢磨人，却稍逊风骚，因此需要宾客心腹的提醒。琢磨事之极致者，往往迂腐；琢磨人之极致者，则多为奸佞。天下二者不少，居于二者之中者更不知凡几。综观历史，大凡政治清明之世，琢磨事者多，琢磨人者少，而国运日隆。相反，则琢磨事者靠边，琢磨人者入位，而国运日衰。

萧何与曹参当初做小吏时，是好朋友，后来为将为相，反而关系不好。等到萧何病重时，孝惠帝探问："君即百岁后，谁可代君者？"萧何说："知臣莫如主。"孝惠帝就问曹参怎么样？萧何说："帝得之矣！臣死不恨矣！"由此观之，萧何不以私仇而弃公义，用人上亦可谓举贤不避仇。萧何，真可谓千古贤相、百世流芳。

> 对于曹参、周勃一类的人才而言，功名是激发其潜能与斗志的动力。有功必赏以相应的官位与名利，则往往敢死战，敢攻坚

刘邦与曹参，可以说也是"过命的交情"。曹参跟随刘邦一道出生入死，功勋卓著。刘邦用曹参，遵循的仍是论功行赏、火线用人的策略，每一立功，必授官。《史记》记载曹参的故事，大体是按照曹参跟随刘邦一路征战、刘邦则一路封曹参官职与赐食邑的轨迹。"赐爵七大夫""迁为五大夫""封参为执帛""迁为戚公""迁为执珪""封参为建成侯""迁为将军""赐食邑于宁秦"，还有诸如"以将军引兵围章邯于废丘""以中尉从汉王出临晋关""参以中尉围取雍丘""参自汉中为将军中尉，从击诸侯及项羽""拜为假（代理）左丞相，入屯兵关中""参以右丞相属（跟随）韩信"。曹参的故事相对简略，但其功勋卓著、一路升迁的事迹，足见刘邦用人之道甚明。

周勃的故事同样比较简略，《史记》记载周勃的事迹，一连用了18个"攻"字，"攻丰""攻砀""攻蒙、虞""攻开封"……传神地刻画出周勃敢为先锋征战沙场的无畏精神，刘邦也是根据他的功绩而不断予以擢用。周勃属于"鄙朴人也，才能不过凡庸""木强敦厚"，但刘邦认为"可属大事"，即可以托付大事。这说明刘邦用人的眼光的确超凡。事实上，刘邦起事后，周勃就一直跟在他身边冲锋陷阵、浴血奋战，因此立下赫赫战功。

对于曹参、周勃一类的人才而言，功名是激发其潜能与斗志的动力。有功必赏以相应的官位与名利，则往往敢死战，敢攻坚。相反，就会全无斗志。显然，刘邦对于这类在一线冲锋陷阵、攻城拔寨的将士，深谙激励奋发之道。当然，周勃还具有典型的老实人特征，忠诚、质朴、直肠子，没有那么多"弯弯绕"，关键时刻却因其忠而能成为砥柱、脊梁。

> 刘邦只是让张良给他当管马的官。对于刘邦来说，在你没有显出大才之前，他是不会把你放到高位的，但又不会轻易让人才流失，颇有点为自己储备人才的意思

如果说文臣之萧何与武将之曹参、周勃，都是和刘邦从小玩到大、知根知底的人，那么张良则没有这样的"先天基础"，他跟随刘邦纯粹是为了心中的理想抱负，起初即所谓"子房本为韩仇出"。

张良是刘邦的重要谋臣，《史记》载张良体弱多病，没有领兵独当一面，"常为画策臣，时时从汉王"。在楚汉争锋的战争时期，智谋乃是决胜千里的关键因素。可以说，张良和萧何一样，乃是刘邦的左膀右臂。

张良原是韩国人，自韩被秦灭后，张良还在博浪沙袭击过秦始皇以报韩仇。后来，机缘巧合，得了黄石公《太公兵法》，

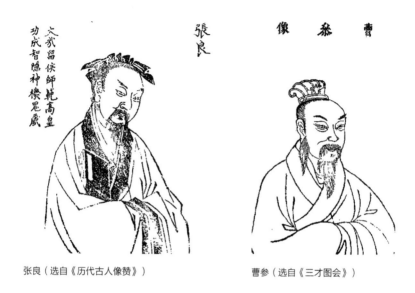

张良（选自《历代古人像赞》）　　　　曹参（选自《三才图会》）

便习诵于心，完成了从一个勇士向谋士的人生角色转变。及陈涉起兵，张良也纠聚人马反秦，本想投奔景驹的，不料半道上遇到了刘邦。此时，刘邦还只是让张良给他当管马的官。

　　这说明刘邦量才为用的用人观，是在结合实际灵活运用。面对萧何、曹参、周勃等知根知底的人，可以及时根据其才能与功绩而任用。但在面对如张良、陈平、韩信等半道加盟的人才，则有一个根据实践检验再擢用的过程。对于刘邦来说，在你没有显出大才之前，他是不会把你放到高位的，但又不会轻易让人才流失，颇有点为自己储备人才的意思。要得高位，还得靠人才用真本事去获取。

　　估计那些自负高才的人，一般都忍受不了管马这样的职务，孙悟空就忍受不了"弼马温"这样的官职，一笑。但张良能忍受，他就是在管马的期间，给刘邦讲《太公兵法》。没想到刘邦听了很高兴，还"常用其策"。事实上张良还对别人讲过，别人听来都觉得不知所云。因此张良感慨"沛公殆天授"，因此就跟定刘邦，不去找景驹了。

此后，每每在关键时候，张良都献计，刘邦都用其计。在刘邦想用两万人强攻秦军时，张良劝他派人去贿赂秦将，又趁其不备而发起突然进攻。刘邦就这样进入咸阳。进了秦宫，刘邦迷于声色犬马而不想走，樊哙劝他住到外面去也不听。张良一劝，便"还军霸上"。可见，此时张良在刘邦心中的位置已是今非昔比了。

及至项羽设后世闻名的鸿门宴，又是张良用计使刘邦逃出生天。后来，刘邦被项羽打败西逃下邑时，提出了一个著名的命题：如果我豁出去，把函谷关以东的地盘都分给他们，谁可以帮我一道破楚立功？可以说，这正是刘邦事业的低谷期，也是转折点。转折就起于张良之计。张良分析一番情势，推荐了三个重要人物：黥布、彭越，以及刘邦部下韩信，言"独韩信可属大事，当一面"。如果真想把地盘拿出来，那就分给他们三个，"则楚可破也"。事后正如张良所料，司马迁亦称"卒破楚者，此三人力也"。类似这种你死我活的争雄年代，智谋之士的力量，一点也不逊于文臣与武将。他们往往能于险峻处化险为夷、在穷途时绝处逢生。

> 张良每每都能出正确的奇谋大智，而刘邦都能
> 用，刘邦的知人不可谓不深，信任不可谓不重，其
> 判断力亦不可谓不明。尤其是那些不能立时见效却
> 关系长远的谋略，最考验雄主的判断力

而在项羽把刘邦围困于荥阳的危急时刻，刘邦即和郦食其商量如何削弱项羽的势力。郦食其便建议刘邦把六国的后代再封立起来，刘邦的德义就会风行天下，因而就会成为霸主，项羽就会俯首称臣了。刘邦还真就准备立即这么干。这显然是不切实际的书生之论，也说明刘邦当时"有病乱投医"，更表明刘邦所问非人。

幸好这时张良从外面回来，而郦食其还没有出发，刘邦看见张良便说了此事。这可谓机缘巧合，也表明刘邦可能心里不踏实，觉得多听别人意见不差些。不意张良一听就说，谁给陛下出的主意？这样做大事就要完了！于是张良一边详细分析一边说了八个不行，"其不可八矣"，结论就是，把六国立起来，他们就会立刻屈服于项羽，"陛下焉得而臣之？"可谓鞭辟入里，句句在理。刘邦一听，气得一口吐出了嘴里的东西，骂道："竖儒，几败而公事！"用今天的话讲，大概就是：他这个兔崽子，差点就坏了老子的大事。这一故事表明，张良为汉代第一谋臣，真不是盖的，比郦食其之流不知胜过几筹。

关键时刻的谋略，可谓事关生死存亡。张良每每都能出正

确的奇谋大智，而刘邦都能用，刘邦知人不可谓不深，信任不可谓不重，其判断力亦不可谓不明。尤其是那些不能立时见效却关系长远的谋略，最考验雄主的判断力。很多人觉得，雄主用谋臣的谋略实现了目标，那是谋臣的能耐，不能说明雄主有多能耐。但问题是，君主身边往往不缺少各种意见、建议、谋略，而且从各自角度出发都很有道理，那么如何判断、取舍、听取？历史表明，非雄主往往难有正确的选择。比如春秋战国时期，楚怀王就不听屈原、陈轸之言，而信了张仪之所谓谋略，终为张仪所欺而客死异乡，即为明证。

设若刘邦真用了郦食其之言，又如何能成其大业？所以雄主与谋臣，往往是一种共生关系，缺一不可，更往往能心有灵犀一点通，这也是为什么张良跟定刘邦而不找什么景驹的原因。韩信在灭掉齐国后，想要自己做齐王，因此派人送信给刘邦希望暂时当代理齐王。而此时刘邦正被困在荥阳，看了韩信的信很生气，勃然大怒、大骂不已，张良、陈平便暗中踩了刘邦一脚并附耳悄言，刘邦便接着话茬骂道，大丈夫打下了一个国家，本来就理应称王，还要临时代理干什么！这个弯可谓转得快，毫无滞塞拼接痕迹，否则来人一打小报告，就真麻烦了。

张良的智谋，更在于面对功绩能自抑。刘邦让张良在齐地择三万户作封邑，但张良只请一个留县而不受三万户之封，是为留侯。他还说过一段著名的话令人深思："今以三寸舌为帝者师，封万户，位列侯，此布衣之极，于良足矣，愿弃人间事，欲从赤松子游耳。"颇有点不居功自傲、功成而身退的意味，历代大智者都有如是格局，而这正是一种大智慧与大境界。历代又有多少贤才不懂得进退之道，其虽居功至伟，却又因功高震主而为君主所忌，说来仍是功名利禄心过甚。而在刘邦封过二十几个大功臣时，其余人就开始攀比争吵。张良看到将领们的情绪所蕴藏的危机，便建议刘邦封一个众所周知他最恨的人，由此及时平息了潜在的祸乱。张良可谓只想施展大抱负而毫无私心又懂得保护自己的大贤才。

刘邦对张良的这种信任，甚至被吕后用以成事。当时，刘邦想废掉太子刘盈而立戚夫人所生的儿子赵王如意。吕后便逼着张良想办法，张良不是直接谏言刘邦不要这么干，而是建议吕后请来刘邦尊敬的四老作太子宾客。张良可谓既尽到做臣子的本分，又显示其计谋的高妙。后来在一次宫廷宴会上，刘邦看到太子身后站着四老，年纪都在八十开外，"须眉晧白，衣冠甚伟"。一听说四人大名，刘邦大吃一惊，便说：我找你们好几年，你们总是避而不见，今天为什么来和我儿子交往呢？四人说："陛下轻士善骂，臣等义不受辱，故恐而亡匿。窃闻太子为人仁孝，恭敬爱士，天下莫不延颈欲为太子死者，故臣等来耳。"这四人的一番话，可谓彻底打消了刘邦换太子的念头。如他后来对戚夫人所言：我想换太子，可是那四个人保护他，他的翅膀已经长成，不能再动了。

刘邦的长处就在于兼听则明，无论什么流言蜚语，也很难把贤才从自己身边夺走。而项羽的短处就在于偏听偏信，陈平出一个离间君臣之计，项羽就立马变成了孤家寡人

陈平，可以称得上是刘邦的"阴谋家"。他自己就说"我多阴谋，是道家之所禁。"他的计谋过于阴奇隐密，往往不为后世所知，如《史记》所言"奇计或颇秘，世莫能闻也"。他一共给刘邦出了六次奇计，司马迁说他"常出奇计，救纷纠之难，振国家之患。"所以，陈平之于刘邦，同样不可或缺。

事实上，陈平先是投奔的项羽，因怕被杀，而"封其金与印"派人还给了项羽，自己逃走了。魏无知把他引见给刘邦，刘邦问他在项羽那里居何职，便也封了陈平一样的官职。然而不久，陈平便遭遇流言攻击，绛侯、灌婴等都向刘邦说他的坏话，说他和嫂嫂通奸，又收受贿赂。正所谓人言可畏，刘邦听了也起疑。但在面对流言问题上，刘邦与项羽的态度完全不同，也最终决定了二人一能得天下，一则困垓下的结局。

刘邦听了关于陈平的流言，并没有做过急的举动，而是把魏无知叫来责备一番。魏无知说："臣所言者，能也；陛下所问者，行也""楚汉相距，臣进奇谋之士，顾其计诚足以利国家不耳。"含蓄地说，用人之际，当用其奇才，而不是用其品行。刘邦又把陈平叫来责问，陈平的一番话警醒了刘邦。

陈平（选自《历代明贤像赞》）

　　陈平说："项王不能信人，其所任爱，非诸项即妻之昆弟，虽有奇士不能用，平乃去楚。闻汉王之能用人，故归大王。臣裸身来，不受金无以为资。诚臣计画有可采者，愿大王用之；使无可用者，金具在，请封输官，得请骸骨。"意谓项羽任人唯亲，刘邦任人唯贤，如果自己的计谋不可用，请刘邦把自己收受的钱财没收归公，请求辞职还乡。刘邦一听，赶紧赔礼道歉，还厚厚赏赐、拜为护军都尉。

　　所以，刘邦的长处就在于兼听则明，无论什么流言蜚语，也很难把贤才从自己身边夺走。而项羽的短处就在于偏听偏信，陈平出一个离间君臣之计，项羽就立马变成了孤家寡人。

在刘邦被困在荥阳城的时候，张良只分析了"八不行"，阻止了一次错误的行动。而刘邦能最终逃出荥阳，则靠的是陈平之计。这个计谋，历史上却有记载。陈平说，项羽起主心骨作用的心腹，不过是亚父范增和钟离眜、龙且、周殷几个人，因而建议刘邦豁出去用几万斤黄金，"间其君臣，以疑其心，项王为人意忌信谗，必内相诛"，刘邦拿出黄金四万斤，陈平的离间计大获成功。

这种离间之计，在战国时代的秦国就用过，当时魏国人尉缭被举荐给秦王嬴政时，尉缭献的计谋就是"赂豪臣乱国"，如《史记》所载，"愿大王毋爱财物，赂其豪臣，以乱其谋，不过亡三十万金，则诸侯可尽。"后来这一计谋让秦国屡屡得手。当时陈平用了很多钱在楚军中活动，放出谣言说钟离眜等人功劳多而不能分地为王，会联合汉王灭项而分地称王，项羽便不信任钟离眜了。又故意把项羽的使者当成范增派来的而好生招待，进而装作弄明白是项羽使者而用粗劣饭菜招待。这又使项羽疑范增，最终范增东归半道而疽发背死。

面对流言谣言，刘邦与项羽的处理方法大不相类。刘邦是用面对面的方式以解疑去谣，听当事人面陈，如此谣言就会穿帮，即便并非捕风，但听当事人一说在理，反而会更加尊重。项羽则是内心里怀疑而不言，继而不用，如此处理即便是心腹也会形同陌路。如是，刘邦之兴、项羽之亡不亦必乎？

后来，在有人告韩信造反时，将领们都说发兵去打。陈平则用天子出巡在外见诸侯的办法，在韩信迎接刘邦之际拿下了韩信。在刘邦于平城被匈奴军队包围"七日不得食"时，陈平以奇计派人到单于的妻子那里活动，使其得以解围。《史记》称，"其计秘，世莫得闻。"到底是什么计，也就没人知道。陈平之功，委实不小。

刘邦的贤人谋士，众而超凡。即便刘邦去后，其安国也仍然要靠这些贤能之士，其为雄主的远见卓识确非虚妄。刘邦去后，吕后乱政，用血淋淋的手段对付刘氏子孙，大立诸吕为王，意欲篡夺刘家天下。最后还是靠陈平与太尉周勃，消灭了吕氏一党，拥立了孝文帝，进而开启了历史上著名的"文景之治"的大汉盛世。

十四

"不见兔子不撒鹰"
——刘邦用人史话（下）

韩信没有显出其才干，的确就让刘邦不太
想用他。然而，刘邦胜过项羽处就在于他
信任贤才，贤力荐贤则必用

韩信这样的悲剧人物，追根究源在于，做
人上失了准寸，过于看重功名利禄，虽然
能忍一时胯下之辱，却也只是为成就功业、
出人头地而忍

如果说平天下时，用知根知底的人，从实
践中擢拔人才，论功行赏、量才录用，是
极为有效的用人策略。但在治理天下时，
选用贤能可以重实践，但不可唯实践，用
人的视野必须更加开阔

在重实际、看实践的用人方法主导下，刘邦之用韩信可说是充满了传奇，属于少有。在一定意义上说，乃是拓宽了刘邦的用人思路，让他意识到，对于真正的大贤者，未必都要按照一步一个脚印的方法来任用，而是可以用相应的高位以安其心，以在实践中建树功勋而行赏以固其志。

事实上，从刘邦用韩信的过程，也能粗略感受到刘邦用人观念的转变过程。

> 韩信没有显出其才干，的确就让刘邦不太想用他。然而，刘邦胜过项羽处就在于，他信任贤才，贤力荐贤则必用

韩信当初仗剑从军，先投项梁部下，无人赏识。项梁身死，而跟项羽，项羽却只让他当了一个侍从角色的郎中。韩信多次给项羽献计献策，项羽都不用。在刘邦被封为汉王后，韩信离开项羽，投奔刘邦，却也没有受到赏识，只当了个管理粮草的

韩信（选自《三才图会》）

连敖，甚至还因犯法而被判死刑。这说明，刘邦与项羽都有眼拙的时候。但刘邦与项羽的不同在于，项羽刚愎自用，自始至终也不太可能用韩信；而刘邦身边有贤人谋士能知人识人，刘邦又能善听善用，终使韩信助其大成。

你看，就在韩信要被砍头的时候，他一抬头看见夏侯婴，就说："上不欲就天下乎？何为斩壮士！"意谓汉王想得天下，怎么要杀壮士呢？于是夏侯婴"奇其言，壮其貌"，便把他放了。谈了一会儿大为高兴，便将韩信引荐给刘邦，刘邦封他为治粟都尉，但仍没发现他有什么出众的地方。是以，刘邦身边首先

《胯下之辱》（任伯年绘）

有夏侯婴，韩信才得以被发现；继而有萧何，韩信才得以脱颖。

萧何很赏识韩信，但多次向刘邦推荐而不被重用。这表明，刘邦对官位很在意，并不想把无能之辈用到官位上空享爵禄。至于所荐人才有否真本事，真可谓空口无凭，即便如萧何这般重臣之言，也未敢轻信。要扭转刘邦相对偏执的用人观，还是得用非常之法。

韩信见萧何数荐而不被重用，便跑路了。萧何一听，来不及向刘邦报告，就去追他。一些不明就里的人便向刘邦打报告说萧何跑了，搞得刘邦"如失左右手"。过了一两天，萧何回来了，刘邦且怒且喜，骂萧何说你怎么也跑了？萧何说我没有跑，我是去追逃跑的人。刘邦听说他追韩信立刻又骂：逃跑的将军有几十个你都没追，却说去追韩信，你骗谁啊。这也难怪，在刘邦眼里，你追一个无名之辈，此事大奇。正所谓奇正相生，有此一大奇，才有一大正。

于是萧何说了一句很牛气又霸气的话："王必欲长王汉中，无所事信；必欲争天下，非信无所与计事者。"意谓你只想当汉王，就用不着韩信。想得天下，除了韩信就没别人。话说到这个份上，也算是到顶了。但刘邦却说：我看在你的面子上，让他做个将军。萧何说：即便当个将军，他还是要走的。刘邦才说让他做大将，萧何这才认同。萧何对刘邦用人观的纠偏，可谓下了苦功夫。

《史记》生动地记载了这段故事，表明刘邦用人，还是重实际，量才为用，用民间的话说就是"不见兔子不撒鹰"。刘邦与萧何、周勃起事时就在一起，可谓知根知底。即便如张良、陈平的投奔，也是见到他们谋略的效用之后才逐渐起用的。韩信没有显出其才干，的确就让刘邦不太想用他。然而，刘邦胜过项羽处就在于，他信任贤才，贤才荐贤，则必用。估计在刘邦眼里，萧何竟然为了一个无名之辈而出追，这人也必有真才处。因此，刘邦才听了萧何的意见。

事实上，在春秋战国时期，大贤者不少都是靠高人引荐而得大位，从而迅速建功立业、安邦定国的。刘邦则走向了另一个极端，用人基本上只看实践。一般来说，二者各有短长，前者可能令高谈阔论而无真才实学者入位，后者则可能令大贤者远之。各取其长而避其短，方为用人之大道。

> 韩信这样的悲剧人物，追根究源在于，做人上失了准寸，过于看重功名利禄，虽然能忍一时胯下之辱，却也只是为成就功业、出人头地而忍

刘邦急着就要拜韩信为大将，萧何拦住他说："王素慢无礼，今拜大将如呼小儿耳，此乃信所以去也。"萧何建议选个好日子，沐浴斋戒，在广场上修起坛台，举行隆重仪式。这应该说大违刘邦的个性，但刘邦即照办，说明刘邦很看重真正的贤才。即便还不知韩信到底有几斤几两，但有萧何如此力荐，也便信得过。

设坛拜将之后，韩信有无真本领，刘邦便要一试："将军何以教寡人计策？"韩信便对刘项作了一番对比，显出了真水平。韩信觉得刘邦的"勇悍仁强"都比不过项羽，刘邦自愧弗如。接下来，韩信便一气说了项羽的优劣。

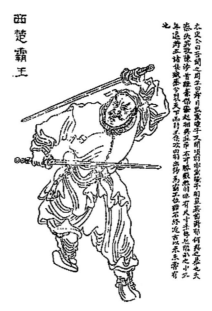

西楚霸王项羽（选自《晚笑堂画传》）

韩信这一段话，也正好表明项羽在用人上的短处。韩信说：项羽虽然勇猛，"然不能任属贤将，此特匹夫之勇耳"。项羽虽然仁爱，看谁得了病他都能含着眼泪给人送吃送喝，却舍不得给立功之人封赏，"此所谓妇人之仁也"。他建议刘邦反其道而行之，"任天下武勇，何所不诛！以天下城邑封功臣，何所不服！以义兵从思东归之士，何所不散！"这话说得荡气回肠，实际上讲的就是用人问题，即大胆信任和使用贤才以征天下，封赏功臣以收服人心。刘邦听了大喜，"自以为得信晚"，可谓相见恨晚。只是此前刘邦并未给予韩信这样深谈的机会，才差点失之交臂。

接下来，就是韩信征战天下的表演了。他创造了许多军事上的奇迹，比如著名的背水一战，就以一万余人战胜了二十余万人的赵军。又在潍水之战中以囊沙堵水，诱敌半渡而击，以数万兵大破楚齐20万联军，击杀项羽大将龙且。在垓下之战中，以"四面楚歌"瓦解敌人斗志，终致项羽自刎乌江。

其时，韩信威震天下，打下齐国后，便向刘邦请封为代理齐王。这表明，韩信功利心重，刘邦对韩信则起疑心。在那样的争雄年代，大将在外而求封王，在大将自身看来是担心君主日后不兑现承诺，以为先到手的才是实惠的，而在君主看来则无异于想自立门户单干，彼此嫌隙已生，想要修复却是难了。

韩信被封为齐王后，项羽先后派武涉、蒯通游说韩信，"为汉则汉胜，与楚则楚胜"。然而韩信犹豫不决，不忍心背叛刘邦。此时韩信只是重功名利禄，内心还是忠于刘邦，若他一反，刘邦便会前功尽弃。

到天下平定之后，韩信却渐生反意。这也正是韩信愚蠢的地方。在陈豨被任命为赵相时，韩信和陈相约，"吾为公从中起，天下可图也。"后陈豨果然谋反，刘邦率兵讨伐，韩信却给陈传递消息"弟举兵，吾从此助公。"不意消息走漏，吕后同萧何计赚韩信入宫而缚杀。刘邦闻信则"且喜且怜之"。这一喜，喜的应是祸患去除可以安枕；这一怜，怜的应是韩信建盖世功勋，却毁于一叛。

司马迁感慨说：假如韩信当初能"学道谦让，不伐己功，不矜其能"，那么他的勋业就可以和周公、召公、姜太公相媲美了。但是他不这么干，在天下局面安定之时，"乃谋畔（叛）逆，夷灭宗族，不亦宜乎！"韩信这样的悲剧人物，追根究源在于，做人上失了准寸，过于看重功名利禄，虽然能忍一时胯下之辱，却也只是为成就功业、出人头地而忍。一旦所得非所愿，则生诸多不如意乃至叛意，其之将亡必也。

　　如果说平天下时，用知根知底的人，从实践中擢拔人才，论功行赏、量才录用，是极为有效的用人策略。但在治理天下时，选用贤能可以重实践，但不可唯实践，用人的视野必须更加开阔

　　萧何、曹参、周勃、张良、陈平、韩信，都跟随刘邦建立了非凡功勋，而刘邦对六人的任用，充分表明刘邦注重实际、论功行赏、量才录用的用人思路，对于夺取天下来说是非常管用的。同时，刘邦还很能知人。他在逝前，吕后曾问其身后用人之事：萧相国死了，谁来接替？刘邦说曹参可以。又问，刘邦说王陵可以，但他略显迂愚刚直，不过陈平可以帮助他。陈平智慧有余，但难以独自担当大任。"周勃重厚少文，然安刘氏者必勃也，可令为太尉。"刘邦的知人，可谓一绝。统观其一生，其能知人，亦能善用人，更能封赏有规，实乃其得天下之道。

　　刘邦在得天下之后，与陆贾还有过一段著名的对话。当时，

陆贾（选自《三才图会》）

陆贾向刘邦进言，常引用《诗经》《尚书》中的话。刘邦便骂他："乃公居马上而得之，安事《诗》《书》！"意谓马上夺得的天下，要《诗》《书》干什么？陆贾则对道："居马上得之，宁可以马上治之乎？且汤武逆取而以顺守之，文武并用，长久之术也。……"意谓马上能得天下，但不能在马上治理天下，商汤周武王用武力夺得天下，治理天下却是靠顺应民心的仁义政策，文武并用，才是长治久安之良策。

应该说，这一对话让刘邦感悟良多，当时刘邦"不怿而有惭色"，让陆贾专门写一本书，即为《新语》："试为我著秦所以失天下，吾所以得之者何，及古成败之国。"而从丰富刘邦用人观的角度看，这一对话也是让其受益匪浅。

后来，刘邦在去逝的前一年，即公元前196年2月，发布了一道著名的诏书，这就是《高帝求贤诏》：

> 盖闻王者莫高于周文，伯者莫高于齐桓，皆待贤人而成名。今天下贤者智能，岂特古之人乎？患在人主不交故也，士奚由进？今吾以天之灵、贤士大夫定有天下，以为一家。欲其长久，世世奉宗庙亡绝也。贤人已与我共平之矣，而不与我共安利之，可乎？贤人大夫，有肯从我游者，吾能尊显之。布告天下，使明知朕意。御史大夫昌下相国，相国酂侯下诸侯王，御史中执法下郡守。其有意称明德者，必身劝为之驾，遣诣相国府，署行义年。有而弗言，觉免。年老癃病，勿遣。

大意谓成就王道霸业，都要靠贤人。现在天下就有贤才智者能人，问题是君主不去结交他们，贤士通过什么途径晋升呢。接着就讲，自己靠上天神灵和贤人的力量平定天下，把天下变为一家，希望长久保持下去。贤人已经同自己一起平定了天下，如果不同自己一起使它安定兴盛，那怎么行呢？贤士大夫肯和自己一起共事的，能使他得到显贵的地位。为了发现人才，刘邦还强调如果发现了，相国就一定要亲自劝他出来，替他准备车马，请到相国府，记录下事迹、相貌和年龄。如果有而不报告，一经发觉，就免除当事者的官职。

这一著名求贤令，可谓广开举贤荐能之门，与刘邦此前的多重实践检验大不相类。对这一求贤令，后人多有评点。明人凌稚隆《汉书评注》卷一下引曾巩的评价称："高帝平时侮曼学士大夫，至取儒冠溺之；所与成功者，多贩缯屠狗之徒。及天下既平，乃屈意求贤，如恐不及。盖知创业与守成异也。"

这一评价很有道理。如果说平天下时，用知根知底的人，从实践中擢拔人才，论功行赏、量才录用，是极为有效的用人策略。但在治理天下时，选用贤能可以重实践，但不可唯实践，用人的视野必须更加开阔。因为有的人才未必愿意让你知根底，甚至自己就无意功名。同时，实践检验人才往往还需要时间，哪能像战争年代那样立时见效？而治理天下、顺应民心，是长久之计，非一朝一夕可成。只有把各式各样的人才都笼络起来，发挥他们的作用，才是治天下的通途。这道求贤令，展现的正是这样的开阔视野。

十五

以广纳贤才开启治理新局
——汉武帝用人的得与失（上）

倘若不善用人，则空有雄略而不能尽展。再好的江山，也会如秦二世胡亥般三年玩完，不会延运日久

汲黯假托天子命令擅自行事，命令河南郡官员发放官仓积粮以救济贫民，返回后即请罪。但武帝很赏识他，赦免了他的罪名

读《史记·孝武本纪》，会对汉武帝刘彻的一生充满疑惑，通篇记述的都是他巡游封禅敬鬼神的故事，似乎没干什么正事。这大抵是因为司马迁因李陵投降匈奴为其分辩而被武帝施以宫刑一事之故，而有意把其文治武功忽略或散见于其他臣子列传中。不过，历史上对汉武帝刘彻的评价，也往往褒贬不一。

> 倘若不善用人，则空有雄略而不能尽展。再好的江山，也会如秦二世胡亥般三年玩完，不会延运日久

比如东汉史学家班固，在叙述一番汉武帝的事迹后说："如武帝之雄材大略，不改文、景之恭俭以济斯民，虽《诗》《书》所称，何有加焉！"意谓《诗经》《尚书》上所称道的古代贤王也不过如此，可以说是极言武帝的文治武功。这一类评价，往往着眼于他征战四方、开疆拓土、远扬国威，以及其他功业。

漢武帝像

汉武帝（选自《三才图会》）

　　然而，千年后的司马光在列叙"班固赞曰"后，即来了一段"臣光曰"，则多有贬抑："孝武穷奢极欲，繁刑重敛，内侈宫室，外事四夷，信惑神怪，巡游无度，使百姓疲敝，起为盗贼，其所以异于秦始皇者无几矣。"显然，司马光对秦始皇的评价比较负面，而在他眼里汉武帝和秦始皇没什么两样。这一类评价，往往着眼于他穷兵黩武，"内穷侈靡，外攘夷狄"，结果就是"天下萧然，财力耗矣！"

　　但在用人上，积极正面的评价居多，司马光与班固两人意见亦相类。司马光在记叙汉武帝逝后写道："帝聪明能断，善用人，行法无所假贷"，可谓盖棺定论。班固则早就称赞："孝武初立，卓然罢黜百家，表章《六经》，遂畴咨海内，举其俊茂，与之立功。"

当然，在司马光看来，天下的人才是不缺的，关键在你想干什么，就会有什么样的人才为你所用。他这样写道："武帝好四夷之功，而勇锐轻死之士充满朝廷，辟土广地，无不如意。及后息民重农，而赵过之俦教民耕耘，民亦被其利。此一君之身趣好殊别，而士辄应之，诚使武帝兼三王（夏禹、商汤、周文王）之量以兴商、周之治，其无三代之臣乎！"隐含的意思是，治国大略决定了用人谋略，要是把治国大略重心放在造福百姓上会更好，就能复兴商周时期的太平盛世，而相应的辅佐人才也会辈出。

汉武帝的治国思路转变固是事实，而武将文臣为之用亦是事实，但前提仍然是汉武帝善于任用贤能。倘若不善用人，则空有雄略而不能尽展。再好的江山，也会如秦二世胡亥般三年玩完，不会延运日久。

> 汲黯假托天子命令擅自行事，命令河南郡官员发放官仓积粮以救济贫民，返回后即请罪。但武帝很赏识他，赦免了他的罪名

事实上，汉武帝是以延揽人才来开局的。公元前141年正月，刘彻16岁即帝位。第二年冬季十月，即下诏"举贤良方正直言

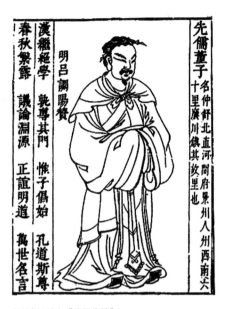

董仲舒（选自《先儒像赞》）

极谏之士"，亲自出题"问以古今治道"。事实上，在今天看来，这是在同一年，因为古代纪年都是从冬季开始的。也正是在武帝任上，于公元前104年夏季五月改正朔，他命公孙卿、司马迁等拟定汉朝《太初历》，以正月为一年开始，方延续至今。

以广纳贤才来开治理之新局，是为雄主治国理政的大气象。

当时有一百多人参加考试，其中广川人董仲舒写了一篇很长的答卷，汉武帝很赞赏，当时即任命他做江都的国相。其中关于用人之道，也有一番论述，对汉武帝当有潜在影响。

董仲舒在策论中针砭时弊说："夫长吏多出于郎中、中郎、吏二千石子弟，遂郎吏又以富訾，未必贤也""累日以取贵，积久以致官"。用今天的话来说，就是官吏大多是官二代、富二代，这哪能选出贤能之士？同时还凭资历就能得富贵、升官职，这样的用人思路显然会堵塞贤路。

董仲舒建议：让列侯、郡守、二千石官秩的官员，从各自所管理的官吏、百姓中选择贤能的人，每年向朝廷选送二人，而且能够"以观大臣之能""所贡贤者，有赏；所贡不肖者，有罚"。把举荐贤能作为对官员考察的重要依据，这实际上是一个制度化的举荐贤才措施。贤才举荐来了怎么办？"毋以日月为功，实试贤能为上，量材而授官，录德而定位，则廉耻殊路，贤不肖异处矣！"意谓不重资历，而重实际能力，根据才能大小、品行高低来任用。这样的用人思路，在当时可谓超前，即便在今天也很有价值。

事实上，武帝即位初期，还在全国选拔"文学材智之士"，予以破格重用。当时，便有很多人上书议论国家政事得失，自我标榜、自我推荐的人数以千计，武帝从中选拔杰出的人才予以宠信重用。比如朱买臣、司马相如、东方朔等，他们成了武帝的左右亲信，武帝经常让他们与朝廷大臣辩论国政得失，外朝大臣多次被驳得无法对答。当然，这些人才带有娱乐性质，武帝也未必真的重视，"上以俳优畜之，虽数赏赐，终不任以事也"。这表明，汉武帝心里对人才的斤两还是很清楚。东方朔倒是经常利用时机直言进谏，对朝政发挥了一定补益作用。

汲黯（选自《古圣贤像传略》）

除了董仲舒外，汲黯的任用也体现了汉武帝的贤明。在公元前135年，武帝提拔任用东海太守汲黯担任主爵都尉，地位与九卿相同。此前，汲黯在东海，注重择贤能再放手任用，他本人只布置和检查主要政务，不苛求细枝末节。他曾生病在家一年多，但东海郡却治理得很好，百姓交口称赞他。武帝听到了，便起用汲黯。此前，河内郡失火、烧毁了一千多家民房，武帝便让他去视察，结果汲黯假托天子命令擅自行事，命令河南郡官员发放官仓积粮以救济贫民，返回后即请罪。但武帝很赏识他，便赦免了他的罪名。

任用汲黯，武帝注重的是人才的贤名，属于"国人皆曰贤"一类，同时还注重人才的忠诚与胆略，属于亲自考察。这样用人，大抵不会有失。不过，汲黯并非完人。史称汲黯为人性情倨傲，喜欢当面批评人，不能容忍别人的过失。有一次他犯颜直上，让武帝下不来台。但武帝最终能容，确是雄主心胸，凡事皆以国事为重，不以私愤而取舍。

当时，武帝正招选文学之士和儒家学者，说我想要怎样怎样。汲黯应声回答说："陛下内多欲而外施仁义，奈何欲效唐、虞之治乎！"意谓心藏很多欲望而表面装仁义，很难达到唐尧虞舜那样天下大治的局面。这简直就是不给人留一点颜面，武帝沉默不语，接着勃然大怒，然后脸色难看地结束朝会。退回内宫，还对左右侍从说：汲黯的质朴忠直也太过分了！然而武帝终究是未对汲黯有什么惩处。

当时，群臣中就有人批评汲黯，汲黯说：天子设立公卿等负有辅佐匡正之责的大臣，难道是让他们阿谀奉承，使君主陷入不仁不义的境地吗？况且我既然已经在公卿的位置上，如果只想顾全自身性命，那就会使朝廷蒙受耻辱，那怎么得了！汲黯的确是忠贞为国之士，忠言逆耳，古今有多少人听得烦心，必欲不听而后快，唯雄才大略者有这样的心胸肚量，容得下忠良之言，其虽一时震怒，却终不会加诸半点问责。

事实上，武帝对汲黯常常是关爱有加。汲黯身体多病，在三个月的病假期限快到时，武帝多次特许延长他的病假时间。

后来病重时，庄助替他请假，武帝便问庄助汲黯的为人。庄助说：让他任职当官，没有什么超越常人的才能。但要如果让他辅佐年幼的君主，他会坚定不移地维护祖先基业，有人以利禄引诱他，他不会前去投靠，君主严辞苛责地驱赶他，他也不会离去，谁也无法改变他的耿耿忠心。武帝说："古有社稷之臣，至如黯，近之矣！"武帝对汲黯的认可，亦很中肯。

公元前 134 年，武帝首次命令各郡国各自察举孝廉一人，史称这是采纳董仲舒的建议而采取的行动。

总体上看，汉武帝在位前几年，只是重视人才治国的策略，其雄才大略也未尽展。只是历史的演绎，把时势放在他眼前，由他作出决断，汉武帝顺势而为，也就开启了大汉的强盛时代，而人才也因之辈出。

十六

卫青出身奴仆却被用为将帅

——汉武帝用人的得与失（中）

匈奴人更害怕李广的胆略，汉军士兵也
多愿意跟李广作战，不愿隶属程不识

卫青出身奴仆，武帝起用卫青，在当时
可谓非常之举，而卫青屡立战功也表明
武帝知人善用，"天下由此服上之知人"

在公元前 135 年，闽越王发兵进攻南越国的边境城邑，武帝便派大行令王恢和大农令韩安国分别援救南越。不过大军出发后，闽越王就被其臣子刺杀，武帝便下诏撤回军队。相比汉匈之战，这样的战事仿佛只是一个序曲，更多带有震慑性质。

　　匈奴人更害怕李广的胆略，汉军士兵也多愿意跟李广作战，不愿隶属程不识

　　事实上，在当时的历史条件下，汉匈之间的战争不可避免，并非缘于汉武帝单方面好战。法国学者勒内·格鲁塞在其名著《草原帝国》一书中，就曾这样描述游牧民族："草原上的这些短头型人，无论是匈人、突厥人或蒙古人——他们头大，身壮，腿短，是常年骑马的游牧民，这些来自亚洲高原上的'马背上的弓箭手'们沿耕地边缘徘徊——在 15 个世纪中几乎没有变化地袭击定居文明社会。"

而汉高祖刘邦就曾于平城被匈奴军队包围，以致"七日不得食"。如王恢所言，汉与匈奴和亲，大概总是维持不上几年，他们就又背弃盟约。在这样的历史背景下，与其说汉武帝"好四夷之功"，不如说他因势而谋、顺势而为。正所谓时势造英雄，"勇锐轻死之士"辈出也是必然。但若无汉武帝的用人谋略，则英雄必无用武之地。

当然，武帝时代的汉匈之战，具体则是汉方面引起的。在公元前135年，匈奴曾前来请求和亲。当时大行令王恢的意见是发兵攻打匈奴，韩安国则主张和亲，群臣大多附和韩安国，于是汉武帝便允许汉匈和亲。

就在这短暂的和好期间，卫尉李广和中尉程不识，原分别驻守云中郡和雁门郡，于公元前134年6月被罢免了职务。这两人属于完全不同类型的人才，治军理念完全不同，李广很随意，没有固定编制，不讲究排列阵势，夜间不敲刁斗巡逻，但也远远派出侦察哨兵，军营未曾遭到袭击。程不识则治军严谨，军队不能随意休息，也没有遇到危险。但是，匈奴人更害怕李广的胆略，汉军士兵也多愿意跟李广作战，不愿隶属程不识。

司马光就此有一段议论，他说："以广之材，如此焉可也，然不可以为法"，"效程不识，虽无功，犹不败；效李广，鲜不覆亡哉。"意谓李广可以这样做，但别人不能效法。效法李广，很少能避免全军覆灭的结局。这个说的在理。但在对付当时机动性、灵活性强的匈奴军队，不能不说李广的办法可能更有效，

李广（选自《古圣贤像传略》）

侦察哨兵即是他的耳目，比外在的巡逻更管用，同时不设防的营地，反而易让匈奴军队生疑。

这在今天看来，实际上涉及两类人才的任用问题。一把钥匙能打开一把锁的，就是人才。否则配备再多标准钥匙，开不了锁也白搭。对于具体人才来说，不能用一个标准一刀切，应允许人才的个性，倘若对李广们也如程不识般要求，恐怕会扼杀天才。反之，对程不识们也要求效法李广们，恐怕全部玩完。这里的关键是，不同人才都要为我所用，同时也要允许不同人才各自尽展其才，而能不横加干涉。

汉匈和好不到两年，公元前 133 年，王恢便向武帝建议：匈奴与汉和亲结好，亲近信任边境吏民，可以用财利引诱他们再伏击。武帝便召公卿讨论。《资治通鉴》主要记录了王恢和韩安国的反复争论，各有道理，但武帝采纳了王恢的主张。然而，关键时刻功亏一篑：单于走到距马邑县城还有一百多里的地方，只见牲畜遍布野外，却无一放牧之人。单于一警觉，便俘虏了雁门郡的一个尉史一问情由，便领兵撤退。从此，"匈奴绝和亲，攻当路塞，往往入盗于汉边，不可胜数"。

卫青出身奴仆，武帝起用卫青，在当时可谓非常之举，而卫青屡立战功也表明武帝知人善用，"天下由此服上之知人"

如果说，汉武帝对董仲舒、汲黯的任用，体现其用人眼光超前，但对公孙弘的任用，则可以看作是汉武帝任用文臣方面的一个拐点。

在武将的任用方面，引起的争议不多，比如李广、卫青、霍去病等，都是响当当的名号，建功立业为当世所钦佩。但在文臣的任用方面，往往因人才本身的泥沙俱下、毁誉参半而引争议，比如公孙弘的迎合阿谀，在今天来看，就是典型的官油子；比如张汤的酷吏品性，往往会让其他人才胆战心惊。不过，这于武帝而言，或许是出于其治人权术的需要，这又另当别论。

公元前130年，汉武帝召官吏百姓中明晓当世政务、熟知古代圣王治国之术的人到朝廷任职。当时，参加对策考试的有一百多人，公孙弘的答卷被列入下等。但武帝在亲览所有对策时，却把公孙弘的对策提升为第一名，拜他为博士，待诏金马门。

在这篇令武帝垂青的对策中，公孙弘提出了治国的八条理念。其中多与用人相关。"因能任官，则分职治""有德者进，无德者退，则朝廷尊""有功者上，无功者下，则群臣逡（明白退让道理）""罚当罪，则奸邪止""赏当贤，则臣下劝（勤勉）"。这表明公孙弘的用人思路，合乎武帝的谋略。

公孙弘每当在朝廷讨论问题时，总是把事情的原委详细分析说明，让武帝自己做出抉择，不肯在朝廷上与武帝当面争辩。武帝看出他为人谨慎厚道，辩论问题从容不迫，头头是道，"习文法吏事，缘饰以儒术"，因而对他非常赏识，一年中提拔他当上了左内史。显然，在武帝看来，公孙弘是谨慎厚道，但在旁人看来，公孙弘则有点装。

事实上，公孙弘乃是善于迎合武帝的心意而议事。这个特点，显然与汲黯是两极，其他人或许能忍受，汲黯第一个就受不了。公孙弘曾经和公卿商定某一问题的处置意见，到了武帝面前，却完全背弃原来的意见而迎合武帝。汲黯当即指出：他开始和我们一道商定此条建议现在却全都背弃了，这是不忠于圣上。武帝责问，公孙弘谢罪说："夫知臣者，以臣为忠；不知臣者，以臣为不忠。"这没有正面回答问题，却取巧地用知与不知来

卫青（选自《古圣贤像传略》）

化解矛盾，武帝便认为他说得对。事实上，武帝身边的宠幸官员也经常诋毁公孙弘，但武帝对他却更加优待。

接下来，大汉的历史舞台上，就是卫青、霍去病等名将的出色演出，他们屡次对匈奴作战，取得了赫赫战功。

公元前 129 年，匈奴入侵上谷郡，杀害抢掠官吏百姓。武帝派遣车骑将军卫青等四将出兵。结果公孙贺一无所得，公孙敖、李广被匈奴打败。李广还被匈奴活捉，靠装死麻痹对方抢其马、夺其弓而逃脱。只有卫青打了胜仗，因而被赏关内侯的爵位。

卫青"虽出于奴虏，然善骑射，材力绝人，遇士大夫以礼，与士卒有恩，众乐为用，有将帅材，故每出辄有功"。古人讲"猛将必发于卒伍"，卫青更是出身于奴仆，武帝起用卫青，在当时可谓非常之举，而卫青屡立战功也表明武帝知人善用，"天下由此服上之知人"，可谓众人皆服。

第二年，匈奴再次入侵，武帝再次起用李广，任命他为右北平太守，匈奴称李广为"汉之飞将军"，畏避他而连续几年不敢入侵右北平郡。不因李广一败而弃用，是武帝的开明处。但武帝有点迷信，觉得李广运气不好，以致后来李广饮恨沙场，这是后话。

这时候，武帝开始越来越重视人才的举荐，为此于公元前128年下诏说：一个郡竟然不向朝廷举荐一个贤人，这说明政令教化不能贯彻下去，而那些积累了美德善行的贤人君子，被阻塞、被壅蔽，使天子无法得知。"且进贤受上赏，蔽贤蒙显戮，古之道也。其议二千石不举者罪！"有关官吏便奏报：凡是不举荐孝子的，属于不遵守诏令的行为，应当按"不敬"的罪名论处；凡是不察举廉吏的，就是不胜任职务，应当罢免官职。武帝批准了这一建议。对不举荐人才者论罪，武帝这是要动真格，也表明武帝重视人才，亟待发现人才。

当时，临淄人主父偃、严安，无终县人徐乐，都向武帝上书议论政事。主父偃在齐、燕、赵各地活动都"莫能厚遇"，家贫而借贷无门，便西入关中给武帝上书，早上把上书转呈武帝，晚上就被召入宫中拜见武帝。主父偃上书"所言九事"，其中有一项是谏止征伐匈奴的：他引述《司马法》说"国虽大，好战必亡；

天下虽平，忘战必危"，指出"夫务战胜、穷武事者，未有不悔者也"，这些道理似乎不太合武帝胃口。但武帝对他们很欣赏，对他们说："公等皆安在，何相见之晚也！"确实有点求贤若渴的味道。武帝把他们都任命为郎中，主父偃更受信任宠幸，一年内升了四次官职，担任了中大夫。

不过，主父偃的被杀，则可以看成是武帝对待人才态度上的另一个拐点。其求贤也急，其杀才也疾，当从主父偃开始。

在公元前 127 年，主父偃被灭族。这一年，他曾劝汉武帝实行"推恩令"、设置朔方郡，亦可谓有功于朝廷。不过，主父偃有点横行无忌。他曾说了一句后世知晓的名言："吾生不五鼎食，死即五鼎烹耳！"表明他功名利禄心重，不愿意默默无闻，不论生与死，都要过响当当的人生。

他年轻时曾游历齐、燕、赵三国之地，等到他身居高位，即在不长的时间里接连灭了燕、齐两国，在外人看来多少有点公报私仇的意味，于是赵王刘彭祖害怕自己成为下一目标，便上书告发他接受诸侯贿赂，使诸侯王的子弟大多得以封侯。当时，武帝认为是主父偃逼迫齐王刘次昌自杀，就把他逮捕下狱。武帝不想杀他，但公孙弘说："陛下不诛偃，无以谢天下。"公孙弘这一说可谓关键一推，主父偃再无活路，武帝便灭了其全族。司马光称汉武帝"行法无所假贷"，此之谓也。

十七

公孙贺听闻当丞相为何顿首涕泣
——汉武帝用人的得与失（下）

唯独汲黯谒见时，武帝没戴帽子就不接
见。有一次汲黯奏事，武帝没戴帽子，
一见汲黯前来，急忙躲入后帐，派人传话，
批准汲黯所奏之事

汲黯劝武帝别滥杀贤才，武帝竟然说道：
"有才而不肯尽用，与无才同，不杀何施！"

当公孙贺听说自己被任命为丞相时，"不
受印绶，顿首涕泣不肯起"

接下来的岁月，武帝的文治武功开始尽显，而文臣武将亦尽显其能。

> 唯独汲黯谒见时，武帝没戴帽子就不接见。有一次汲黯奏事，武帝没戴帽子，一见汲黯前来，急忙躲入后帐，派人传话，批准汲黯所奏之事

当初，有归降的匈奴人建议，联合月氏国共同进攻匈奴，武帝便招募出使月氏国的人。张骞应募，十多年里，历尽艰辛于公元前 126 年回国，武帝便任命他为太中大夫。正所谓"种瓜得豆"，张骞出使西域，本为贯彻上述战略意图，却无意中开辟了丝绸之路，开启了不同文化之间的频繁交流，亦开启了千百年来的文化大气象。

也正是在这一年，武帝任用张汤为廷尉，史称张汤为人多诈，玩弄巧智对付别人。和公孙弘一样，张汤也是一位善于迎合皇帝心意的主儿。张汤审判案件的手法是：倘若是皇上想加罪处治的人，

武帝时代的名臣（选自宝文堂《前汉演义》）

就把他交给那些执法严苛的监、史审判；倘若是皇上想要从宽解脱的人，就把他交给执法轻平的监、史审判。武帝因此对他很满意。汲黯口才不如张汤，曾大骂他说："天下谓刀笔吏不可以为公卿，果然"，如果一切按张汤的主张去做，将使天下人陷入重足而立、侧目而视的恐惧之中。然而，张汤为武帝重用，表面上看是他迎合了武帝心意，深层次原因可能正是汉武帝对各类人才的一种制衡谋略。

在公元前124年，汉武帝任命公孙弘为丞相，此时正是武帝大规模建功立业之时，公孙弘便为此专门开辟相府东门作为延揽人才的场所，与他们共同探讨国家大事，并把一些有益于国家的见解奏闻武帝。这一延揽人才之举，是公孙弘助力汉武帝的功绩。

公孙弘生性好猜忌，外表宽厚而内富心机。凡是曾经得罪过他的人，不论关系远近，虽然表面上装作友善，过后总要寻机报复。董仲舒为人正直清廉，看不起公孙弘阿谀奉承，引起公孙弘的嫉恨。不过，公孙弘往往不直接出面，而多借刀杀人，他知胶西王刘端骄恣，曾杀二千石官多人，便推荐董仲舒为其封国丞相，董仲舒以有病为由得免。汲黯曾当面触犯过公孙弘，公孙弘便想找借口将其杀死，于是建议武帝任命汲黯为右内史。事实上，右内史管界居住着很多皇室贵族和亲责大臣。公孙弘这一招可谓阴狠，正直廉洁之人，往往会着其道，而公孙弘之流却能全身而退。

对公孙弘的评价，历来多有争议。即便在当时，他也未必被人看重。比如公元前122年准备谋反而被诛的淮南王刘安，就曾说："汉廷大臣，独汲黯好直谏，守节死义，难惑以非，至如说丞相弘等，如发蒙振落耳（去掉物件上的覆盖物或摇掉树枝上的枯叶）！"身居丞相高位，而被如此看轻，可见公孙弘在当时的声誉度并不怎么样。

也正是在公孙弘为相的这一年，汉武帝派卫青等出击匈奴，大获全胜，武帝即拜卫青为大将军，其他各校尉都论功封侯。

从此，武帝对卫青的尊崇宠信超过任一位朝廷大臣，上下无不卑奉他，唯独汲黯仍用平等礼节相待。卫青虽然地位尊贵，但武帝接见时，有时就坐床边。武帝接见公孙弘，有时也不戴帽子。唯独汲黯谒见时，武帝没戴帽子就不接见。有一次汲黯奏事，武帝没戴帽子，一见汲黯前来，急忙躲入后帐，派人传话，批准汲黯所奏之事。由此可见汲黯受到的尊重和礼敬。

针对礼坏乐崩的现实，武帝忧心而下令，让负责礼教的官员劝导百姓学习上进、振兴礼教，"为天下先"。公孙弘等上奏说：为博士官设置弟子50人，分别派充郎中、文学、掌故等官，如发现有异常优秀者，则提名推荐；对那些不学无术的庸才，则予以罢黜。凡是低级官员中有一种以上专长的，全部选拔出来，擢升高级官职。武帝同意。"自此公卿、大夫、士、吏彬彬多文学之士矣"。这说明政策是最好的导向。用有学问的人，有学问的官吏就会越来越多，古今亦然。

公元前123年，卫青多次出击匈奴获胜，不过也有不小损失，军功不多，汉武帝只赏给卫青黄金千斤。但在这一年，卫青的外甥霍去病开始崭露头角，他随卫青出征，率八百轻骑敢深入数百里外的匈奴腹地寻找战机，斩获颇丰。汉武帝高兴地说：骠姚校尉霍去病斩杀及俘获匈奴两千多人，生擒匈奴的相国、当户，杀死单于祖父辈的藉若侯，活捉其叔父，堪称"双冠军"，加封霍去病为冠军侯。公元前121年，霍去病又多次率军进击匈奴，多有建树，越来越得到汉武帝的赏识，地位和大将军卫青差不多。此等论功行赏的办法，对于激励人才效力十分管用。

汲黯劝武帝别滥杀贤才，武帝竟然说道："有
才而不肯尽用，与无才同，不杀何施！"

如果说主父偃的被杀，是武帝对待人才态度的拐点，那么，进入下一个年代则是贤能之士比较悲催的历史时段。原因就在于汉武帝对待人才的态度越来越分裂。一方面他重视人才，"上招延士大夫，常如不足"；一方面又轻薄人才，尽管是平日极为宠信的大臣，当其偶尔犯点小错，或者有欺瞒行为，就立即根据法律将其处死，"无所宽假"。在公元前120年，汲黯有过一番苦劝，而武帝并不认同。

汲黯说："陛下求贤甚劳。未尽其用，辄已杀之。以有限之士恣无已之诛，臣恐天下贤才将尽，陛下谁与共为治乎！"汲黯着眼的是江山社稷，滥杀必致贤士远避，更生"伴君如伴虎"之惧，谁来为你治理江山？

但汉武帝笑着解释说："何世无才，患人不能识之耳。苟能识之，何患无人！夫所谓才者，犹有用之器也，有才而不肯尽用，与无才同，不杀何施！"这样的观念在今天看来不可理喻，这样的做法更是令人恐惧，和今天一些地方招商引资"JQK"相类——用"空头支票"把企业"勾住""圈起来"再"揩油"。武帝所以如此，在于人治而非法治。不是说人才犯罪就要网开

武帝时代的名将（选自宝文堂《前汉演义》）

一面，而是以这种态度对待人才，则贤才避之犹恐不及。事实上，汉武帝不久即尝到了恶果。

在春秋战国时期，各国争相求贤，人才都会面临多种选择。若对人才弃如敝屣，或以求贤若渴、杀贤若豕，人才只怕全都远走，为敌国所用。然而在大汉江山一统之时，人才只有出仕为官这一个出口。汉武帝有雄才大略，又有时势相因，人才争相而起。但求而用之，又因错而杀之，岂非贤能之悲，而贤人又焉能尽出？

公元前 119 年，汉武帝派军大举进击匈奴。卫青大战单于军队，多有斩获，而前将军李广本想正面对付单于，却被卫青调到东路去，只因汉武帝暗中嘱咐说：李广年纪已老，运气又不好，不要让他与单于正面作战，恐怕他难以完成擒获单于的任务。可怜一代名将，欲战单于而不得，却在沙漠中迷了道路，落到卫青所部后面，没能赶上与单于的那一战。直到卫青率部班师才遇到李广、赵食其二位将军。李广饮恨沙场，横刀自刎。李广一死，"一军皆哭。百姓闻之，知与不知，无老壮皆为垂涕"。无情如汉武帝者，未必有泪。在这一大战事中，霍去病深入匈奴腹地，斩获大丰，封狼居胥山，其官级和俸禄与卫青一样。自此，卫青的权势逐渐衰落，而霍去病日益尊贵。

这一战后，匈奴远遁，沙漠以南再没有匈奴的王庭了。也正是在这一年，汲黯也因触犯法律而被免职，这应该是拜公孙弘所赐。这时，汉武帝便起用了两个酷吏，一个是定襄太守义纵为右内史，河内太守王温舒为中尉，皆以严刑峻法甚至滥杀出名，汉武帝却认为二人很有才干，提升他们为中二千石官。

第二年，汲黯被任命为淮阳太守，在汲黯看来，这是被弃置到地方郡县，"不得与朝廷议矣"。汲黯临行前拜访大行李息说：御史大夫张汤"智足以拒谏，诈足以饰非，务巧佞之语，辩数之辞，非肯正为天下言，专阿主意（不为正义进言，专门阿谀迎合主上心意）"，"主意所不欲，因而毁之；主意所欲，因而誉之"，意谓凡是主上所不喜欢的，他总是乘机诋毁，反之就乘机称赞。真是知张汤者，汲黯也。敢当面与张汤抗衡者，汲黯也。然而，汲黯被弃用于地方郡县，无人能与张汤相抗，因此他便劝李息对张汤早加揭露，"不早言之，公与之俱受其戮矣"。亦可谓肺腑之言，然而李息畏惧于张汤权势，终不敢言，后来张汤倒台时，李息也同被治罪。汲黯被给予诸侯国丞相待遇，十年后去世。汲黯可谓大汉忠良，如武帝所言乃社稷之臣，最后却只好靠边，显示武帝的人才观念已日渐浑浊。

张汤之毒，毒在迎合上意，一旦武帝流露出对大臣的个人好恶，张汤便寻机整人。比如，在公元前117年，因廉洁正直而升至九卿高位的大农令颜异，曾因对造钱一事提出反对意见而惹武帝不高兴。张汤素与颜异不和，便开始下手。有人告发颜异在一件事上触犯法令：颜异的一位客人议论某项诏令初下时有不恰当的地方，颜异听后没应声，微微撇了一下嘴唇。于是，汉武帝便让张汤给颜异定罪。张汤说："异九卿，见令不便，不入言而腹诽，论死。"意谓不进言却在心里诽谤，处以死刑。从此之后，便有了腹诽的案例，"而公卿大夫多谄谀取容矣"，真是一个错误的律令，便导致政治生态污浊不清。

当然，张汤的好日子也即将到头。公元前115年，张汤因罪自杀。他先被人告发谋乱尚未结案，又发生一事：丞相庄青翟与张汤相约就一事而共同向武帝请罪，但张汤到了武帝面前却在一旁不说话，这等于是放了庄青翟的鸽子。结果，武帝反而让张汤审理庄青翟在此事中的责任，张汤欲定其"明知故纵"的罪名。而丞相长史朱买臣、王朝、边通都被张汤凌辱过，因此便与庄青翟商议设陷张汤以法令牟利。张汤被武帝严责，便自杀。张汤死后，家产不过价值五百金。武帝知情后，便将三名丞相长史全部处死，丞相庄青翟也被逮捕入狱，在狱中自杀。

汉武帝这种滥杀严刑的毛病，一直在延续。在公元前112年，丞相赵周又因被指控明知列侯所献黄金重量不足却纵容包庇而入狱以致自杀。当然，其时人才也正如汉武帝所言"何患无人"，但人才的成色却未必足了。其后，御史大夫石庆被任命为丞相，石庆性格敦厚谨慎，国家大事既不向他汇报，也不由他决定了。石庆倒是因此而能善终，但治事能力已无法与那些贤才相提并论。

在开疆拓土方面，汉朝此时倒多有斩获，其时汉朝先后灭掉了南越和东越两国，剿平西南夷各部族，新增设十七个郡。到公元前108年，汉武帝派赵破奴攻击西域车师国，赵破奴生擒楼兰王，大破车师国，以大军围困乌孙、大宛等国，至此从酒泉到玉门都有了汉朝设立的边防要塞。到公元前106年，武帝驱逐了北方匈奴，消灭了南方越族政权，设置交趾、朔方二州，以及其他十一州，共将全国划分为十三州。

武帝的滥杀，结果正如汲黯所言，"天下贤才将尽"。当时，朝中有名的文武大臣越来越少。汉武帝只好又颁布求贤诏，其中名句多为今人所援引："盖有非常之功，必待非常之人"，他命令各州、郡官长考察本地下级官吏和一般百姓中是否有才干优长或不同凡俗，能够胜任将军之职，或出使遥远外国的人才，保荐给朝廷。

求取贤才可谓诚矣，然而，武帝之求贤，亦令人心惊，动辄杀之，其谁与共？

当公孙贺听说自己被任命为丞相时，"不受印绶，顿首涕泣不肯起"

进入晚年，武帝开始用官职来遂私情。他希望自己的宠姜李夫人的娘家兄弟能够建功封侯，便任命李夫人的哥哥李广利为贰师将军，征讨大宛国。

对此，后世司马光批评道："夫军旅大事，国之安危、民之死生系焉。苟为不择贤愚而授之，欲侥幸咫尺之功，藉以为名而私其所爱，不若无功而侯之为愈也。""武帝有见于封国，无见于置将"，意谓在处理封国事务上颇有见地，却在选择将领方面失当。这所谓"无见"，不过为私情所蔽。把一个无能之辈放在重要岗位，岂非自毁长城？在司马光看来，与其让他通过建功而封侯，还不如直接封侯呢。

武帝对大臣的严厉督责，一个副作用就是大臣不愿为官。自公孙弘之后，丞相频繁地因被指控有罪而死。即便石庆谨小慎微而得以寿终正寝，却也多次受到责难。因此，在公元前103年，当公孙贺听说自己被任命为丞相时，"不受印绶，顿首涕泣不肯起"。武帝不理他，起身而去，公孙贺不得已接受印信，出宫叹道："我从是殆矣！"自古升官是喜，升任丞相更是大喜，如今却闻升任而大悲，历史上此等奇事，正出在汉武帝一朝。这从侧面印证，此时武帝之严峻已非寻常君主可比。

过了12年，即公元前91年，公孙贺的担忧便成真。当时，巫师用邪术害人的事开始发生，公孙贺因人告发"使巫当驰道埋偶人，祝诅上，有恶言"而入狱，父子二人都处死于狱，并被满门抄斩。然后，刘屈牦被任命为丞相。

当时的汉武帝年事已高，怀疑左右都在用巫蛊诅咒他。最终太子刘据被江充诬陷整蛊而被逼反，后出逃自缢而死。刘据所以被构陷，根源还在于武帝。武帝用法严厉，任用的多是严苛残酷的官吏。而太子待人宽厚，在武帝巡游期间，经常将一些处罚过重的事从轻发落，结果太子得到百姓拥护，却得罪了那些执法大臣。在大臣中，"宽厚长者皆附太子，而深酷用法者皆毁之；邪臣多党与，故太子誉少而毁多"。第二年，武帝才醒悟，修思子宫，筑归来望思台，然而贤能继任不再。这一年，丞相刘屈牦被告发"丞相夫人诅咒皇上，又与贰师将军一起祈祷神灵，打算立昌邑王为帝"，于是被腰斩，其夫人、儿子皆被斩首，李广利听闻妻儿也下狱，便投降匈奴，武帝更将其满门抄斩。

到了晚年，汉武帝才开始彻底清醒。公元前89年，他下《轮台罪己诏》说：自即位以来，"所为狂悖，使天下愁苦，不可追悔。自今事有伤害百姓，糜费天下者，悉罢之！"并将各地等候神仙降临的法师全部罢黜，此后常叹息说："向时愚惑，为方士所欺。天下岂有仙人，尽妖妄耳！节食服药，差可少病而已。"

是为清醒至言，只可惜清醒得晚了。

这一年，田千秋升任丞相，只因当时一句为太子鸣冤的话而使汉武帝感悟，在数月中登上丞相高位。武帝也不再派兵出征，封田千秋为富民侯，"以明休息，思富养民也"。同时，又任命赵过为搜粟都尉，赵过精通农业方面的事务，使百姓"用力少而得谷多"，百姓都感到很便利。司马光有感于此，叹"天下信未尝无士也"，便有了前述他就赵过一事而有感的那段"臣光曰"——"武帝好四夷之功，而勇锐轻死之士充满朝廷，辟土广地，无不如意。及后息民重农，而赵过之俦教民耕耘，民亦被其利。此一君之身趣好殊别，而士辄应之，诚使武帝兼三王（夏禹、商汤、周文王）之量以兴商、周之治，其无三代之臣乎"。

公元前 87 年，武帝托孤于霍光等三人，在五柞宫驾崩。司马光认为武帝一生所作所为，与秦始皇没什么两样。但秦灭而汉兴的原因，就在于武帝"能尊先王之道，知所统守，受忠直之言，恶人欺蔽，好贤不倦，诛赏严明，晚而改过，顾托得人，此其所以有亡秦之失而免亡秦之祸乎！"

确然，武帝一生，功与过皆甚鲜明。在相当程度上，是其用人的谋略挽救了大汉江山。用人得当，即便其有大失，也能避大祸。然而，其对人才的严苛态度，亦为千古一叹，后世曹操爱才又杀才之风，其秉武帝乎？

十八

奸与雄交织　用与杀并行
——曹操用人史话（上）

曹操用的是革新思维，生于乱世，不怕
不出彩，就怕没出息。其雄在能延揽众才，
而终成大业；其奸在不能容才，致使一
些贤士殒命

若非荀彧和程昱，曹操就没有立锥之地

郭嘉的加盟，又是一个良禽择木、贤臣
择主的佳话

乱世而有群雄并起，但谁为真雄谁为假主，往往一时真假难辨，唯智者能识。同时，乱世之豪杰，多有"风里落花谁是主"的困惑与感慨，亦往往有风闻雄主而趋奉的传奇。

曹操就是这样一位乱世出产的雄主。与家喻户晓的小说名著《三国演义》不同，《资治通鉴》里记载了大量曹操用人谋略的故事和细节。其为雄主三分天下而能独占鳌头，与其雄才大略分不开，亦与其善于识人用人分不开。然而曹操终究未能一统江山，则或与其自负的品性与容人之局限有关。

> 曹操用的是革新思维，生于乱世，不怕不出彩，
> 就怕没出息。其雄在能延揽众才，而终成大业；其
> 奸在不能容才，致使一些贤士殒命

最初，曹操之能，"世人未之奇也"。没有谁觉得他是个人才，唯独当时的太尉桥玄和南阳人何颙异之。桥玄说："天下将乱，

曹操（选自《增像全图三国演义》）

非命世之才，不能济也。能安之者，其在君乎！"何颙说："汉
家将亡，安天下者，必此人也。"这两人对曹操未来的评价甚高，
能于凡人不觉中看出奇崛来，真可谓智者，却仍不如另一位智
者许劭。

当时许劭和他堂兄许靖搞了一个"月旦评"，根据一些知
名人士的所作所为，逐月更改评语和排序，颇有点人才排行榜
的味道。曹操去拜访许劭，但许劭看不惯曹操平素的行为，不
给评语、闭口不答。就像而今在网上购物，遇着不称意者，可
能连个差评也懒得给。

袁绍（选自《增像全图三国演义》）

荀彧（选自《增像全图三国演义》）

曹操于是威胁许劭，许劭便说了一句："治世之能臣，乱世之奸雄。"曹操大喜而去。估计许劭用的是传统思路，觉得有污点便算不得什么英雄。而曹操用的是革新思维，生于乱世，不怕不出彩，就怕没出息。汉末乱世，曹操之成为奸雄，可谓恰如其分。

曹操之为奸雄，体现在用人上，其雄在能延揽众才，而终成大业；其奸在不能容才，致使一些贤士殒命。曹操终而只能三分天下，固然有刘备、孙权之英雄当道，但或许也失在其奸，在其堂庑不够大。

公元190年，天下豪杰纷纷起兵讨伐董卓，又推举渤海太守袁绍为盟主，亦多拥戴袁绍。独有济北国相鲍信对曹操说：

"夫略不世出，能拨乱反正者，君也。苟非其人，虽强必毙。君殆天之所启乎！"在众拥袁绍之际，鲍信却能看出曹操之能，盛赞其谋略超群，视其为上天专门派来拯救乱世者，足见鲍信之眼力。

同时鲍信还见袁绍"因权专利，将自生乱"，建议曹操到黄河以南去发展以待时变。亦足见鲍信之远见。后来，黄巾军攻掠兖州，刺史刘岱战死，鲍信等迎接曹操兼任兖州刺史。但在曹操与黄巾军的战斗中，鲍信不幸战死。鲍信可谓曹操的第一位伯乐与坚定支持者。曹操悬赏寻找他的尸体而不得，便刻了一个鲍信的木像，下葬时曹操亲去祭奠，放声大哭。于曹操言，不仅是痛失人才，亦是憾失一知音。

纷乱之际，多有"良禽择木而栖，贤臣择主而事"的故事。如庸主之袁绍，其下虽众，却多庸才，或有贤才而不能善听善用。如雄主初起之曹操，其众虽寡，却渐聚英才。所以雄主能成事，就在其本身能够吸引人才来附聚。

荀彧也被那位南阳人何颙"异之"，称其有"王佐之才也！"他投奔韩馥时，袁绍已经夺取韩的地位，用上宾之礼待荀彧。但荀彧看不上袁绍，认为他"终不能定大业"，"闻曹操有雄略，乃去绍从操"。这表明，雄才大略者，本身就是延揽人才的名片。而庸碌之辈虽居高位，仍然会被贤才看不起。而曹操和荀彧面谈后，高兴地说"吾子房也！"任命他为奋武司马。把荀彧比作张良，足见曹操对其十分器重，而荀彧也堪当其重。然而，到头来，荀彧被曹操逼而自杀，亦见曹操之奸。

若非荀彧和程昱，曹操就没有立锥之地

曹操在用人上奸的一面，最早就体现在他杀边让。

边让是前任九江太守、陈留人，曾经讥讽过曹操，曹操知道后便将边让及其妻子儿女全部杀死。事实上，边让一向才华出众，声望很高。这一杀，导致兖州地区的士大夫全都感到恐惧。而曹操的部将、东郡人陈宫性情耿直刚烈，心里也疑虑不安，便与从事中郎许汜、张邈的弟弟张超等一起策划背叛曹操，并建言陈留太守张邈迎接吕布到兖州来担任兖州牧。当时，曹操把军队都带去进攻陶谦了，留守的兵很少，而大部分将领和主要官吏都参与了张邈与陈宫的阴谋。幸有荀彧知情，急召东郡太守夏侯惇赶到，当夜诛杀了几十个官员才稳定情势。

当时，豫州刺史郭贡率领数万人的大军兵临城下，荀彧智退其兵。而兖州全州都响应吕布，只有鄄城、范县、东阿县不动。荀彧又说服东阿人程昱去稳定军心。程昱的一番话，用的是乱世当择明主的说术，所谓"得主者昌，失主者亡"，吕布只是"匹夫之雄"，"曹使君略不世出，殆天所授"，终于使三城守住。曹操领大军归来，握着程昱手说："微子之力，吾无所归矣。"这说的确是实情，若非荀彧和程昱，曹操就没有立锥之地。于是曹操上表推荐程昱为东平国相。

张、陈的这一背叛，可以说直接原因就是曹操杀边让引起的。杀一人，而几致失掉大后方，曹操本应从中彻底醒悟。然而，曹操正因其奸性的一面，而始终未悟。相反，也正是他器重人才的一面，又最终救了他。

曹操失掉了兖州，军中粮食也已吃尽，便准备接受袁绍的建议，把家眷送到邺城去。可以说，这是曹操的低谷期。程昱则直陈，认为这是曹操临事畏惧。他说"袁绍有并天下之心，而智不能济也"，曹操你"自度能为之下乎？"你以龙虎之威，能当他的韩信、彭越吗？虽然兖州已破，但还有三城，能战之士不下万人，以将军神武，加上荀彧和我们这些人齐心协力，"霸王之业可成也"。这一番劝说，才打消了曹操的打算。当时的曹操确实有点心灰意冷，但程昱可谓智者，曹操之能成事，岂非众贤之力耶？

其时曹操可谓危乱中失了方寸，听闻徐州牧陶谦已死，便准备先去夺取徐州，再回来攻打吕布。估计这时，曹操还没把已领徐州牧的刘备放在眼里。关键时刻，荀彧也是一番分析直陈说："若徐州不定，将军当安所归乎！且陶谦虽死，徐州未易亡也。"最终说服曹操打消东征徐州的念头。后来吕布、陈宫来攻曹操，而曹操以伏兵大破吕布，后又破张邈，重新当上了兖州牧。

若非谋士之及时谏言直陈，恐怕曹操再无立足之地。可以说，在曹操事业的初创期，关键的一步，靠的都是谋士之力。

刚有起色就出现巨大曲折，就在于其不能容人之心。

郭嘉的加盟，又是一个良禽择木、贤臣择主的佳话

公元 196 年，曹操开始其挟天子以令诸侯之谋，欲迎汉献帝到许县。部下人众皆认为不可，荀彧一番分析："奉主上以从人望，大顺也；秉至公以服天下，大略也；扶弘义以致英俊，大德也。"可谓深得挟天子以令诸侯之妙，曹操大业之成多由此计。

不久，曹操即委任荀彧为侍中，代理尚书令，并请荀彧推荐"策谋之士"。此时的曹操，大抵是开始务实地构筑自己的宏图大业，因而便有意识地延揽人才了。荀彧推荐了自己的侄子、蜀郡太守荀攸和颍川人郭嘉。曹操征召荀攸为尚书，和他谈话后大为高兴，认为他"非常人也。吾得与之计事，天下当何忧哉！"即用他为军师。古人之举荐人才，贤荐贤，才引才，亦大有用一贤人而群贤毕至的意味，千百年来传为美谈。

而郭嘉的加盟，又是一个良禽择木、贤臣择主的佳话。最初，郭嘉见的是袁绍，而袁绍对他也十分礼敬。但显然，和荀彧一样，在郭嘉眼里，袁绍为庸主。因此，郭嘉对袁绍的谋臣辛评、郭图说："袁公徒欲效周公之下士，而不知用人之机，多端寡要，好谋无决，欲与共济天下大难，定霸王之业，难矣。"此语事实上点明了

天生郭奉孝 豪杰冠群英
腹内藏经史 胸中隐甲兵
运谋如范蠡 决策似陈平
可惜身先丧 中原梁栋倾

郭嘉（选自《增像全图三国演义》）

袁、曹之差别，也算是预判了两人未来争雄的胜负。在用人上，曹操是真用，但袁绍只是空得爱惜人才的贤名，却把人才当花瓶而已。

郭嘉眼光的确毒辣，切中袁绍要害。而曹操见了郭嘉，与其论天下事，大喜道："使孤成大业者，必此人也！"郭嘉出来亦喜道："真吾主也！"雄主之遇贤才，必是两相赏识。

在面对私情与公义问题上，曹操开始显出雄主之气度。当时，其堂弟曹洪门下宾客在许都境内屡次犯法，而许都令满宠逮捕了他们，即便曹洪求情也不理睬。于是曹洪报告曹操，曹操召见许都主要官员，满宠知道曹操将要让他释放宾客，便将宾客立即处死。曹操高兴地说："当事不当尔邪！"意谓负责任的官员，难道不应该这样做吗！这首先表明曹操的机变，召见主要官员而来，所为何事？或在论理当不当放？满宠一斩，曹操便迅速将此变为教育官员的契机，其权谋机变令人叹服。但也表明，曹操对此事必有所断，否则若为真求情放人，私下和满宠说即可，又何必把主要官员都召集起来？

面对下属的建议，曹操亦能善纳。当时天下纷乱，军队粮草甚缺。袁绍的军士靠吃桑葚，袁术的军队以蛤蚌为食。羽林监枣祗请求建立屯田制度，曹操立即采纳，并委任他为屯田都尉，招募百姓在许都周围屯田，州郡都依此例进行，结果仓廪皆满。司马光这样写道："故操征伐四方，无运粮之劳，遂能兼并群雄"。可以说，枣祗的建议极富远见，曹操能笼络这样一批贤人智者，又善用他们的智谋建议，不成大事也难。袁绍、袁术未必没有这等人才，只是不能用而已。

面对英雄相争，曹操更能秉大义、识大局。当时，吕布攻打刘备，刘备投奔曹操，曹操让朝廷任他为豫州牧。这时有人对曹操说："备有英雄之志，今不早图，后必为患。"曹操问郭嘉，郭嘉说：这个说法是对的。但是，你兴起义兵，为百姓除暴，诚心诚意地招募天下英雄豪杰，还惟恐他们不来。"今备有英雄名，以穷归己而害之，是以害贤为名也。如此，则智士将自疑，回心择主，公谁与定天下乎！夫除一人之患，以沮（丧失）四海之望，安危之机也，不可不察。"

郭嘉着眼的正是大局，杀一刘备事小，断了天下贤士慕名而来之路事大。曹操这一回才真正回过味来，当初杀一边让而几致自己无家可归。倘若其器宇仍小，执意杀刘备，必致自己成孤家寡人了。

所以这时候，曹操已经在教训中变得聪明起来。平原人祢衡少有才辩，但盛气凌人、刚愎骄傲，孔融把他推荐给曹操。祢衡曾辱骂曹操，曹操大怒，对孔融说："祢衡竖子，孤杀之，犹雀鼠耳！"但是，想到此人素有虚名，杀了他，"远近将谓孤不能容之"。于是把他送给了刘表。此时的曹操，与杀边让时已不可同日而语。

十九

不让部下追关羽的真正原因
——曹操用人史话（中）

在用人的心胸气量上也今非昔比，对那
些背叛自己的人，亦能多宽宥之

曹操对陈琳说：你从前为袁绍写檄文，
只该攻击我本人，为什么要向上攻击到
我的父亲、祖父

接下来，曹操与袁绍开始争锋。面对实力不如人的情况，曹操问计于荀彧、郭嘉，两人以"绍有十败，公有十胜"，来坚定曹操信心。

这所谓的十胜，就是曹操在道、义、治、度、谋、德、仁、明、文、武上皆胜袁绍一筹。他们对袁、曹两人用事实进行一番分析，说得曹操都不好意思："如卿所言，孤何德以堪之！"虽然带有恭维成分，但对两人的分析还算恰如其分，其后的袁曹之争即为明证。

在用人的心胸气量上也今非昔比，对那些背叛自己的人，亦能多宽宥之

曹操先东征袁术，在破袁术后，即延聘陈国人何夔为僚属。问何对袁术看法后，曹操说道："为国失贤则亡，君不为术所用，亡，不亦宜乎！"这表明，此时的曹操，已经把人才放在头等重要位置了，这显然是治国立国的思维。当时，曹操性情严厉，

部属因公事往往会受杖责，何夔便随时带毒药，"誓死不辱"，但最终也没有受过曹操的责打。这说明，曹操懂得尊重人才。有的人才皮实，有的人才则脸皮薄，对不同人才用不同办法，才会笼络人才。其后，沛国人许褚率众来归，曹操高兴地说："此吾樊哙也！"即任命他为都尉。

此时的曹操，对人才的吸附能力，可谓方兴未艾。他在用人的心胸气量上也今非昔比，对那些背叛自己的人，亦能多宽宥之。擒获吕布、陈宫后，虽绞杀了他们，但赡养陈宫之母、嫁其女、抚养其家属，比当初陈宫跟随自己时还要丰厚。吕布军中还有前任尚书令陈纪与其子陈群，曹操皆礼用之。张辽率众归降，亦被任命为中郎将。徐翕、毛晖都是其部下将领，兖州大乱时皆背叛曹操，但仍把两人用为太守。魏种当初是曹操在兖州时推荐为孝廉的，当时魏种逃走时，曹操大怒说：你魏种南逃不到越地，北逃不到胡地，我就不放过你！但在后来生擒魏种后，曹操说："唯其才也！"用他为河内郡太守。这等用人的肚量，于曹操可谓极一时之盛，也正因此能使各类人才，无论有私仇公怨前嫌、无论亲疏贵贱，仅以贤能为唯一标准。

袁绍消灭公孙瓒后，更加骄横，准备攻打许都，双方驻守官渡。袁绍去拉拢张绣，张绣谋士贾诩说了三条投奔曹操的理由，第三条即看重的是曹操的气度："夫有霸王之志者，固将释私怨以明德于四海"。对于此时的曹操来说，可谓一语中的。曹操即任命张绣为扬武将军。

煮酒论英雄（选自《增像全图三国演义》）

袁、曹相争，曹操军队不到袁绍十分之一，却没把袁绍放在眼里。一天，曹操从容地对刘备说："今天下英雄，惟使君与操耳，本初（袁绍）之徒，不足数也！"其时，刘备正受献帝衣带诏而密谋杀曹操，吓而惊箸。可见曹操重视的对手是刘备。在刘备密谋败露后，曹操便和刘备打了一仗，俘虏了刘备妻小，捉住关羽，再回官渡。

当时，袁绍谋士田丰即建议袁绍趁曹刘之战而袭曹，袁绍

却推说小儿患病不能出兵。及至曹操得胜归来，袁绍才慢吞吞
计议攻打许都。田丰建议袁绍"以久持之"，袁绍不纳，反而
把田丰关起来。可见庸主毫无远见卓识，即便贤才贡献真知灼见，
庸主也难自明，其败也必矣。

其时，曹操甚是欣赏关羽，想打他的主意留下他。但关羽
只想立功报答曹操后就走，及至关羽"策马刺良（颜良）于万
众之中，斩其首而还"，曹操知他必去，重加赏赐。关羽不为
所动，而到袁绍军中投奔刘备。曹操左右的人想去追他，曹操说：
"彼各为其主，勿追也。"过五关斩六将之事，当是《三国演义》
编排曹操。曹操的惜才爱才之心，真可谓至大至宏。

袁曹之争进入关键阶段，在相当意义上说，这一战，乃是
双方一刚愎自用、一善纳谏言的见证。双方相持半年，曹操欲
退回许都而致信荀彧，荀彧回信"情见势竭，必将有变"，建
议坚壁持之；袁绍幕下许攸投奔曹操献计，终焚袁绍辎重。凡此，
曹操锁定胜局。相反，袁绍对其谋士之意见，都是一概的不从、
不纳。沮授建议打持久战而不从，建议派军队护粮防曹偷袭而
不从，许攸建议派军奔袭许都而不从，张郃建议先救辎重而不从。
凡此，袁绍焉能不败？司马光的评价甚为中肯："绍为人宽雅，
有局度，喜怒不形于色，而性矜愎自高，短于从善，故至此败。"
庸主生于乱世，刚愎自用，不纳善言，其虽至强却无异于至弱；
而雄主起于纷乱，内有大略，而外用群贤，其虽至弱却无异于
至强。

曹操官渡之战大胜后，收缴袁绍的往来书信，得到了许都官员及自己军中将领写给袁绍的信。但他将这些信全部烧掉，说："当绍之强，孤犹不能自保，况众人乎！"这一烧，亦足见其雄主之心已大成。

当初，袁绍和曹操共同起兵讨伐董卓，袁绍问曹操：假如大事不成，有什么地方可以据守？曹操先反问他：足下意以为何如？袁绍说：我南据黄河，北方依靠燕、代地区，召集北方蛮族兵力，向南争夺天下，大概可以成功吧！曹操则说道："吾任天下之智力，以道御之，无所不可。"显然，在袁绍眼里，没有用人一说，只是机械笨拙地据守一地以为胜。而在曹操看来，只要能用人，在哪都能成事。

曹操于官渡一战胜袁绍，再灭袁绍两子袁谭、袁尚，之所以能以少胜多、以弱胜强，关键就在于他实践当初之言，任用天下贤能智士，以其大道谋略为指导。事实也表明，如此，则根本无需据守一地，诚如其所言，在什么地方都能成事。

曹操对陈琳说：你从前为袁绍写檄文，只该攻击我本人，为什么要向上攻击到我的父亲、祖父

公元204年9月，曹操兼任冀州牧。一日，曹操对别驾崔琰说：昨天我翻阅冀州户籍，可以征召到三十万人，确实是个大州。曹操这一说，折射的是用民力的思路。崔琰回答说：如今天下

官渡之战（选自《增像全图三国演义》）

分崩离析，袁氏兄弟自相残杀，冀州百姓陷于水深火热之中，暴骨于原野，"未闻王师存问风俗，救其涂炭，而校计甲兵，唯此为先，斯岂鄙州士女所望于明公哉！"崔琰用的是抚慰百姓的思维。崔琰这一答，形同质问，却如棒喝，曹操立马改变随便的态度，郑重地向崔琰道歉。

这说明曹操能以国事为重、以大局为要，而不在乎贤士之言是否刺耳。凡以此谏逆耳忠言，曹操多能容。相反，许攸"恃功骄嫚"，曾在大庭广众之下喊着曹操的小名说：曹阿瞒，要不是我，你得不到冀州。曹操笑着说：你说的是。但内心里却并不高兴，后来竟找了个借口杀掉许攸。许攸之被杀，与边让之被杀相类，估计曹操容不得别人讥讽他，更容不得别人居功自傲。

公元205年，郭嘉劝曹操多延聘青、冀、幽、并四州的名士作为掾、属，"使人心归附"。曹操采纳意见。在官渡之战前，袁绍令陈琳撰写讨伐曹操的檄文，历数曹操的罪恶，并攻击曹家的祖先，"极其丑诋"。陈琳投降曹操后，曹操对他说：你从前为袁绍写檄文，只该攻击我本人，为什么要向上攻击到我的父亲、祖父？陈琳谢罪，曹操便赦免他，派他与陈留人阮瑀一同担任主管撰写奏章的记室。曹操之能容才，这又是他为雄主的一面。

公元207年，曹操出兵征讨乌桓，将领们反对说：袁尚不过是个逃犯，乌桓人贪而无亲，岂能被袁尚利用？如今大家深入塞外征伐乌桓，刘备必然劝说刘表乘虚袭击许都，万一有变，事不可悔。但在郭嘉一番分析后，仍决定远涉千里奔袭。最终付出了千辛万苦后大败乌桓军队。大军返回后，曹操下令调查以前劝阻他出兵征讨乌桓的人，"众莫知其故，人人皆惧。"曹操却对劝阻者都加以厚赏，说：我先前出兵，实在危险，虽然侥幸获胜，是全靠上天保佑，不能作为常规。"诸君之谏，万安之计，是以相赏，后勿难言之。"也就是提醒大家以后不

孔融（选自《增像全图三国演义》）

文章起草代表
燕貢民虹座
上容常满
保中酒
不空
远见图

陈琳（选自《增像全图三国演义》）

撒草頭威怨文章
自有真直知往上
菁操纵隐由人
百川图

要害怕提相反的意见。能从成功中汲取教训，鼓励大家提不同意见，这在雄主中亦不多见，足见曹操之能。

公元208年，曹操担任丞相，分别委任崔琰、毛玠为丞相西曹掾、东曹掾。两人一起负责官员的选拔、任免，"其所举用皆清正之士，虽于时有盛名而行不由本（品行不佳）者，终莫得进"。他们选拔敦厚务实的人才，排斥只会空谈的浮华虚伪之人；进用谦虚和睦的长者，压抑结党营私的小人。"由是天下之士莫不以廉节自励，虽贵宠之臣，舆服不敢过度"，结果就是"吏洁于上，俗移于下"。官员廉洁，而民风亦随之改变，上行下效的力量真是其来有自。

曹操知道后，叹道："用人如此，使天下人自治，吾复何为哉！"曹操这一叹，叹的正是用人导向问题。用什么人，不用什么人，就是最重要的导向。"用一贤人，则贤人毕至；用一小人，则小人齐趋"，真是自古皆然。

此时的曹操，不仅理顺了用人方略，还善解人才之间的矛盾，化内耗为合力。当时，张辽在长社，于禁驻军颍阴，乐进驻军阳翟，三个将领都意气用事，互不相让，不能配合。曹操便派司空主簿赵俨同时参与三支部队的军务，遇到事情，就从中调解开导，使他们关系逐渐和睦。

就在这一年，曹操再杀一贤士——孔融。孔融"恃其才望，数戏侮曹操"，还随便发表议论，褒贬人物，多与曹操意见不合。曹操"以融名重天下，外相容忍而内甚嫌之"。这时孔融还干预国政，上书献帝说，京师周围一千里的地方不可建立封国。曹操发现孔融议论的范围越来越广，便更加忌惮他。结果就被与孔融有矛盾的人利用，他们网罗罪名，曹操借机逮捕孔融，并杀其妻女。这不能不说是曹操的又一污点。其所以能容才，容的是于自己有利的贤才，对于那些多讥讽而又添堵的人才便没有那么大肚量了。

二十

"唯才是举，吾得而用之"
——曹操用人史话（下）

曹操深知贤才，然而又常常不能容纳人才，亦是曹操一大败笔

其所以几乎统一全国，却最终只能居三分天下之一，实因其"奸"害了其"雄"，终难酬一统大志

曹操声势日壮，已近中天，挥军南下荆州，刘琮以荆州投降曹操。得荆州后，曹操下令从狱中释放韩嵩，用朋友的礼节来接待他，让他评价荆州人士的优劣，都加以提拔任用。

此时的曹操，用人谋略可谓娴熟，得一地而用其人以治，大有一统天下之势。若非其时曹操因胜而骄，于赤壁与两雄主刘备、孙权对垒以致天下三分，而是徐图而蚕食，则大一统的胜算并不小。

曹操深知贤才，然而又常常不能容纳人才，亦是曹操一大败笔

曹操占领荆州时，益州牧刘璋派别驾张松去祝贺。此时的曹操可谓志得意满，刚平定荆州，打得刘备狼狈逃走，不再像以前对待贤士那样亲切接待张松。主簿杨修建议曹操征聘张松为僚属，曹操不采纳。结果张松便心怀怨恨，回去后便"劝刘

曹操赋诗（选自《增像全图三国演义》）

璋绝操，与刘备相结"。

司马光收录东晋史学家习凿齿的评论："昔齐桓一矜其功而叛者九国；曹操暂自骄伐而天下三分。皆勤之于数十年之内而弃之于俯仰之顷，岂不惜乎！"这一评价，深刻指明为雄主者，骄不可纵，胜不可骄。一骄则易自负，看不到危险处。更易自得，听不进人才的良言。

赤壁一战，基本摧毁了曹操一统天下的希望，也部分治好了曹操骄傲自负的毛病。至少在用人问题上，曹操进行了纠偏校正。

丞相掾属和洽对曹操提出建议："天下之人，材德各殊，不可以一节取也。俭素过中，自以处身则可，以此格物，所失或多。"意谓贤人的才干品德各不相同，不能用一个标准来取才。过分节俭朴素约束自己则可以，用为标准来限制别人则难免失误。接着，他针砭时弊说："今朝廷之议，吏有著新衣、乘好车者，谓之不清；形容不饰、衣裳敝坏者，谓之廉洁。至令士大夫故污辱其衣，藏其舆服；朝府大吏，或自挈壶飧以入官寺。"这显然是用过于粗鄙简陋的标准带来的负效应，导致人们只通过外表来判断清廉与否，更导致官员故意投人们所好装可怜。最后，和洽亮明观点：现在一概提倡这些使人难以忍受的行为，用它来约束各阶层的人士，勉强施行，必然会出现问题。"古之大教，务在通人情而已；凡激诡之行，则容隐伪矣。"这可谓一针见血。凡是激烈诡诞的行为，则会包藏虚伪；凡是那些有悖常理的行为，往往会生奸邪。

曹操认为和洽的见解很好，便在第二年春季下令："若必廉士而后可用，则齐桓其何以霸世！二三子其佐我明扬仄陋（发现出身卑微的人才），唯才是举，吾得而用之！"这意味着曹操回到了唯才是举的用人大道上。

然而，曹操在对人才的宽容上，终究是稍逊风骚。公元

212 年，曹操率军东征孙权。此前，董昭和其他人商议认为，曹操应当封爵为国公，加九锡。荀彧则表示反对。曹操很不高兴，到东征孙权时，便让荀彧到谯县来慰问军队，而借机留下他。后荀彧服毒而死。时人皆惜之。

司马光就此写过一段很长的"臣光曰"，对荀彧的评价甚高。他说，孔子独赞管仲之仁，是因为他辅佐齐桓公对当时的百姓有大恩德。齐桓公的行为像猪狗一样，但管仲不以为羞耻而相之，是因为他知道，要拯救百姓非辅佐齐桓公不可。汉末天下大乱，荀彧如果舍弃曹操还能去辅佐谁呢？

接着，司马光历数荀彧功绩说：他辅佐曹操而使东汉王朝复兴，"举贤用能，训卒厉兵，决机发策，征伐四克，遂能以弱为强，化乱为治，十分天下而有其八"，因此认为荀彧的功劳难道还不如管仲吗！管仲不为公子纠而死，但荀彧却为汉王室而死，他的仁德又在管仲之上了。

接下来，司马光批驳了一些错误认识。他先援引唐代杜牧的批评：荀彧劝曹操取兖州时把他比作刘邦、刘秀，在官渡之战时不让曹操撤退回许都，也比作楚汉相争。等到大事已成，荀彧才想在汉代留下尽忠的声名。这就好比教小偷去挖墙破柜而不与小偷分赃，能说他不是小偷吗？应该说，杜牧的观点也很犀利。

但司马光认为，孔子讲"文胜质则史"，所有撰写历史的人，在记载历史人物的言语时，都会加以修饰："凡为史者记

荀攸（选自《增像全图三国演义》）

人之言，必有以文之"。意谓上面所述之言，只是"史氏之文也，
岂皆或口所言邪！"司马光认为用这些话来贬低荀彧，是冤枉人。
而且假使曹操称帝，那么荀彧将成为最大的开国功臣，会受到
如萧何一样的赏赐。荀彧不图富贵，而愿杀生以换取尽忠的名声，
不是人之常情。

这一大段议论，以示荀彧的才华仁德与气节非同常人，亦
是对此千古贤才逝去的追憾，于曹操言则是有愧于追随自己而
立大功者。其所以为奸雄，乃因其奸而不欲他人阻其奸道也，
必以挡我者死，顺我者生。

在公元 214 年，荀彧的侄子荀攸，时任魏尚书令去世。与荀彧相比，荀攸深觉而明智，善于保护自己。一门两贤才，可谓为曹操的大业立下大功。曹操曾称赞说：荀彧进献好的建议，不被采纳不罢休；荀攸劝谏错误的行为，不达目的不停止。又说：荀彧和荀攸两位尚书令，对人物的评论，时间愈久，愈显出他们的观点中肯，我终身都不会忘却。这说明曹操深知贤才，然而又常常不能容纳人才，亦是曹操一大败笔。

其所以几乎统一全国，却最终只能居三分天下之一，实因其"奸"害了其"雄"，终难酬一统大志

在曹操的一生中，似乎刚愎自用与善听谏言并行，宽容人才之大肚量与不容人才之小肚肠并举。所以，其成就大业之路亦因此而波折，人们对他的评价亦毁誉参半。

公元 213 年，曹操率 40 万大军攻濡须口，孙权以 7 万人抵抗曹军，并相持一个多月。曹操不能取胜，见孙权战船武器精良、军队严整，不禁叹息："生子当如孙仲谋；如刘景升儿子，豚犬耳！"班师而回。当初，曹操担心长江一带的郡县受孙权侵略，打算把百姓迁徙到内地，便问扬州别驾蒋济。蒋济一番分析后说不可，但曹操不听。结果，从庐江、九江、蕲春到广陵，十余万户全部渡过长江，向东投奔孙权。长江以西便空无人烟，合肥以南唯剩皖城还有百姓。后来，蒋济出使邺城，曹操迎面

见到他大笑说：本来只是想让百姓避开敌军，却反而把他们全部驱赶到敌人那里去了。即任命蒋济为丹阳郡太守。

曹操不听善言，结果事与愿违。而能从中汲取教训，起用谏善言者，则又不失为人杰。

公元215年，曹操得汉中后，时为丞相主簿的司马懿对曹操说："圣人不能违时，亦不可失时也"，建议趁势攻击刘备，拿下益州。曹操却说："人苦无足，既得陇，复望蜀邪！"刘晔亦建议趁蜀地混乱而克之，"今不取，必为后忧"。曹操不听，后来想攻，却时机已失，只能撤军。后果如刘晔所料，217年，刘备采纳法正建议进兵汉中，双方对峙一年有余，到219年曹操率军来守亦不能取胜，不久曹操便把大军撤回长安，刘备占据汉中。

此时的曹操，显然不复当年雄心壮志，一意孤行而致事业坎坷。在当世英雄孙、刘并起的时代，不善听言，往往就会被对手抓住机会，良机一失则不会再来。回望曹操一生，顺处在善用人、善听言，逆处则正相反。

公元215年11月，张鲁率领家属投降曹操，当初张鲁就准备以汉中为代价投降，一番曲折后终于来降。曹操亲自出迎，授其镇南将军职，封为阆中侯。同时，还封张鲁的五个儿子，以及其臣子阎圃等人为列侯。习凿齿对此评论说："曹公追封之，将来之人，孰不思顺！塞其本源而本流自止，其此之谓欤！""曹公之此封，可谓知赏罚之本矣！"可谓评价在理。曹操封一人

聪明杨德祖，世代继簪缨。笔下龙蛇走，胸中锦绣成。开谈惊四座，捷对冠群英。身死因才误，非关欲退兵。

虎山野叟

杨修（选自《增像全图三国演义》）

而致天下人归顺，用人导向再次发挥了重要作用。

第二年，曹操封爵为王，杨训作表称颂功德。杨训是崔琰推荐的，于是有人笑杨训稀世浮伪，说崔琰荐人不当。崔琰拿来杨训上表的底稿看后给他写信说：假如不用表，事情就好了。什么时代啊！总有一天会改变的。其本意，乃是讥笑那些乱议论的人太苛求，而不通情理。但当时有与崔琰不和的人便上告崔琰"傲世怨谤，意旨不逊"，结果曹操发怒，把崔琰逮捕入狱剃光头发服苦役，告发者再发一诬告，曹操"遂赐琰死"。尚书仆射毛玠对崔琰无辜而死很伤感，于是又有人告发毛玠怨谤，曹操下令把他也逮捕入狱。后来还是在侍中桓阶、和洽据理力争之下，曹操才不追究，毛玠才被放出，后来在家中去世。再后来，曹操还杀了丞相主簿杨修。

在曹操的一生中，起用贤良之事很多，杀害忠良之事亦不少。其为奸雄，在人才一事上极为鲜明。公元220年，曹操去世。司马光写道："王知人善察，难眩以伪。识拔奇才，不拘微贱，随能任使，皆获其用。""勋劳宜赏，不吝千金；无功望施，分豪不与。""故能芟刈群雄，几平海内"。这些评价可谓甚高，却忽略了他刚愎自用、忌贤杀才的另一面。其所以几乎统一全国，却最终只能居三分天下之一，实因其"奸"害了其"雄"，终难酬一统大志。

二十一

"举贤任能，我不如卿"
——孙权用人史话（上）

孙权立即接见鲁肃，大为赏识，问以治道。民众归心，贤能归用，这正是事业蒸蒸日上的气象

孙权举杯向甘宁敬酒：今年进行讨伐，就像这杯酒，已决定交付给你。长史张昭欲迎接曹操、投降朝廷。周瑜则认为："将军擒操，宜在今日。"

与曹操、刘备基本上属于白手起家不同，孙权是从哥哥孙策那里获得江东权柄的。就在曹操击败刘备、俘其妻小、捉住关羽的那一年，即公元200年，声震江东的孙策遇刺身亡，时年26岁。年仅18岁的孙权临危受命，执掌江东。同时，孙策为孙权留下的，还有吕范、张昭、周瑜、鲁肃等一批能臣武将。

这些能臣武将个个名不虚传。比如吕范，当初因看到孙策军中将士日多而纪律不完备，便请求孙策让自己去兼任都督。孙策说，你自己已经是士大夫，手下又握重兵而立大功于外，怎么能让你再屈居这种小官职，考察军中的细小事情呢？

吕范说："今舍本土而托将军者，非为妻子也，欲济世务也。譬犹同舟涉海，一事不牢，即俱受其败。此亦范计，非但将军也（这也是为自己打算，不仅为将军）。"这一番话可谓发自肺腑、感人心扉。吕范即自己脱去士大夫所穿的长衫，换上中下级武官所穿的便于骑马的服装。孙策只好照办。此后，军中肃睦、威禁大行。吕范能屈能伸，能上能下，确实不为做官，只为做事；

孙策（选自《无双谱》）

只为理想奋斗，不为现实苟且。

然而，这一批能臣武将能否为孙权所用，还是要取决于孙权是否善于用人。设若是一庸主，再好的人才储备也会被玩完。

孙策在临终遗命时，对孙权说：率领江东人马，决战于疆场，与天下英雄相争，你不如我；"举贤任能，各尽其心以保江东，我不如卿。"这表明，在孙策眼里，孙权的用人韬略要胜自己一筹。然而在权力更迭时，往往会出现能臣武将能否归心的问题。这的确对孙权是个考验。

当时的形势是，江东偏远山区还未控制，而流寓之士，"皆

吴太祖

倾危玄德结托老瞒
紫阳之论洞见肺肝

孙权（选自《增像全图三国演义》）

周瑜（选自《三才图会》）

鲁肃（选自《增像全图三国演义》）

以安危去就为意，未有君臣之固"，这于孙权而言，是很不利的。
但张昭、周瑜等人觉得孙权"可与共成大业，遂委心而服事焉"，
这于孙权又是有利的一面。

　　孙权立即接见鲁肃，大为赏识，问以治道。民
众归心，贤能归用，这正是事业蒸蒸日上的气象

　　当时，曹操听闻孙策死讯，便欲乘丧而伐，后听侍御史张
纮善待的建议，上表推荐孙权为讨虏将军，兼任会稽郡太守。
同时推荐张纮担任会稽郡东部都尉，曹操的用意是让他辅佐孙
权，以劝导孙权归附朝廷。而吴夫人认为孙权年轻，便委托张

纮与张昭共同辅佐孙权。孙权派张纮去会稽郡赴任，有人认为他是朝廷任命的官员，恐怕他的志向不仅仅如此，但孙权并不因此而介意。这表明，孙权心中有城府韬略，并非不能容事容物的庸主。

其时，鲁肃想要回北方故乡。周瑜便向孙权力荐：鲁肃才干出众，应当委以重任，还要多延聘一些他这样的人才，以成就大业。的确，这种人才变动时机，也正是雄主用人之契机。而周瑜之明，从一开始就显出不一般来，不枉孙权一辈子对他的信任与思念。

于是孙权立即接见鲁肃，大为赏识，并问有什么办法能助他建立齐桓公、晋文公那样的功业。鲁肃分析形势后说，保守江东，以观察天下大局的变化。如果能乘曹操北方用兵，无暇南顾之机，消灭黄祖，进讨刘表，把长江流域全部控制，就能建立帝王之业。可以说，这是进可攻退可守的策略，于孙权非常管用。孙权当时的答复是，只想治理好本地区，你所说的还没有想到。确然，孙权只想守成，不想开拓，其为雄主，确乎稍逊风骚。而此时，张昭诽谤鲁肃年轻粗略，但孙权却更加重视他。

孙权检查属下低级将领，将部下兵力少而能力差的加以合并。独见吕蒙军容整齐，训练有素，孙权大为夸赞，为他增兵，并加以宠任。这显然是务实的举动，主动接地气，从实践中发现人才。

功曹骆统劝孙权尊敬贤才，接纳各地人士，不断征询下面对自己的意见。在宴会时关心个人的生活起居，鼓励发言，以便观察他们的能力和志向。这是开局的思路，孙权都采纳了。

公元202年，曹操便要求孙权派自己的弟弟或儿子到朝廷来做官。孙权召集主要官员商议，张昭、秦松等人犹豫不决，孙权把周瑜领到吴夫人跟前作最后决定。周瑜说：现在有什么压力使得咱们一定要送人质？送人质后，就会受制于人。如果征召入朝，不过被封为侯爵，怎么能与南面称孤相比？不如不送人质，从容观察事态变化。如果曹操真能以君臣大义来治理天下，你再侍奉他不晚。如果他图谋不轨，犯上作乱，他连自己都不保，又怎么能害人？这一番话，确为至理，足见周瑜的大智，非张昭之类的人可比。吴夫人因此对孙权说：周瑜说的很对，"我视之如子也，汝其兄事之。"周瑜之所以能成为孙权的得力干将，同心同德又才干出众是关键要素。

以上这几个动作，可以视为孙权初掌权柄时在用人上的几板斧，并无甚雄奇处，却是稳扎稳打的实在招数。然而，惟其善于纳谏、起用贤才，江东政权的稳固基础，也正是由此逐步奠定的。民众归心，贤能归用，这正是事业蒸蒸日上的气象。

　　孙权举杯向甘宁敬酒：今年进行讨伐，就像这杯酒，已决定交付给你。长史张昭欲迎接曹操、投降朝廷。周瑜则认为："将军擒操，宜在今日。"

公元208年，孙权攻击刘表的部将黄祖，孙权的部下凌操

孙权决计破曹操（选自《增像全图三国演义》）

去追黄祖，却被黄祖的手下甘宁射死。甘宁最初投刘表，后见刘表不能成事，打算东入吴郡，因黄祖守夏口不能过，只好在黄祖部下待了三年，黄祖视之为平庸之辈。这次甘宁为黄祖卖力，却为自己日后留下不少麻烦。

此后，甘宁乘机逃亡投奔孙权，周瑜、吕蒙共同向孙权推荐了甘宁，孙权对甘宁礼遇特别优厚，与跟随自己多年的旧臣一样。贤才能否归心，在相当程度上就看人主能否器重，分出个亲疏彼此，往往会因寒一士心而寒众士心。

此时，甘宁即向孙权献计，建议夺取荆州，先攻黄祖，再逐步夺取巴、蜀地区。这简直有诸葛亮的智谋，可见当时天下形势，英雄所见略同。荆、益二州，刘备欲得，孙权也在谋划，就看谁下手快，谋臣用事者多。当时甘宁献这一计，张昭则提出疑问，担心大军出征会生变乱。

甘宁显然是个"直肠子"，他对张昭说：国家把萧何那样的重任托付给您，您留守后方，却担心发生变化，怎么能效法古代名臣呢？可谓语带机锋、语刺尽出。孙权则举杯向甘宁敬酒：甘兴霸，今年进行讨伐，就像这杯酒，已决定交付给你。你只管去拟定策略以攻破黄祖，就是你的大功，何必在乎张长史的话呢！这看似和事佬之语，却是对甘宁的充分肯定。

孙权西破黄祖，欲杀其将领苏飞，甘宁感念苏飞当初礼遇自己的往事为其求情，孙权便赦免了苏飞。而凌统怨恨甘宁射死其父凌操，经常打算杀死甘宁。孙权便命令凌统不许再仇恨甘宁，并让甘宁领兵到别的地方驻守。孙权之治人之能，开始显现。

公元208年，荆州已经成为兵家必争之地。孙权在打荆州的主意，刘备当然也想，只是暂时不能，而曹操更是大张旗鼓而来，要南征刘表。刘表去世，刘琮继任荆州牧，便以荆州降曹。以致刘备仓皇出逃，在当阳长坂被曹操追上，抛妻弃子才和其他人骑马逃走。也正是在长坂，孙权派鲁肃与刘备相见，开启了孙、刘联盟抗曹的大势。孙权能听鲁肃良言而与刘备联盟，是由其雄主胸襟气度决定的。

当时，曹操写信给孙权，说统领水军八十万，要与孙权"会猎于吴"。长史张昭等人的意见是迎接曹操、投降朝廷。周瑜则认为："将军擒操，宜在今日。"显然，少壮派的力量已经形成，也显示他们开始在东吴的历史舞台上崭露头角。孙权能倚重少壮派的力量，更终能成事，与其对年轻人才的擢拔重用是分不开的。

的确，以东吴的三万人马，算上刘备的一二万人，来抵抗曹操的几十万大军，如此力量悬殊，在孙权那里必定有一番权衡。张昭等一班老臣们主和投降，也确是情有可原。然而，正是有诸葛亮、周瑜、鲁肃等众贤之智与力，才创下以少胜多、以弱胜强的经典战例，使赤壁一战锁定三分天下之大局。

二十二

让周泰解开衣服看身上的伤疤
——孙权用人史话（中）

孙权让周泰解开衣服，用手指着他身上的
累累伤痕一一询问，周泰对每次受伤的时
间、地点和经过记忆犹新，依次回答

孙权在墙壁上挖个小洞经常偷偷地看，
见到吕蒙可以吃少量的食物，即喜形于
色，回顾左右

孙权把以前收到对诸葛瑾诽谤言论的上
书封起来送给他，并亲笔写上批语

公元 209 年，孙权兵围合肥，久而不下，便想率轻骑亲自突击敌人。长史张纮劝谏："虽斩将搴旗，威震敌场，此乃偏将之任，非主将之宜也。愿抑贲、育之勇，怀霸王之计。"孙权才停止出击。这原本正是孙权与他哥哥孙策的不同，孙权亲临战场，是露己之短而抑己之长。用今天的眼光来看，长史张纮讲的仍然在理。

居上位者，若事必躬亲，如省长干了科长的事，干得再好也只是匹夫之力，于一地无所助益。为政者，其位越高，越应怀大局、想大事、善用人。事实上，在后来 215 年孙权率军十万围攻合肥的战斗中，曹操虽只有张辽等率 7000 余人驻守，但孙权却被张辽攻击，差点命丧逍遥津。孙权到此才算吃一堑长一智。

孙权让周泰解开衣服，用手指着他身上的累累伤痕一一询问，周泰对每次受伤的时间、地点和经过记忆犹新，依次回答

正所谓天妒英才，周瑜有一腔韬略却难尽展。公元 210 年，

白衣摇橹真奇計
一举荆襄取次收
苗慶 画

吕蒙（选自《增像全图三国演义》）

他建议孙权派自己去夺取蜀地并吞汉中的张鲁，回来再据守襄阳，以图北方。倘若周瑜命长，此计成功，恐怕天下没有刘备什么事了。然而，天不假年，周瑜在途中病重，此时仍上书孙权说：曹操在北方，疆界不平静，刘备在荆州，如家里养了一只猛虎。同时建议鲁肃接替自己的职务。周瑜逝于巴丘，孙权痛哭：周瑜有"王佐之资，今忽短命，孤何赖哉！"并到芜湖亲迎其灵柩，善待其子女。孙权之器重人才，不惟重用并推心，更体现在细节处。

幸运的是，一代新人更在成长。比如吕蒙，起初总说没时间学习，孙权对他说：你担任要职、执掌权力，不能不学习，你说军务多，但谁还会像我这样忙？"孤常读书，自以为大有所益"。吕蒙才开始读书。及至鲁肃过寻阳与吕蒙一谈话，大吃一惊："卿今者才略，非复吴下阿蒙！"吕蒙则答复曰："士别三日，即更刮目相待，大兄何见事之晚乎！"孙权劝吕蒙读书的故事，为官者当鉴之。

在公元212年，吕蒙听闻曹操再次东征时，便建议孙权在濡须水口两岸修建营寨。将领们以为无用。吕蒙则说：军事有顺利之时，也有失利之时，不会百战百胜，如果敌人突然出现，步骑兵紧紧逼迫，我们连水边也到不了，难道能上得去船？孙权认为很对，于是下令修筑营寨，并将其称作濡须坞（位于今天的安徽含山县）。吕蒙的见识，的确如鲁肃之言，已是今非昔比。人才的自我成长，亦是孙权之幸处。后来曹操开启两次濡须口之战，曹军均无功而返，其间当有吕蒙之先见之明。

鲁肃接替周瑜后，就劝孙权把荆州借给刘备，以共同抗曹。及至刘备于公元214年取得益州后，孙权便派中司马诸葛瑾向刘备讨取荆州的各郡。刘备则说取得凉州后才能还。孙权认为这是找借口拖延。于是开启了孙、刘摩擦的历史时段。公元215年，刘备因曹操可能攻打汉中而与孙权和好，双方便以湘水为界分割了荆州。

公元217年，曹操进攻濡须口无功而返。孙权留平虏将军周泰统领濡须守军，这样一来，朱然、徐盛等都成了周泰的部下，

周泰（选自《增像全图三国演义》）

他们认为周泰出身寒微，心中不服。面对部下的纷争，孙权再次展现了他的智谋。

当时，孙权召集各位将领畅饮，席间，孙权便让周泰解开衣服，用手指着他身上的累累伤痕一一询问，周泰对每次受伤的时间、地点和经过记忆犹新，依次回答。讲完后，孙权让他穿好衣服，拉着他手臂，淌着泪说：周泰，你为了我孙氏兄弟，像猛虎一样勇猛善战，不顾自己的身家性命，受伤数十处，肌肤像刀刻划的一样，我们怎能忍心不把你看作亲骨肉，委以统帅兵马的重任！这番泪语，于孙权是出自真心，却也充分显示其治人之能。念一周泰之劳苦，是不忘众将之劳苦也，则众将焉能不拼死效力？对周泰如此尊重，是于众将眼前抬高周泰身位，则众将焉能不重之？

宴席散后，孙权更决定留住濡须口，命周泰带领兵马在前面开路，护卫簇拥着他，擂鼓鸣号，奏起军乐，声势威武地走出军营。于是徐盛等人才服从周泰指挥。孙权的雄略处，正在于善治人，平复众议。否则，光把一个人放在要位，却不能为其排忧，以致众人不服其治，则安得一地之宁？

孙权在墙壁上挖个小洞经常偷偷地看，见到吕蒙可以吃少量的食物，即喜形于色，回顾左右

公元 217 年，鲁肃去世，吕蒙代替了他的职位。孙权的少壮派班底可谓更加强壮了。一个重要体现，就是陆逊的重用。当时，陆逊向孙权建议，挑选山贼中的精锐以扩充军队。孙权采纳建议，以陆逊为帐下右部督。陆逊所过之处，惯匪被扫除干净。会稽太守淳于式却告发陆逊"枉取民人，愁扰所在"。但陆逊回来后，大赞淳于式是个好官员。孙权问陆逊：淳于式告发你，你却推荐他，为什么？陆逊说：淳于式本意是使百姓能够休养生息，所以告发我；如果我再诋毁他，就会扰乱您的视听，这种风气不能长。孙权赞叹：这实在是谨厚长者的处事方法，我看其他人很难做到。孙权能用这样的贤者，这样的贤

陆逊（选自《增像全图三国演义》）

者能聚拢在孙权周围，正说明孙权的用人导向很正确。

事实上，这样的贤者还有蒋钦，他是孙权的右护军。当时芜湖令徐盛收捕并斩首了蒋钦的属吏。但蒋钦多次称赞徐盛的优点，孙权问为什么，蒋钦说：徐盛忠诚，勤勤恳恳，做事精明强干，有胆略、有器度，是个统率万人的杰出将领。"今大事未定，臣当助国求才，岂敢挟私恨以蔽贤乎！"不以私废公，不挟私恨而蔽贤能，贤人之德，往往如是。

公元 219 年，关羽驻守荆州，胜曹军、擒于禁、杀庞德，威名震动了整个中原。惹得曹操都准备迁移许都以避其锐。此时，吕蒙代替鲁肃，改变了鲁肃和关羽搞好关系的策略，秘密起用陆逊，以计骗关羽，使其大意失荆州败走麦城，而占据了荆州。真是不同贤才，有不同的治理路数与方略，日后江东事端不断，也由此起。孙权为此更向曹操俯首称臣，相形之下，孙权之取荆州，未必为上策。

此前，偏将军吴郡人全琮曾向孙权建议进攻关羽的策略，孙权担心泄露计划而不答。擒获关羽后，孙权在公安设宴，看着全琮说：对你以前的上书，我虽然没有答复，今天取得的胜利，也有你的功劳。于是封全琮为阳华亭侯。不忘贤才之功绩，封一人为侯，却更得众贤之心，孙权用人之能已是"老司机"了。

吕蒙未及受封便旧病发作。孙权把他接来，千方百计为他治疗和护理。医生为吕蒙针灸时，孙权便为他感到愁苦悲伤。想多去看望几次，又恐怕影响他的休息，只好在墙壁上挖个小洞经常偷偷地看，见到吕蒙可以吃少量的食物，即喜形于色，回顾左右。看到吕蒙不能进食，便唉声叹气，夜不成眠。吕蒙的病好了一半，孙权便下令赦免罪犯以示庆贺。可是不久，吕蒙还是去世了，年仅42岁，孙权异常悲痛，令三百户人家守护他的坟墓。对贤才如此无微不至的关怀，焉能无士不为其拼死效力？

周瑜、鲁肃、吕蒙，皆是年轻有为的干将，又都是英年早逝。孙权之得，在于有杰出者辈出。孙权之憾，又在于英才者总是天不假年。后来，孙权与陆逊评论周瑜、鲁肃、吕蒙时说：周瑜有雄心大志，胆略过人，因此能打败曹操，攻取荆州，能和他相比的人实在太少了。

评价鲁肃时，则说他有两大贡献和一大失误。谈到鲁肃和自己初次交谈便谈及建立帝王大业的雄才大略，称这是第一大痛快事。谈到曹操水陆数十万大军南下，众人都主和之际，独有鲁肃反驳说不可，劝我迅速召回周瑜，命令他率大军迎头痛击曹操，称这是第二大痛快事。孙权认为，此后鲁肃虽然劝他把土地借给刘备，此为他的一个失误，但不足以损害他的两大贡献。孙权说：对人不能求全责备，要不计较他的失误而重视他的贡献。

在谈到吕蒙时说：吕蒙年长以后，学问愈来愈好，韬略常常出奇制胜。谋划消灭关羽这一点，超过鲁肃。他说鲁肃给他写信讲到："成就帝王大业的人，都要利用他人的力量，对关羽不必有所顾忌。"孙权认为这是鲁肃不能对付关羽，却空说大话。但他行军作战，安营驻守，能做到令行禁止，其治军令人称道。

显然，在孙权眼里，贤才的得与失，了然于胸。其知人之明，可谓至也。

孙权把以前收到对诸葛瑾诽谤言论的上书封起来送给他，并亲笔写上批语

公元 221 年，刘备亲率各路大军进攻孙权。孙权南郡太守

子瑜神交如漆如膠

誠貫金石羣議徒淆

诸葛瑾（选自《增像全图三国演义》）

诸葛瑾写信给刘备，劝他分清仇怨的先后大小。当时便有人传言诸葛瑾派遣亲信和刘备互通消息。孙权说："孤与子瑜，有死生不易之誓，子瑜之不负孤，犹孤之不负子瑜也。"这可以说是无上的信任。在纷乱变动之时，这种信任至为重要，否则就很容易由此作出错误的决断。

面对流言四播，陆逊上表说诸葛瑾不会做这种事，但希望孙权有所表示，以消除他心中的顾虑。贤才的惺惺相惜也如是。孙权便给他回信说了一件往事，说他当初希望诸葛瑾把诸葛亮留下来，但诸葛瑾说，弟弟诸葛亮已经决定为刘备效劳，"义无二心""弟之不留,犹瑾之不往也"。然后孙权说,他和诸葛瑾"可谓神交,非外言所间",他会把以前收到对诸葛瑾诽谤言论的上书封起来送给他,并亲笔写上批语,同时也立即封起陆逊的奏表,送给诸葛瑾,让他了解陆逊的意思。孙权这一策略,不仅表明了对诸葛瑾的充分信任,更让其贤才之间的关系更稳固。孙权此举,与送给乐羊一整箱告状信的战国时代魏文侯相类,雄主的眼界心胸,确非常人。

事实上,贤才之炼成,往往还来自各种诽谤、诬告。居上位者,若听信这种言行,对贤才或弃而不用,或将信将疑,则不得贤才归心。相反,让这种诽谤诬告的信件与本人见面,并表示对贤才的充分信任,则贤才往往忠贞以报。此之谓古今一理。

于是孙权派使者向魏称臣,同时以陆逊为大都督对抗刘备的军队。此时,曹操已经去世,魏文帝曹丕派邢贞封孙权为吴王,邢贞进门不下车,张昭对邢贞说:"君敢自尊大,岂以江南寡弱,无方寸之刃故乎!"邢贞当即迅速下车。徐盛愤怒地看着其他将领说:我们不能拼出性命为国家兼并许都、洛阳,吞并巴、蜀,却使君王与邢贞结盟,难道不羞辱吗?说着便泪流满面。

邢贞听到这些话,对随从说:"江东将相如此,非久下人者也。"局外人的观察与感受,更能说明一个地方贤士能人的聚合度,也从一个侧面说明,孙权能坐稳江东,与这一班能臣贤士的辅佐是分不开的。用今天的眼光看,干部的精气神不一样,地方的事业发展肯定也会有所不同。

孙权派中大夫南阳人赵咨入朝致谢，和魏文帝之间有一番对答，虽有虚饰夸大的成分，但亦从一个侧面表明，孙权的雄略与用人谋略确实不一般。赵咨回答魏文帝说："纳鲁肃于凡品，是其聪也；拔吕蒙于行陈，是其明也；获于禁而不害，是其仁也；取荆州兵不血刃，是其智也；据三州虎视于天下，是其雄也；屈身于陛下，是其略也。"文帝问像你这样的人才东吴有多少人？赵咨说："聪明特达者，八九十人；如臣之比，车载斗量，不可胜数。"这固然是赵咨长于辞令，但孙权的雄心壮志与举贤任能，东吴的人才济济，亦可见一斑。

刘备来攻的期间，孙权还有功夫喝酒。据《资治通鉴》载，当时孙权和臣下在武昌钓台上饮酒，酩酊大醉，令人把水洒在大臣身上使他们清醒说："今日酣饮，惟醉堕台中，乃当止耳！"用今天的话讲就是不醉不休。

结果张昭板着面孔、一言不发地出去，坐在车里。孙权派人把他叫回来说："为共作乐耳，公何为怒乎？"张昭答道："昔纣为糟丘酒池，长夜之饮，当时亦以为乐，不以为恶也。"孙权之意不过娱乐一下何必生气呢？而张昭之答则为一盆冷水浇下，这完全可以视作直颜犯上，然而孙权"默然惭，遂罢酒"。在兴致盎然之际，能听得进扫兴之言而猛然警醒，不亦雄乎？

还有一次，孙权也是和大臣饮酒，还亲自起身行酒劝饮，虞翻则装醉倒地，孙权过去后又坐了起来。这和现代人喝酒耍滑头差不多。结果孙权大怒，手握宝剑就要刺虞翻。大司农刘基上前抱住孙权，劝谏说："大王以三爵之后，手杀善士，虽翻有罪，天下孰知之！且大王以能容贤蓄众，故海内望风；今一朝弃之，可乎！"刘基的话可谓义正辞严，其中利害关系亦非同小可，这一杀，必为天下所笑，天下贤才如何来归？

孙权估计酒后在气头上，还振振有词：曹操尚且杀了孔融，我杀个虞翻算得了什么？刘基说：曹操轻率杀害士人，因而受到天下人的谴责。大王你推行德义，怎么能和曹操相提并论？孙权才醒悟过来。下令："自今酒后言杀，皆不得杀。"这表明孙权能充分认识到自己的过失并且能即时改正，酒后改过不亦善乎？

二十三

周瑜的儿子犯罪之后
——孙权用人史话（下）

孙权专刻一枚自己的印章放在陆逊那里，
孙权给蜀汉后主或诸葛亮写信，常先给
陆逊看过，有不当之处，即令陆逊改正，
盖上印章封好发出

孙权怨恨张昭，下令用土将张昭家的大
门堵住。张昭更狠，自己从里面用土将
门封死

周瑜的儿子周胤犯罪后被放逐到庐陵，
诸葛瑾、步骘为他求情，孙权说：我乐
于看到周胤有所成就，可是周胤罪恶太
重，未必就能马上悔改，我还想让他尝
点苦头

公元 222 年，陆逊以火攻战胜刘备大军，当初他被任命为大都督时，手下将领皆不听他指挥。等到大败刘备，各位将领知道计谋多出自陆逊，才心服口服。孙权问陆逊为何当初不向他举报不听指挥的人，陆逊说：他们"皆国家所当与共克定大事者"，我仰慕蔺相如、寇恂以国事为重、委曲求全的做法，为的是有利于国家大事。孙权大笑，倍加赞赏，加封陆逊辅国将军称号，兼任荆州牧，改封为江陵侯。贤才能有此心胸，不亦孙权之幸乎？

> 孙权专刻一枚自己的印章放在陆逊那里，孙权
> 给蜀汉后主或诸葛亮写信，常先给陆逊看过，有不
> 当之处，即令陆逊改正，再盖上印章封好发出

此后，孙权对陆逊更加信任。吴蜀和好后，双方来往不断，有事需要互通消息，孙权常令陆逊告诉诸葛亮；还专刻一枚自己的印章放在陆逊那里，孙权给蜀汉后主或诸葛亮写信，常先给陆逊看过，言辞轻重、处事可否，有不当之处，即令陆逊改正，

顾公班圣使人
不安天性
严歉名重朝端

顾雍（选自《增像全图三国演义》）

再盖上印章封好发出。对臣子的这般信任，可比齐桓公之与管仲。足见孙权有知人之明，更有信用贤才之德。倘若无知人之能，则焉知其权力不会被架空？

公元225年，东吴丞相孙劭去世，文武官员再次推举张昭。当初设丞相一职时，大家就首推他，被孙权否定。这次孙权又说："孤岂不敬爱子布？"但丞相负责的政务繁多，而张昭性情刚烈，我若不听从他，他就会不满和怨忿，这对他并没有什么好处。于是，任命太常顾雍为丞相。此君为人沉默寡言、举止稳妥，孙权曾赞叹说："顾君不言，言必有中。"每次设筵饮酒作乐，大臣们都恐怕酒后失态，而且顾雍必定在场，所以不敢放开酒量。孙权也说："顾公在座，使人不乐"。

事实表明，孙权用顾雍是正确的，顾雍确为国之栋梁，堪当大任。顾雍受任丞相后，他选用文官武将，"各随所任，心无適莫"，也就是量才为用，不夹杂自己的好恶。而且时常私下到民间查访政治得失，有好建议都秘密上报，如被采纳，将功劳归于主上；如不被采纳，则始终不泄露出去。孙权因此很器重他。但他在朝廷发表意见时，虽然言辞和顺，却能将正确意见坚持到底；对于政治得失，若非亲眼所见，决不妄加评论。孙权有事情，常派中书郎到顾雍那里咨询，如果顾雍觉得此事可行，便反复讨论并预备酒饭；如果不同意，顾雍便表情严肃，默然无语，什么也不预备。孙权说："顾公欢悦，是事合宜也；其不言者，是事未平也。孤当重思之。"

这一故事表明，孙权能够知人善任。张昭有贤能，却不可用在丞相位置。顾雍之能，孙权却了然于胸。用人者，当有如此功夫，方能对贤才用得妥当。

这一年，陆逊劝孙权广施德政，缓和刑罚，宽限赋税，免征徭役。又说：忠诚善良的建议，不能急切向君王陈述；取悦君王的小臣，才反复以小利上奏。孙权回信说：《尚书》上就记载"予违汝弼"（我有错误，你要帮我改正）。你在信中说不敢急切陈述，这怎么能称作忠诚善良呢？于是，把将要实施的条款拟好，派人送给陆逊和诸葛瑾，让他们对其中的不妥处进行删改或增添。善纳谏，正是孙权一贯的长处。

陆逊拜将（选自《增像全图三国演义》）

公元228年，孙权起用吕范为大司马，印信和绶带还没下达，吕范就去世了。当初，孙策让吕范掌管财经，孙权年少，私下向吕范借钱索物，吕范定要禀告而不敢私自决定，结果即被孙权怨恨。后来，孙权代理阳羡长，有私下开支，孙策有时核查，功曹周谷就为孙权做假账，孙权当时很满意他。但等到孙权统管国事后，认为吕范忠诚，深为信任；而周谷善于欺骗，伪造簿册文书，不予录用。

张昭（选自《增像全图三国演义》）

　　孙权能因角色转换而改变看法，分辨谁是贤能，谁是佞人。亲贤能而远佞人，是雄主谋略，江东焉能不治？这一历史故事也给予我们深刻启示：守正道者，虽一时受屈，却终必利天下；走歪门者，虽一时逞快，却终不得善果。

　　　孙权怨恨张昭，下令用土将张昭家的大门堵住。
　　　张昭更狠，自己从里面用土将门封死

　　公元 229 年，孙权称帝，终于不再臣服于魏。他把功劳归于周瑜。当时张昭正要歌功颂德，孙权说："如张公之计，今已乞食矣。"这于孙权是快意，不给张昭面子。却也说的是实情，如张昭主和，哪有孙权的今天？当然，张昭也非因此就是佞人，在内事治理上还是有过人本领，亦有尽忠的品性，只是在智识和胆略上要逊色一些。在公元233年发生的一件事，可以看出张昭的刚烈个性，有这样的臣子在，亦是江东之幸。

当时，公孙渊派人来称臣，孙权便派张弥、许晏等率万人大军，乘船渡海去封公孙渊为燕王。满朝大臣皆劝。张昭更是说：公孙渊背魏，害怕讨伐，从远地来求援。如果公孙渊改变主意，打算向魏表忠心，我们的两位使节不能返回，不也让天下人取笑吗？孙权反复驳诘张昭，而张昭固执己见。结果孙权按剑大怒：吴国士族之人入宫拜我，出宫拜您，我敬重您已经到极点，而您屡次在大庭广众之下顶撞我，我常常唯恐自己做出不情愿做的事。张昭则注目孙权说："臣虽知言不用，每竭愚忠者，诚以太后临崩，呼老臣于床下，遗诏顾命之言故在耳。"一个怒甚，一个气甚，如此顶牛，也是罕见。

当时君臣相对哭泣，过后，孙权还是派张弥、许晏去了辽东。结果，张昭对不采纳他的意见忿忿不平，声称有病不去朝见。孙权怨恨张昭，下令用土将张昭家的大门堵住。张昭更狠，自己从里面用土将门封死——这可谓千古奇闻。

事情发展确如张昭等所料，公孙渊杀了张、许二人，吞没东吴士兵及带去的金银财宝。孙权一听勃然大怒说："朕年六十，世事难易，靡所不尝"，意谓活了60岁（估计是虚说，这年孙权也就51岁），人世间的艰难困苦，还有什么没经历过，却被这鼠辈所戏弄，让人气涌如山。意欲必亲手斩此鼠头而后快。吓得陆逊等一班重臣连番劝谏，才打消孙权讨伐公孙渊的念头。这时，孙权想起了张昭，多次派人慰问，向他道歉，可张昭始终不起床。

孙权有次出宫，过其门而唤之，张昭声称病重。孙权让人火烧张昭家门，张昭就是不出来。这让人想起晋文公重耳火烧绵山试图让介子推出山的故事。张昭当然没有被烧死，孙权及时让人把火灭掉，便在门口长时间等候。结果还是张昭的几个儿子从中转圜，一齐扶张昭起床，孙权便用自己的车把他拉回宫，深切责备自己。张昭不得已，然后参加了朝会。这简直就是双方理性与血性的大比拼。最后还是孙权知错能改，促使双方关系和好。雄主之心胸肚量，当如是乎？

公元236年，张昭去世，享年81岁。史称"昭容貌矜严，有威风，吴主以下，举邦惮之。"张昭不亦典型的忠臣乎？

> 周瑜的儿子周胤犯罪后被放逐到庐陵，诸葛瑾、步骘为他求情，孙权说：我乐于看到周胤有所成就，可是周胤罪恶太重，未必就能马上悔改，我还想让他尝点苦头

到了公元238年，孙权之治东吴显然已进入稳定期。而贤

才们的治事则进入一个特殊阶段。就是相互之间不敢多事，正所谓"各人自扫门前雪，莫管他人瓦上霜"，大家各管一摊，各不相干，在位不敢越位。照理，大家若能各守其职、各尽其责，也未尝不可。但在实际上，往往或有九龙治水，或有三不管地带，同时相互之间又易生掣肘，出现内耗。事实上，孙权面对的是一个千古治理难题，这种内耗古代存在，今天同样存在。当时的孙权显然意识到这个问题，因而便试图极力消除内耗，形成合力。

当时，孙权让中书郎袁礼询问大家对时事兴革的意见。袁礼回来后对孙权说：与诸葛瑾、步骘、朱然、吕岱相见，各人都以不掌民事为由，不肯当即发表意见，全推给陆逊、潘浚。陆逊、潘浚见了袁礼则泪流不止，态度诚恳痛切，辞意有如苦辣两种滋味在口，甚至心怀危惧，有一种感觉不安全的神情。

孙权便下诏书责备这几个人说：我听了不禁怅然，深感困惑。为什么？天下只有圣人才能无过，只有最聪明的人才能自察。普通人的举止行动，怎么可能完全正确？只当自己有伤害抵触众意的地方，一时忽视而没有觉察，所以使各位心存疑忌畏难了。不然的话，有什么缘由至于这样？

接着孙权以情动人：大义上我们是君臣关系，但恩情上犹如骨肉至亲，荣耀、福分、喜乐、悲戚，都共同分享和承受。"忠不匿情，智无遗计，事统是非，诸君岂得从容而已哉！同船济水，将谁与易！"意在责备各位怎么可以袖手旁观，自得悠闲，我们是同舟共济，还能和谁交换意见呢？孙权接着举了齐桓公与管仲的例子说：齐桓公有过失，管仲直言规劝，如不被采纳，就永不休止地劝。现在，各位不肯开口直言规劝，仍然采取避嫌畏难的态度，就这一点而言，我比齐桓公还好一点，不知各位比起管仲来又是如何？

这一番言辞可谓恳切，发自肺腑。孙权显然是希望大家都能一起想点大事，不要只想着自己那摊事，但只是采取了以情动人的策略，未能从制度上破解掣肘与内耗的治理难题。

第二年发生的两件小事，则说明孙权对贤才的子孙爱护有加，却能坚守正道。周瑜的儿子周胤犯罪后被放逐到庐陵。诸葛瑾、步骘便为他求情。

孙权说：周胤年幼时并无功劳，平白地领受精兵，封以侯爵，"盖念公瑾以及于胤也"。意思是因思念周瑜才对他宠爱的。但周胤依仗恩宠，酗酒荒淫、恣意放纵，前后多次告诫，没有改悔。孙权说：我对周瑜的情义和你们两位一样，乐于看到周胤有所成就，岂有终止？可是迫于周胤罪恶太重，未必就能马上悔改，我还想让他尝点苦头，使他能自己了解自己。就凭他是周瑜的儿子，又有你们两位在中间保驾，假如他能改正，还有什么担忧的呢？

从中可以看出，孙权之待周瑜之子，其礼遇之恩、关照之情无以复加。但他更懂得过分宠爱是害了他，必得使其尝点苦头，回到正道上来。这不正是古人所说的"父母之爱子，必为之计

《后赤壁赋》（清·伊秉绶书）

深远"？类似的故事还发生在周瑜侄子的儿子身上。

当时，周瑜侄子偏将军周峻去世，有人请求让周峻的儿子周护接领周峻部队。孙权说：从前击败曹操、吞并荆州，全是周瑜的功劳，我是常记不忘。起初听说周峻去世，便打算任用周护。后听说周护性情凶狠，"用之适为作祸，故更止之"，意谓任用他恰恰是害了他，所以改变了主意。我思念周瑜，岂有终止！

这一番话可谓情真意切，令人感佩。今天多少人却没悟透这一点，总想为子女创造好条件，把恩人的后代扶上马送一程，全然不看子女后代是否能担此任、能走正道，结果却恰恰是毁了子女后代们。周胤、周护估计是在蜜罐里长大的，生在福中不知福，往往是自毁前程。今天，又有多少周胤、周护们仍然如是？

朱然卧病不起，孙权为此白天吃不下饭，晚上睡不着觉，并不断派宦官为朱然送医送药送食物

孙权进入老年，追随他的一代文臣武将纷纷去世，而后起者未必都有前人那样的雄才胆略，这也是历史留给我们的一道疑难题。

人言江山代有才人出，但不是每一代都能产生众多贤能之士。而王朝的兴衰似与贤才多寡呈正相关的关系。有雄主，而有贤才，则王朝兴；出庸主，而多庸才，则王朝衰。更深层原因，乃是时势造英雄，纷乱之世，而有雄主出，有雄主出而有贤才从，由此而成大事、创大业。相反，承平之世，渐失改天换地、战天斗地的英雄气，即便雄主犹在如孙权者，也不复英雄气、渐失英雄心乎？而"廉颇老矣，尚能饭否"？无这英雄事、英雄气、英雄心，则后起者无由晋升进阶，贤能之士没落，其为必然乎？

公元243年，丞相顾雍去世，陆逊公元244年任丞相职，却于245年卷入太子之争中，被孙权屡次派人责问，愤懑而死。

公元247年，孙权重兵集结建业，并扬言要入侵魏国。魏国的扬州刺史诸葛诞让安丰太守王基出谋划策。王基说："今陆逊等已死，孙权年老，内无贤嗣，中无谋主。"孙权若亲自领兵出征，则惧怕内乱会像痈疽溃烂那样爆发；若派遣将领出征，则旧将领已经死光，而新将领又未获得信任。所以，这只不过是想整顿内部，加强自我保护的措施而已。后来，东吴果然没有出兵。王基的分析可谓实情，亦令人感叹唏嘘。

公元249年，左大司马朱然去世。朱然卧病不起，孙权为此白天吃不下饭，晚上睡不着觉，并不断派宦官为朱然送医送药送食物。朱然每次派人报告疾病消息，孙权都会立即召见，亲自问讯，报信的人来时赐以酒食，走时赐以衣帛。朱然去世时，孙权极其悲痛，俨然如吕蒙病重之时。孙权之重贤能，一以贯之。

公元251年，陆逊的儿子陆抗到建业治病，病好将还时，孙权流泪与他告别说：我以前听信谗言，对你父亲的凛然大义有所亏负，因此也对不住你；我前后所问之事，一切都焚毁消灭，不要再让人看到了。这里所说的前后所问之事，是指孙权拿当年杨竺指控陆逊的二十件事，一一质问陆抗一事。

这一年，孙权因为太子孙亮年幼，商议找个可以托付国事之人，孙峻便推荐大将军诸葛恪，他是诸葛瑾的儿子。孙权嫌他刚愎自用，孙峻说："当今朝臣之才，无及恪者。"诸葛恪临行时，上大将军吕岱告诫他说："世方多难，子每事必十思。"诸葛恪说："昔季文子三思而后行，夫子曰'再思可矣。'今君令恪十思，明恪之劣也！"吕岱无言以对，当时人都认为他失言。

诸葛恪之刚愎自用，由此可见。之所以有此对答，在于自视甚高，又岂能听进他人良言？这表明，孙权之知人，并非虚言。后来，东晋的虞喜就此评论道：吕岱是国家的元老，经过深思远虑，才以十思告诫他，但被认为是说他低能而受到拒绝，这就是诸葛恪的疏漏，不具备机敏灵慧之处。如果顺着十思的意思行事，广泛地征询了解当时社会的事务，比迅雷还快地采纳善言，比刮风还急地听取谏议，怎能丧身殿堂，死于凶恶小人的刀下？

公元 252 年，孙权去世。公元 253 年，诸葛恪即被孙峻与新任皇帝孙亮谋杀于殿堂。孙权之后，东吴不复有雄主，亦不复有贤人矣。

二十四

少而精　用而信
——刘备用人史话（上）

刘备因缺乏诸葛亮这样的大贤辅佐，所以只能东跑西颠。此时唯一可慰者，就在于他赏识的人才，对他忠心耿耿

就在这几年里，曹操大抵平定北方，威震四方。刘备则一无建树，焉能不悲？其间，在曹操出兵北伐乌桓时，刘备曾劝刘表袭击许都而不被采纳。刘备之悲，悲的正是英雄无着处

相比《三国演义》，《资治通鉴》给予刘备在历史舞台上演出的机会并不多；与曹操相比，刘备也明显地处于从属地位。其在用人上的谋略也相对较少，与曹操、孙权之广延众贤不可比拟。但刘备从一个毫无立锥之地的民间草根，能成长为一方雄主，三分天下有其一，其用人上的谋略也不容小觑。

刘备虽然号称中山靖王刘胜的后裔，却不过是靠贩卖草鞋为生的草民。仅凭这一点，刘备就与曹操、孙权不在一个起跑线上。孙权自幼就有家业可承，曹操的父亲曹嵩好歹还是中常侍曹腾的养子。相形之下，刘备就更有传奇色彩。而助其成事的，当然就离不开贤能之士。从刘备的用人谋略看，走的显然不是曹、孙的多多益善路线，而用的是少而精的策略。

想想也对，刘备前半生基本上是颠沛流离、居无定所，又无晋文公重耳那样的名头，以致有那么多贤臣追随。能追随刘备的，靠的是情义二字，眼拙之士哪里能看出刘备将来能成事？而刘备所结识的人才，也必定是那种忠诚、胆略、才能俱佳之人。算起来，刘备早期所得人才，青史知名的，不过关羽、张飞、赵云，而后有诸葛亮、庞统等而已。但这些人才真可谓得一个就是一

蜀先主

帝室之胄盖世之雄
正统之绍太史之公

刘备（选自《增像全图三国演义》）

个，一个能顶十个，而且一辈子追随、至死不渝。相比较而言，曹操的人才虽多，但在人才的精干上确实要稍逊一筹。刘备的成事传奇表明，得着关键人才，亦是能成大事的。

刘备因缺乏诸葛亮这样的大贤辅佐，所以只能东跑西颠。此时唯一可慰者，就在于他赏识的人才，对他忠心耿耿

刘备与关羽、张飞在年轻时就交情深厚，有无桃园三结义，

正史无载。但三人的情谊非同一般，也是青史有誉。《资治通鉴》就记载："备与二人寝则同床，恩若兄弟，而稠人广坐，侍立终日，随备周旋，不避艰险。"关、张可谓德才兼备，二人无论是领军还是独战，俱是一把好手。刘备之得一分天下，二人之力功不可没。

其后，刘备又得常山赵子龙。赵云当初投奔的是公孙瓒，刘备"见而奇之，深加接纳"，至于如何"深加接纳"，正史也无载，如《三国演义》般演绎，或在情理之中。于是，赵云便随刘

桃园三结义（选自《增像全图三国演义》）

备，为其统领骑兵。于刘备而言，这是挖了别人的墙角。于赵云来说，则是择主而事。纷乱年代，这种事常常发生，贤臣择主而事，而庸主多不识才或不用才，欲让贤才愚忠于他的可能性不大。

公元194年，刘备救援徐州牧陶谦，陶谦上表推荐刘备担任豫州刺史，后陶谦病逝，刘备便兼任徐州牧。至此也算是稍有立锥之地。第二年，吕布被曹操击败而投奔刘备。见吕布这等人才，刘备却看不上。显然，吕布属于那种有万夫不当之勇，却无大谋而又品行很差的人才，这种人又怎能入刘备法眼？

相对而言，曹操后来却一度想用吕布，还曾亲自写信给吕布，对他大加慰勉和拉拢。但陈登对曹操说："布勇而无谋,轻于去就,宜早图之"，劝曹操尽早对他下手。曹操才说："布狼子野心,诚难久养,非卿莫究其情伪。"这说明曹操看人的眼光没有刘备毒辣，光想着延揽人才而不能细辨之。后来曹操在公元198年捉住吕布，吕布还请在座的刘备为他求情说：绳子把我捆得太紧，难道不能帮我说句话吗？曹操笑着说："缚虎不得不急。"于是下令给吕布松绑。这时刘备却说：不行，您没有看到吕布事奉丁原与董卓的情况吗？曹操点头赞同。气得吕布瞪刘备道："大耳儿，最叵（不可）信！"曹操因而杀了吕布。

刘备在徐州没安稳两年，便于公元196年被袁术、吕布合谋而攻，徐州即被吕布占驻，吕布又反过来要求刘备和他一起助攻袁术。后来吕布虽解了袁术攻刘备之围，却又因见刘备集合起万余人部队而觉威胁，再转头攻打刘备。其后，才有刘备败走而奔曹操，才有有人劝曹操杀刘备，又有郭嘉劝曹操别杀，否则会得"害贤之名"致使天下贤士不归曹而另择主，曹操因此而拨给刘备军队及粮草以抗吕布。这一段情由，怎一个乱字了得。

此时的刘备，可谓惨淡。原因就在于，缺乏诸葛亮这样的大贤辅佐，所以只能东跑西颠。此时唯一可慰者，就在于他赏识的人才，对他忠心耿耿。当初刘备在豫州时推举陈郡人袁涣为茂才，袁涣被吕布扣留后，吕布想让他写信辱骂刘备，再三强迫而不从，吕布以剑威胁，袁涣"颜色不变，笑而应之"，一番慷慨陈词让吕布"惭而止"。这从一个侧面佐证，刘备所赏识的人才，都是金子而不是脓包。事实上，曹操在兖州也曾推荐魏种为孝廉，在兖州各郡背叛时，曹操还信誓旦旦地说只有魏种不会辜负他，但魏种却照样背叛了他。

就在这几年里，曹操大抵平定北方，威震四方。刘备则一无建树，焉能不悲？其间，在曹操出兵北伐乌桓时，刘备曾劝刘表袭击许都而不被采纳。刘备之悲，悲的正是英雄无着处

后来，刘备因衣带诏事密谋诛曹，恰逢曹操派他率兵外出攻打袁术，便逃出生天。公元 200 年事情败露，曹操便率兵攻打刘备。此时曹操正与袁绍在官渡争锋，却只把刘备放在眼里。这一仗，刘备又是全输，丢了妻子家小，关羽还被曹操提住，

關 雲 長 像

关羽（选自《三才图会》）

刘备只好投奔袁绍。这时，刘备的英雄史迹上，再次上演了他赏识的人才忠诚于他的一幕，这一次的主角是关羽。

曹操捉住关羽，很是欣赏，派张辽去了解他的心思，关羽吐露真言："吾极知曹公待我厚；然吾受刘将军恩，誓以共死，不可背之。吾终不留，要当立效以报曹公乃去耳。"如关羽这等忠贞义士，又才干卓越者，千古少有，刘备得着这样的人才，焉能不终成大事？

于是，发生了历史上的千古奇事。关羽的主公刘备正在袁绍军中，而关羽却"策马刺良于万众之中，斩其首而还"，杀了袁绍鼎鼎大名的大将颜良。关羽报答了曹操之后，便去袁绍军中投奔刘备。曹操嘱左右："彼各为其主，勿追也。"确是爱才惜才之意，并非如《三国演义》中那样，明示勿追，暗却阻留。袁绍没有因此而杀刘备、关羽，历史没有记载，当与其无能有关。《三国演义》对此则做了充分演绎，以致袁绍说出"吾得云长，胜颜良、文丑十倍也"之类的话。所以，袁绍之为庸主，每每见是。

刘备暗中想离开袁绍，袁绍让他带其原来的部队到汝南。及至官渡一战后，曹操再攻刘备，刘备又是败走而投荆州刘表。从公元201年开始，刘备在荆州一住就是数年，曾有一次感叹流泪，刘表问他何故，答曰：自己以前从不离开马鞍，现在不骑马，"髀里肉生"（大腿内侧都长出了肉），"日月如流，老将至矣，而功业不建，是以悲耳。"大有"闲愁最苦""揾英雄泪"的怆然一叹。而就在这几年里，曹操大抵平定北方，威震天下。刘备则一无建树，焉能不悲？其间，在曹操出兵北伐乌桓时，刘备曾劝刘表袭击许都而不被采纳。刘备之悲，悲的正是英雄无着处。

也正是在荆州，刘备从人生低谷开始了伟大转折，这就是得到了诸葛亮这一当世的头等大贤。这一故事，《资治通鉴》记载在公元207年。在荆州的这6年时间，才让刘备彻底醒悟要去寻找大贤，不能不说醒悟得有点晚。但能遇到大贤，也算是"好饭不怕晚"了。

二十五

"孤之有孔明，犹鱼之有水也"
——刘备用人史话（中）

鱼得水而活、失水而亡，这是刘备离不
开诸葛亮。相反，水无鱼则没什么损失，
没有这条鱼还会有那条鱼，这是诸葛亮
在助刘备完成大业

你"行大道、民为本、利天下"，则民
皆附之，而贤才焉能不闻而从之？在这
个意义上说，用人谋略的根本，正在于
以民为本的大义

此时的刘备，得贤者渐众，与得关、张、
赵相比，终于得了懂谋略的贤才。补上
了贤才短板，刘备乃可成大事矣

诸葛亮是山东琅琊人，寄居在湖北襄阳隆中。此时刘备正在荆州，向襄阳人司马徽询访人才。于是才开启了刘备与诸葛亮的伟大相遇。

> 鱼得水而活、失水而亡，这是刘备离不开诸葛亮。相反，水无鱼则没什么损失，没有这条鱼还会有那条鱼，这是诸葛亮在助刘备完成大业

和一般人想象的谦虚谨慎不同，诸葛亮经常把自己比作管仲和乐毅。从外表看来，真才实学者与自视甚高者可能并无什么不同。估计当时人正是用自视甚高的视角认定诸葛亮的，历史就是这么记载的："时人莫之许也"。看来，在他人眼里自视甚高不可怕，可怕的其实是自己肚里有没有真货。当时，只有颍川人徐庶与崔州平认为他确非等闲之辈。

水镜先生司马徽对刘备说："儒生俗士，岂识时务，识时

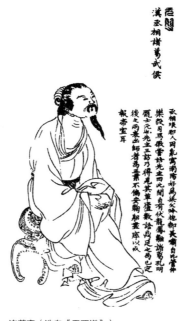

诸葛亮（选自《无双谱》）

务者在乎俊杰。"于是推荐了伏龙与凤雏，即诸葛亮与庞统。
徐庶见到刘备，刘备很器重他。徐庶说：诸葛孔明是卧龙，将
军愿不愿见他？刘备却只是说，请你与他一起来。徐庶又说："此
人可就见，不可屈致也，将军宜枉驾顾之。"这便道出了大贤
的分量，非呼来喝去之辈。

在相当意义上说，历史上，雄主与大贤的关系，名为君臣，
实则为朋友更妥当，二者相互依赖。甚至，雄主有求于贤才者更
多，因为贤才未遇雄主，宁可"穷则独善其身"，即便终老乡野，
也未尝不可自得其乐；但雄主未遇贤才，则大业难以图展、江山

三顾茅庐（选自《增像全图三国演义》）

难以稳固。倘若雄主不能礼贤下士，尊重贤才，贤才即便有一身文武艺，也未必会"货与帝王家"，自娱自乐也会自得其趣。

刘备三顾茅庐，最终见到了诸葛亮。具体细节在《三国演义》里很精彩，在《资治通鉴》《三国志》里都是一笔略过："凡三往，乃见"。于是便有了著名的隆中对。

刘备对自己认识深刻："欲信大义于天下，而智术浅短，遂用猖獗（连遭挫折），至于今日。然志犹未已，君谓计将安出？"

其实隐含的话没说，就是缺少大贤，却用这次问计的行动溢于言表了。诸葛亮便献了天下三分的大计：曹操拥百万之众，挟天子以令诸侯，此诚不可与之争锋。孙权据有江东，已历三世，国险而民附，贤能为之用，此可与为援而不可图也。荆州乃"用武之国"，刘表不能守，此殆天所以资将军也。益州"智能之士思得明君"。如果能占有荆州、益州，"结好孙权，内修政治，外观时变，则霸业可成，汉室可兴矣。"

大贤的眼光，就是能够"不畏浮云遮望眼"，几句话就把天下大势看得一清二楚，同时更为刘备的大业画出了蓝图，指明了方向路径。后来的形势发展与局势大定，基本就是按此路线图确立的。刘备当时真可谓是茅塞顿开，与诸葛亮的情谊日益亲密，以致关羽、张飞不悦，刘备说："孤之有孔明，犹鱼之有水也。愿诸君勿复言。"刘备对诸葛亮的肯定，用的是生动形象的比喻，却足见分量。鱼得水而活、失水而亡，这是刘备离不开诸葛亮。相反，水无鱼则没什么损失，没有这条鱼还会有那条鱼，这是诸葛亮在助刘备完成大业。

你"行大道、民为本、利天下"，则民皆附之，而贤才焉能不闻而从之？在这个意义上说，用人谋略的根本，正在于以民为本的大义

公元 208 年，曹操大军南下荆州，此时刘表去世，其子刘

隆中对（选自《增像全图三国演义》）

琼继任荆州牧，这年9月，刘琮就以荆州投降曹操。当时刘备
驻军樊城，刘琮却不敢把投降事告诉他。等到曹操已到宛城，
刘备才获知投降事。有人建议夺取荆州，刘备说："刘荆州临
亡托我以孤遗，背信自济，吾所不为，死何面目以见刘荆州乎！"
于是率部下撤离，刘琮的亲信及荆州的人士，多跟随刘备而去。
到达当阳时，跟随者已达十多万人，辎重车几千辆，每天只能
走十多里。有人建议他火速行动，但刘备说："夫济大事必以

人为本，今人归吾，吾何忍弃去！"这句话，千载以下仍动人心扉。

东晋史学家习凿齿就此评论道：刘玄德虽颠沛险难而信义愈明，势逼事危而言不失道。追景升之顾（刘表旧恩），则情感三军；恋赴义之士，则甘与同败。终济大业，不亦宜乎！的确，刘备之能立，用人固是紧要，但从根本上说则是爱民的本心。你"行大道、民为本、利天下"，则民皆附之，而贤才焉能不闻而从之？在这个意义上说，用人谋略的根本，正在于以民为本的大义。

当时，曹操亲率五千精骑急追，一天一夜行三百余里，在当阳长坂追上刘备。刘备只好抛妻弃子，与诸葛亮、张飞、赵云等数十人骑马逃走。张飞率二十骑断后，据水断桥，瞋目横矛："我就是张翼德，有谁敢来决一死战！"此等英雄气概，当刘备的人才唯能。

正当此际，有人对刘备说：赵云已向北逃走。刘备大怒，把手戟向那人扔过去说：赵子龙绝不会丢下我逃跑。过了一会儿，赵云抱着刘备的儿子刘禅从乱军中杀出而归。此等忠心耿耿，当刘备的人才唯能。袁涣是，关羽是，赵云亦是。曹操若是听闻赵云故事，只怕徒有欣羡的份儿。

曹操这一进逼，就迫使孙权、刘备联盟。鲁肃先于当阳长坂见刘备，表达了孙权共抗曹操之意。诸葛亮随后和鲁肃一起去见孙权。诸葛亮和孙权一番舌战，初绘战胜曹操大略，"操军破，必北还；如此，则荆、吴之势强，鼎足之形成矣。成败之机，在于今日！"坚定了孙权联刘战曹的信心。可以说，这是诸葛亮第一次展现他的高超智谋。其后的赤壁一战，如他所料，曹操被破还北，势成鼎足之形。随后，刘备任命诸葛亮为军师中郎将，又任命偏将军赵云兼任桂阳太守。

此时的刘备，得贤者渐众，与得关、张、赵相比，终于得了懂谋略的贤才。补上了贤才短板，刘备乃可成大事矣

公元 210 年，刘备向孙权借得荆州，有了立足之地。当时，刘备只任命从事庞统为耒阳县令，但庞统因在任时政务荒废，被免官。估计这时刘备忘了水镜先生的话，得着卧龙就把凤雏忘了。

鲁肃便写信给刘备说：庞统的才干不适于管理方圆百里的小县，让他处在治中、别驾的职务上，"始当展其骥足耳"。诸葛亮也谈到庞统的才干。于是，刘备见到庞统，和他详细谈论天下大势后，大为器重，就任命他为治中，对他的亲信程度及待遇仅次于诸葛亮，委任庞统与诸葛亮同时担任军师中郎将。

这说明，刘备对庞统的认识有一个过程，虽然司马徽推荐了卧龙、凤雏，但和诸葛亮相比，刘备似乎并未事先与庞统深谈，也就不能知其心中韬略。如此大材小用，差点失一贤才。所幸

庞统（选自《增像全图三国演义》）

有贤才之荐，方不致错过。

　　第二年，益州牧刘璋的军议校尉法正、别驾张松觉得刘备有雄略，便密谋策划奉迎刘备为益州之主。曹操正讨伐占据汉中的张鲁，刘璋恐惧，张松乘机劝他迎刘备入益州以敌曹操。刘璋觉得可行，便派法正率四千人迎刘备。主簿黄权劝阻，从事王累倒吊自己于成都城门以劝，刘璋皆不听。庸主之庸，就庸在无远见卓识，根本不识臣子的话哪些为忠言逆耳之语，哪些为口蜜腹剑之言。

　　法正到荆州向刘备献计取益州，刘备迟疑不决，庞统亦建议取益州。刘备说，他与曹操总是秉行相反的策略，"每与操反，事乃可成耳。今以小利而失信义于天下，奈何？"庞统则以"兼弱攻昧，逆取顺守，古人所贵"等道理打消刘备疑虑。于是，刘备决定留诸葛亮、关羽守荆州，以赵云领留营司马，自己率领几万名步兵入川。此时的刘备，得贤者渐众，与得关、张、赵相比，终于得了懂谋略的贤才。补上了贤才短板，刘备乃可成大事矣。

公元212年，刘备入益州后，并未立即进攻张鲁，而是广施恩德、收买人心。后来庞统向刘备献上、中、下三策，刘备终究是不愿直接袭击成都以攻刘璋，而取其中策，借回援孙权御曹之机，吞并刘璋部下白水军督杨怀、高沛的部队。因此得益州的进程稍缓，却也使刘备不至过分背信弃义。

这表明，刘备之为雄主，自有其一番处世之道，能善择贤才之言，而非悉听不辨。在汉末乱世，刘备若听贤士之计，取荆州、夺益州，原本不必大费周章，天下也未必就议论他不情、不信、不义。但大丈夫立世，各有其道，毁其道而无根本，则何以立？又会因此而生诸多变数，那些看起来容易得手的事情，得来又未必那么容易了。

二十六

"惟贤惟德，可以服人"
——刘备用人史话（下）

刘璋所重用的董和、黄权、李严，其姻亲吴懿、费观，刘璋所排斥的彭羕，刘备往日所忌恨的刘巴，刘备都予以重用，以尽其才能。如此礼贤下士，唯才是用，不避亲疏之举，使有志之士争相尽职，百姓大和

蒋琬不处理政务，正好又喝得烂醉。刘备大怒，要治他以死罪。诸葛亮为蒋琬求情，为刘备留下了治国的后备大才。这表明，考察人才，当注重其根本，而不能专注一细节。若都以表面勤奉为标准，则必使微末人才趋奉、大贤则会靠边

及至公元214年，诸葛亮留关羽守荆州，与张飞、赵云率兵溯江而上，最终与刘备会合，兵临成都城下。此前，在近一年的围攻雒城的战斗中，庞统中流矢而死，刘备之取益州，庞统可谓功不可没。

不久，刘璋出降，刘备兼任益州牧，诸葛亮出任军师将军，其余一大批人才，如董和、马超、法正、黄忠、黄权、许靖、李严、刘巴等皆有任命。这些人中，不少是刘璋旧部，人才也各有故事，刘备皆能用之，显示雄主的胸襟气度。

刘璋所重用的董和、黄权、李严，其姻亲吴懿、费观，刘璋所排斥的彭羕，刘备往日所忌恨的刘巴，刘备都予以重用，以尽其才能。如此礼贤下士，唯才是用，不避亲疏之举，使有志之士争相尽职，百姓大和

其中有一个叫刘巴的，当初众皆追随刘备南退，他却追随曹操。因未完成曹操委派的任务，他便追随刘璋，数次建议刘

璋对刘备设防，刘璋不听只好闭门称病。刘备在围攻成都时下令："有害巴者，诛及三族。"得到刘巴后，刘备甚喜。这样，刘璋所重用的董和、黄权、李严等，其姻亲吴懿、费观等，刘璋所排斥的彭羕，刘备往日所忌恨的刘巴，刘备都予以重用，以尽其才能。如此礼贤下士，唯才是用，不避亲疏之举，使有志之士争相尽职，百姓大和。

其中还有一个名叫许靖，在成都将被攻破时，许靖曾计划出城投降刘备，刘备因此看不起他，对他不加重用。法正劝道："天下有获虚誉而无其实者，许靖是也。然今主公始创大业，天下之人，不可户说（不能让天下人议论您），宜加敬重，以慰远近之望。"刘备乃礼而用之。这实际上是用人导向的一个衍生问题。

用今天的眼光来看，用这种有虚名而无实能者，甚为不妥，容易让徒有虚名者渐趋，让勤于实干者伤怀。然而，在这种大业初创阶段，世人未必知那些名头在外者到底有无真才实干，若不用这种人，世人反误以为你不重视人才，反而断绝了贤才来聚之路。所以，在不同的治理时期，用人谋略各有不同，皆因环境使然，不可僵化用之。大业初成，人心归附、贤士归心，才是大局，用人谋略需服从于这个大局。

也正因此，用人谋略讲求宽严相辅、刚柔相济，一切以服从大局为上。比如法正，"外统都畿，内为谋主"，可谓居关键岗位。不过，他一餐之德、睚眦之怨无不以报，以致擅自杀害了一些人。有人对诸葛亮说他太肆无忌惮，应当抑其威福。

诸葛亮说："主公之在公安也，北畏曹操之强，东惮孙权之逼，近则惧孙夫人生变于肘腋。法孝直为之辅翼，令翻然翱翔，不可复制（不再受制于他人）。如何禁止孝直，使不得少行其意邪！"这般用人之法，同样不适用于承平时期，却是初创大业时笼络人才的权宜之计。

> 蒋琬不处理政务，正好又喝得烂醉。刘备大怒，
> 要治他以死罪。诸葛亮为蒋琬求情，为刘备留下了
> 治国的后备大才。这表明，考察人才，当注重其根本，
> 而不能专注一细节。若都以表面勤奉为标准，则必
> 使微末人才趋奉、大贤则会靠边

事实上，诸葛亮治蜀，很强调严刑峻法，不少人因此产生抱怨情绪。法正劝他"缓刑弛禁"以适应当地人的意愿。诸葛亮说他只知其一，不知其二。核心意思就是，秦政苛严，而高祖以宽松。刘璋暗弱而德政不举、威刑不肃，所以才要"威之以法，法行则知恩；限之以爵，爵加则知荣"，如此，"荣恩并济，上下有节（规矩）"正是"为治之要"。

这实际上道出了治理的规律：一段时间过宽，则必继之以严；一段时间过严，则必继之以宽。说到底，还是根据世道人心的变化而采取的对策。而历史留给我们的天问就是，法正听了诸

蒋琬（选自《增像全图
三国演义》）

法正（选自《增像全图
三国演义》）

葛亮这一番睿语，不知是否该彻悟触动，明白自己不可过于随
心所欲而应有所收敛，顺从大势？

　　诸葛亮的这般笼络贤才的用心，也体现在蒋琬上。刘备任
命他为广都长，而刘备突然到广都时，蒋琬不处理政务，正好
又喝得烂醉。刘备大怒，要治他以死罪。诸葛亮为其求情："蒋
琬社稷之器，非百里之才也。其为政以安民为本，不以修饰为先，
愿主公重加察之。"

　　刘备尊重诸葛亮，因而只是免了蒋琬的官职。若对大贤一
概以律治之，则诸葛去后，何得大贤以继之？诸葛亮这一求情，
实为刘备留下的是治国的后备大才。这表明，考察人才，当注
重其根本，而不能专注一细节。若都以表面勤奉为标准，则必

使微末人才趋奉、大贤则会靠边。

事实上，这些人才虽各有小弊，但在治蜀的进程中，都立下汗马功劳，设若当初一概严刑峻法以待之，则必治无良才，如何能使蜀地大治数十年？

比如法正之能。当初汉中是蜀地的战略要地，被称为益州咽喉，汉中一失，三巴难守，等于割去蜀地的四肢。所以，在公元217年，曹操收降张鲁、占据汉中后，却不借机攻巴、蜀两地，而派夏侯渊、张郃驻守汉中，自己急速北返。法正看到这一良机，建议刘备夺取汉中，"此盖天以与我，时不可失也。"到公元219年5月，曹操撤回长安，刘备占据汉中，其后刘备自称汉中王，对相关人等都予以相应升迁。刘备解决咽喉之患，法正可谓功不可没。

也正是在公元219年，关羽由盛转衰，最终败走麦城，大意失荆州。读史每及此，不禁感叹，与江东孙权贤才辈出相比，刘备的一等贤才还是略嫌过少。守荆州，以关羽之勇谋，诚然可以，但在孙曹合谋之下，关羽无一等谋略人士相助，难免思虑不周。若智谋之士不少，则关羽会否有荆州之败亦未可知。

为人主者，不坐定中军，而身先士卒，勇气虽可佳，却是匹夫之勇。最终刘备被东吴年轻将领陆逊以火攻而破，败走白帝城

公元221年，汉中王刘备在成都西北的武担山之南登基称

关羽败走麦城（选自《增像全图三国演义》）

帝。益州事定,天下三分,刘备便为关羽被杀而深感耻辱,准备进攻孙权。当时赵云劝说:"国贼,曹操,非孙权也。"不能置曹操于不顾,先和孙权开战,两国战端一开,不可能很快结束,这不是上策。这的确是良善之言。而大臣中劝谏的人也很多,刘备全然不听,这年7月亲率各路大军进击孙权。

当时,张飞正率兵与刘备的征讨大军到江州会合,却被其帐下将领张达、范彊杀害。刘关张的情谊非同一般，刘备又哪里听得进什么良善之言。正如当时魏国侍中刘晔所分析的："关羽与备，义为君臣，恩犹父子"，刘备不出兵为关羽报仇，不合善始善终的礼义。然而诚然如是，以私恩加于国事之上，弃当时大势大局于不顾，则无异于逆势而动，其能成事者并不多见。

第二年，刘备从秭归出兵进攻东吴，治中从事黄权劝谏，考虑到顺江而下前进容易，撤退困难，而请求派自己率军为前锋，刘备在后方坐镇。刘备不采纳。反而任命黄权为镇北将军，自己亲率将士，沿长江南岸翻山越岭向东吴进发，驻军猇亭。为人主者，不坐定中军，而身先士卒，勇气虽可佳，却是匹夫之勇。最终在222年的闰六月，被东吴年轻将领陆逊以火攻而破，刘备败走白帝城。诸葛亮听闻消息感叹：如果法正仍然在世，一定能够阻止主公进攻东吴的行动；即使东下，也绝不会失败。杰出人才不够用，以致刘备此战所带贤能，除一黄权外别无所闻，更无深谙军事谋略之人，亦是其兵败原因之一。

当时黄权在长江北岸，无法退回，只好率部下向曹魏归降。蜀汉有关官员请示，是否逮捕黄权的妻儿，刘备说："孤负黄权，权不负孤也。"待之如初。一些从蜀汉投降过来的人也说，汉已处死黄权的妻儿，魏文帝甚至要为黄权的亲人发丧。但黄权说：我与刘备、诸葛亮以诚相待，他们深知我的为人和志向。我怀疑此事未必属实，应再等一等。后来确切消息果然如黄权所说。这表明刘备胸襟，确非常人可比。

白帝城托孤（选自《增像全图三国演义》）

　　白帝城托孤，彰显刘备用人谋略之过人处，惟
其至真至诚，方能令大贤如诸葛者尽忠以报。即便
身逝，其所留下的贤才皆能忠心辅佐其子

　　公元 223 年，刘备病重。他对诸葛亮说：你的才干胜过曹
丕十倍，必定能安定国家，完成大业。如果刘禅还可以辅佐，
你就辅佐他；如果他没有才德，你可取而代之。诸葛亮淌着泪

说：臣下怎敢不竭尽全力辅佐太子，必忠贞不二地为国效命，至死不渝。历史上对这段对话多有解读，或言刘备以此语试探，或言以此倒逼，而终得诸葛亮鞠躬尽瘁、死而后已的承诺，但于刘备而言，亦未尝不是真如所想？刘备临终前更给太子下诏："惟贤惟德，可以服人。""汝与丞相从事，事之如父。"

白帝城托孤，彰显刘备用人谋略之过人处，惟其至真至诚，方能令大贤如诸葛者尽忠以报。即便身逝，其所留下的贤才皆能忠心辅佐其子，"侍卫之臣不懈于内，忠志之士忘身于外"，使蜀汉存世 40 余年；而曹操之后，其重臣司马懿之子司马昭有篡位之心，正所谓"司马昭之心，路人皆知"，后即有司马昭之子司马炎篡魏自立。

相形之下，不能不说刘备的用人谋略要胜曹操一筹。蜀汉的这 40 余年里，诸葛亮上表刘禅以"王业不偏安"自励，在主动出击中求得生存，先后有诸葛六出祁山、姜维九伐中原之举，更有蒋琬、费祎等贤能治内。从根本上讲，贤能之士不因刘禅庸弱而弃之，念的不正是刘备、诸葛亮之德能？

综观刘备一生，在豪杰云起的汉末终能成事，得贤才是关键原因。而贤能之士相对较少，以致不能尽展其志，则是一大憾事。

二十七

十八学士"登瀛州"
——李世民用人史话（一）

李世民在宫殿西侧设馆，"延四方文学之士"，任命秦王府属18人兼任文学馆学士，号称"十八学士"。士大夫能够成为文学馆学士人选，被当时人称为"登瀛州"，意谓一步成仙

魏征经常劝说李建成及早除去李世民，及至李建成事败，李世民传召魏征：为什么从中挑拨我们兄弟关系！魏征举止自若：早听我言，必无今日之祸

在历代雄主中，唐太宗李世民可算得上最善于用人的一位。在他任上，有魏征、房玄龄、杜如晦等一大批当世闻名、后世流芳的贤人。唐朝能够迅速从隋末的战乱中恢复，开创贞观之治、大唐盛世，与李世民的雄才大略和用人谋略是分不开的。

李世民用人，最鲜明的特点就是虚心纳谏，甚至因臣子善谏言而赏其谏、用其人。历史记载他这方面的故事可谓汗牛充栋，千百年来亦为后人所称道。

所谓用人，当然不只是知人，也不只在量才录用，更体现在用其言、显其能上。在相当意义上说，用人的最高境界，正在于善纳谏，而使人才各尽其智，更使治下无疏漏处。倘若不如此，则汉末的袁绍不也能礼贤下士，为何贤士却要去之？对于贤能来说，不仅是居上位者能尊重他，更希望用其能以治事，否则就是英雄无用武之地，岂非有"闲愁最苦"之叹？

在这个意义上，唐太宗的用人谋略更值得后世深思。同时，又因其时已由乱转治，其承平时期在用人内涵上的开拓，更有

唐太宗（选自《历代古人像赞》）

划时代价值。

　　李世民在宫殿西侧设馆，"延四方文学之士"，任命秦王府属 18 人兼任文学馆学士，号称"十八学士"。士大夫能够成为文学馆学士人选，被当时人称为"登瀛州"，意谓一步成仙

　　在王朝末世，似乎总有一些奇人有察人的本领。我们未知确有其事，还是当世或后世一些人对功成者以"天赋异禀"而

吹捧附会之。比如曹操，世人未觉其奇，独有桥玄和何颙认定曹操能安天下。在隋末，晋阳令武功人刘文静见到李世民，也是"异之"而与他深相结纳，还对裴寂说："此非常人，豁达类汉高，神武同魏祖，年虽少，命世才也。"

当然，裴寂的眼光比不了刘文静，对他的话没在意。史称李世民"见隋室方乱，阴有安天下之志，倾身下士，散财结客，咸得其欢心。"年少即有大抱负，英雄人物大抵如此。当时刘文静因犯有与李密通婚之罪，被关在太原的监狱里。李世民探望他，刘文静建议他劝父亲李渊"号令天下，不过半年，帝业成矣。"此言深得其心。而李渊在李世民的一番劝说后叹道："今日破家亡躯亦由汝，化家为国亦由汝矣！"于是唐朝大业由此发轫。

从公元617年于太原起兵，不到半年即攻入长安，到公元618年5月李渊即皇帝位，隋朝其亡也忽，唐朝其兴也勃。李世民攻城略地，功勋卓著，于公元621年被唐高祖任命为天策上将。这时的李世民，因为国家逐渐平定，便在宫殿西侧设馆，"延四方文学之士"，任命秦王府属18人兼任文学馆学士，号称"十八学士"，其中就有杜如晦、房玄龄、虞世南、褚亮等贤达。士大夫能够成为文学馆学士人选，被当时人称为"登瀛州"，意谓一步成仙。李世民未登大位即如此重视人才，可见一斑。

当初，王府的幕僚大多转任为外地官，李世民"患之"，这是怕人才流失的意思。杜如晦这时升迁为陕州长史。房玄龄

房玄龄（选自《历代古人像赞》）　　　杜如晦（选自《历代古人像赞》）

说："馀人不足惜，至于杜如晦，王佐之才，大王欲经营四方，非如晦不可。"李世民大为惊叹道，要不是您说，差点就失去了人才，便立即奏请杜如晦为王府属。这说明，雄主未必对每个人的才能都有了解，关键是要善于听贤达之士的真推实荐。

面对军中事务繁杂，杜如晦"剖决如流"。而李世民每次攻克城池，将领们都搜取珠宝财物，独有房玄龄"收采人物，致之幕府"。大贤者每如是。刘邦入咸阳，将领们都奔着金银去，独有萧何先奔入丞相府把律令图书都收藏起来。相形之下，房玄龄更重视人才，无论哪位将佐有勇略，"必

程知节（选自《凌烟阁功臣图》）　　　　魏征（选自《古圣贤像传略》）

与之深相结，使为世民尽死力"。由此可知，欲成大业，无
大贤不可成。大贤者，乃为大业谋深虑远，而广罗人才更是
其谋深虑远的头等大事。在这个意义上，李世民得一房玄龄，
即得一大贤能之源，确为幸事。

　　魏征经常劝说李建成及早除去李世民，及至李建
　　成事败，李世民传召魏征：为什么从中挑拨我们兄弟
　　关系！魏征举止自若：早听我言，必无今日之祸

　　李世民功名日盛，而太子李建成喜酒色，齐王李元吉多过
失，高祖有意让李世民取代李建成，于是冲突不可避免。一番

争斗诋毁不可尽书，最终使李渊对李世民疏远猜疑，李世民也喝了李建成的毒酒差点没命，以致水火不容，"存亡之机，间不容发"。李建成的策略开始升级，把秦王府的人才全部排挤掉，拉拢尉迟敬德不成便欲杀之，诬陷程知节（即程咬金），如程所言"大王股肱羽翼尽矣，身何能久"，最后把房玄龄、杜如晦都诬陷斥逐了。李建成拿李世民的人才下手，致其无人可用而成孤家寡人，可谓切中要害。这也是人才是治乱关键的一个极端例子。

关键时刻，于公元626年，李世民伏兵玄武门，杀李建成、李元吉。于是唐高祖立李世民为皇太子，一应国事，全由李世民处决，再听奏报。于是，李世民开始起用一批贤能。其中就有原太子李建成的洗马魏征。魏征经常劝说李建成及早除去李世民，及至李建成事败，李世民传召魏征：为什么从中挑拨我们兄弟关系！魏征举止自若：早听我言，必无今日之祸。李世民"素重其才，改容礼之，引为詹事主簿"。李世民能用魏征，显其雄主大肚量处，也从此开始了魏征在大唐盛世的重要出演。

我们常说为上者能不计前嫌私怨而用人，看似其有肚量和胸襟，实则要干一番事业之底线要求，决非过高期许。这是历史一再给予我们的启示。欲一统天下，却不用四海之才，古之未闻。甚至用人观念狭隘，搞亲疏远近那一套，想使一国治而不能，遑论一统海内？六国之与秦国，其得其失正在于此，最终使秦一统六国而六国为之虏。倘使李世民因魏征为仇敌之士而弃用，则大唐必也黯然失色，甚至使一干士人因此而远遁避世。

　　不久魏征即干了一件见品行的事。朝廷派他安抚山东，任凭他见机行事。结果他私自放了原太子千牛李志安、齐王护军李思行，并说自己"且既蒙国士之遇，敢不以国士报之乎！"李世民闻之甚喜。这一年8月，李渊把皇位传给李世民，自己做了太上皇。从此，李世民开启贞观之治，开创大唐盛世。

二十八

唐太宗"钓鱼执法"之后
——李世民用人史话(二)

上任伊始,唐太宗居然还干了一件钓鱼执法的事。他担心官吏中多有接受贿赂的,便"密使左右试赂之"。结果有一个刑部下属的司门令史收受绢帛一匹,太宗得悉后便想杀掉他

每个时代都会有人才,关键是能不能识别人才。大治时代的人才,都是靠发现的,"岂借才于异代乎?"真是问得大有机趣

有大臣上书请求除去奸佞之人。这个请求想来应是大快人心,除掉佞臣,全剩贤臣,岂非理想之境?太宗便问:"佞臣为谁?"这一问,问得妙

公元 626 年 9 月，李世民开始封赏功臣。和其他朝代一样，这种封赏往往都会争论不休，如何平息争论、令众人皆服，最见雄主智慧。晋文公重耳、汉高祖刘邦都是封赏高手，唐太宗也不逊色。

大公无私才能天下归心；百姓是我们的衣食父母，设官定职都是为百姓，理应择贤而用绝不可为私

当时，淮安王李神通说：我在关西起兵首先响应义旗，"今房玄龄、杜如晦等专弄刀笔，功居臣上，臣窃不服。"这一类争功的人，估计都没读史，或是历史故事仍然难以解开他们的心结。刘邦封萧何，群臣也是讲类似道理，说武将攻城略地，而萧何作为文臣"未尝有汗马之劳，徒持文默议论"。当时，刘邦用的是猎人与猎狗的故事来说服，李世民则更直接。

他说：叔父你首先响应，也是自谋摆脱灾祸，窦建德侵吞山东，叔父全军覆没。刘黑闼再次纠集余部，叔父丢兵弃甲。"玄龄等运筹帷幄，坐安社稷，论功行赏，固宜居叔父之先。叔父，

唐太宗弓矢喻政（选自《养正图解》）

国之至亲，朕诚无所爱（吝惜），但不可以私恩滥与勋臣同赏耳！"
这简直不给其叔父面子，于公于私说的透彻，也就把论功行赏的
价值标准立起来了。以此为标杆，谁还会以私恩来争功？

果然，诸将相互议论道："陛下至公，虽淮安王尚无所私，
吾侪（辈）何敢不安其分。"唐太宗的叔父淮安王，还有晋文
公的身边人壶叔，都成了雄主大公无私的教材，不仅为后世妄
想"一人得道，鸡犬升天"者戒，亦当为居上位者自警，世人

臧否人物，往往就看你在对待亲戚朋友身边人的问题上是否做得公道。

而秦王府旧僚属未能升官的，皆嗟怨"吾属奉事左右，几何年矣，今除官，返出前宫、齐府人之后"，意谓多年跟随侍奉陛下身边，现在拜官封爵，反而都在前太子、齐王僚属的后面。这些人和淮安王、壶叔一样，都是典型的"家天下"思维。唐太宗当时即予以驳斥，这一段话，也是说得正气凛然，大快人心。

李世民说："王者至公无私，故能服天下之心。朕与卿辈日所衣食，皆取诸民者也。故设官分职，以为民也，当择贤才而用之，岂以新旧为先后哉！必也新而贤，旧而不肖，安可舍新而取旧乎！今不论其贤不肖而直言嗟怨，岂为政之体乎！"这段话连续三个反问，有破有立，先立后破，批评那些瞎议论乱埋怨者可谓是酣畅淋漓。其所立者，千载以下仍灼灼其华，令人警醒：大公无私才能天下归心；百姓是我们的衣食父母，设官定职都是为百姓，理应择贤而用绝不可为私。

后来，还有人上书，主张秦王府旧兵应全部任命为武官，将其并入宿卫部队。太宗说：我以天下为家，惟贤是与，怎么能认为旧属士兵之外别无可信用的呢？你这个想法，并不是让我的威德广被于天下。

显然，唐太宗深得以身作则、以上率下之妙，又善于严于律己、宽以待人。唐高祖当初遍封宗亲为王者达数十人，太宗便以此问群臣，这样做"于天下利乎？"封德彝讲一番道理后说"恐非示天下以至公也！"太宗深以为然道："岂可劳百姓以养己之宗族乎！"这话说的也是响当当，正气凛然。于是降宗室郡王为县公，只有功勋卓著者不降。

以上是太宗律亲戚和身边人的若干故事。而在律己方面，唐太宗也有一番认知。他说"夫欲盛则费广，费广则赋重，赋重则民愁，民愁则国危，国危则君丧矣"，"故不敢纵欲也"。这是懂得纵欲之危害，而严于律己。遗憾的是，千载以下，这个道理懂得的人不少，但付诸行动的不多。

隋末唐初，盗贼比较多。要不要严刑重法以禁盗？唐太宗对当时的世情看得透，又讲出了一段发人深省的话："民之所以为盗者，由赋繁役重，官吏贪求，饥寒切身，故不暇顾廉耻耳。朕当去奢省费，轻徭薄赋，选用廉吏，使民衣食有余，则自不为盗，安用重法邪！"从此几年之后，"海内升平，路不拾遗，外户不闭，商旅野宿焉。"一个好的策略，竟有如此效果，令人惊叹。其虽为乱世刚平、人心思定的具体治道，却同样令今人深思：杜绝奢侈浪费，轻徭薄赋，选用清廉人才，在任何时代都有道理。

上任伊始，唐太宗居然还干了一件钓鱼执法的事。他担心官吏中多有接受贿赂的，便"密使左右试赂之"。结果有一个刑部下属的司门令史收受绢帛一匹，太宗得悉后便想杀掉他

接下来，唐太宗开始了虚心纳谏以纠正自己过失的治国传

奇。他即位的这一年，多次让魏征进入卧室内，询问政治得失。魏征知无不言，太宗均高兴采纳。结果有一次魏征对一项政令的固执反对，惹毛了唐太宗。这样的发怒故事，在唐太宗纳谏中一再上演，深刻告诉世人纳谏意味着什么。

当时封德彝建议征发兵员，那些年龄不到 18 岁而身体强壮的，也可以征发一点。太宗同意了。敕令一出，魏征反对不肯签署，如是往返四次。太宗大怒，召他进宫责备了一番。魏征讲了一番太宗嘴上强调以诚信治天下，但实际上有多次失信的行为，再讲到征点兵员，"独疑其诈，岂所谓以诚信为治乎！"其意在于，不到 18 岁而身体强壮者可以征发，不仅是自己破了 18 岁之规定而失信于天下，这样做客观上也是怀疑百姓搞年龄造假，同时也会让百姓认为官府不信任自己，确实负面影响不小。魏征的一番话让太宗大悦："夫号令不信，则民不知所从，天下何由而治乎！朕过深矣！"于是废了这项政令，并赐给魏征一只金瓮。

即位伊始，太宗是闻贤而动。听说张玄素的大名，便召见他问以政道。张玄素讲隋朝皇帝的缺陷，"好自专庶务，不任群臣"，和我们今天讲一把手事必躬亲而不用属下的意思差不多。然后说道："以一人之智决天下之务，借使得失相半，乖谬已多，下谀上蔽，不亡何待！陛下诚能谨择群臣而分任以事，高拱穆清而考其成败以施刑赏，何忧不治！"

这事实上回答了雄主为什么要用人的问题。用今天的眼光

唐太宗开馆亲贤（选自《养正图解》）

来看，一个地方，一个部门，尤其是一把手，即使再有智慧，也难决所有的事，也未必都决得正确，更何况还有一些奸佞之人欺蒙？如果善于用人，只需考察他们的成败得失而进行赏罚，让能者上、平者让、庸者下、劣者汰，何患事之不成、业之不兴？

唐太宗欣赏张玄素的言论，提拔他为侍御史，同样升任的还有张蕴古等。可见唐太宗对建言献策直言强谏者的重视。

上任伊始，唐太宗居然还干了一件钓鱼执法的事。当时，他担心官吏中多有接受贿赂的，便"密使左右试赂之"。结果有一个刑部下属的司门令史收受绢帛一匹，太宗得悉后便想杀掉他。民部尚书裴矩劝谏道："为吏受赂，罪诚当死，但陛下使人遗之而受，乃陷人于法也，恐非所谓'道之以德，齐之以礼'。"显然，这在裴矩看来，是旁门左道，有点设陷的意思。今人欲搞钓鱼执法者，当以此戒。

唐太宗高兴的，当然不只是被纠正这一错误，而是看到裴矩的忠谏。他召集文武五品以上的官员说：裴矩能在其位谋其政，当面谏诤，不一味地顺从我，假如"每事皆然，何忧不治！"在古代，裴矩属于"贰臣"，但他"佞于隋而忠于唐"，司马光认为"非其性之有变也"，"君恶闻其过，则忠化为佞；君乐闻直言，则佞化为忠"，这可以说是雄主用人之道的根本所在。你讨厌听人揭短、讨厌听到批评，再有贤能的人也不会提中肯的意见，而会顺着你的意思讲，一切都好，最后把一切都玩完。因此，知人善用，关键在虚心纳谏，不能老虎屁股摸不得。

唐太宗刚即位数月就气象一新，这个新就新在其用人与治道大异于隋。而从历代治事观之，更有垂范之功。

　　　每个时代都会有人才，关键是能不能识别人才。
　　大治时代的人才，都是靠发现的，"岂借才于异代乎？"真是问得大有机趣

公元627年是贞观元年，用人与治道的新气象继续不断呈现。

正月十五这一天，太宗便下制文：自今中书、门下及三品以上入内廷议事，"皆命谏官随之，有失辄谏。"这很有点类似于今天一些单位对一些重要决策专门挑毛病、提反对意见，搞"不可行性报告"。唐太宗举朝皆以此法，观念与行为都可谓超前，更见太宗重视谏言的作用。

不久，唐太宗就碰到了政令与法治相冲突的问题。当时，许多候选官员都假冒资历和门荫，今天一些人履历造假，看来古已有之，一笑。唐太宗下令他们自首，否则即处死。没过几天，就有假冒资历及门荫者被发觉，这当然不是自首的，太宗便要杀掉他。

这时，大理寺少卿戴胄便说根据法律应当流放，这位戴胄是因其忠清公直而刚被太宗提任的。太宗又怒了说："卿欲守法而使朕失信乎？"这顶帽子扣得不轻。戴胄说：敕令出于君主一时的喜怒，"法者国家所以布大信于天下也""断之以法，此乃忍小忿而存大信也"，意谓守法才是最大的信用。太宗怒气全消说："卿能执法，朕复何忧！"史称戴胄前后多次犯颜执法，言如涌泉，上皆从之，天下无冤狱。从魏征犯颜直谏到戴胄犯颜执法，太宗皆能抑其情而服其理，足见其深得用人与治道之妙。

关于人才问题，太宗已经有了其雄略之识。当时，太宗希望封德彝举荐贤才，可是他久无所举。太宗问，答曰："非不尽心，但于今未有奇才耳！"这般答复"不是我不尽力，而是……"

的句式，我们今天很熟悉，不是推卸责任，就是见其无能。太宗则又说了一句传世的话："君子用人如器，各取所长，古之致治者，岂借才于异代乎？正患己不能知，安可诬一世之人！"这话说得令封德彝惭而退。的确，每个时代都会有人才，关键是能不能识别人才。大治时代的人才，都是靠发现的，"岂借才于异代乎？"真是问得大有机趣。

  有大臣上书请求除去奸佞之人。这个请求想来应是大快人心，除掉佞臣，全剩贤臣，岂非理想之境？太宗便问："佞臣为谁？"这一问，问得妙

  太宗既是欢迎纳谏，则各种谏议必也良莠不齐，这里就有一个鉴别的问题。比如御史大夫杜淹上奏称，各部门文案恐有稽延错漏，"请令御史就司检校"，意谓让御史到各部门检查核对。这在封德彝看来是多此一举，他说："设官分职，各有所司。果有愆违，御史自应纠举；若遍历诸司，搜摘疵颣，太为烦碎。"意谓各司其责，御史可以根据过失来追究问责，如果事前就让他们去巡查，吹毛求疵，就太繁琐了。杜淹不说话，太宗问为什么不争辩，杜淹说他讲的"真得大体，臣诚心服，不敢遂非"。太宗大悦："公等各能如是，朕复何忧！"

  当然太宗着眼的，都不是具体的事非，而是宏观大局的用人问题，是人才的各安其道、各守其位。不过，接下来的一个谏议，

则体现太宗的中正之气、辨识之能。

当时，有大臣上书请求除去奸佞之人。这个请求想来应是大快人心，除掉佞臣，全剩贤臣，岂非理想之境？太宗便问："佞臣为谁？"这一问，问得妙。那位大臣答道：我身居草野，不能确知谁是奸佞之人，希望陛下对群臣明言，或者假装恼怒加以试探，"彼执理不屈者，直臣也；畏威顺旨者，佞臣也。"这个办法亏他想得出，倘真这么做了，又会是什么后果？

于是太宗讲了一番道理，可谓正本清源。他说："君，源也；臣，流也。浊其源而求其流之清，不可得矣。君自为诈，何以责臣下之直乎！"用源与流的关系，即把这个道理讲透彻了，此前的钓鱼执法之谬，与此亦相类。然后太宗说：我刚以至诚治天下，见前世帝王好以权谲小计对待臣下，常常觉得可鄙，你的建议虽好，但我不能采用。君子行大道，不以小计治事，这正是雄主与庸才的区别。所谓善纳谏，这个善，就善在居上位者有取舍、善判断。而非全然言听计从。由此说来，唯雄主方有此善，而庸才纳谏，恐或被人玩于股掌。

太宗为雄主，看到直言强谏的可贵，又有辨识谏言的雄略，所以对直谏念兹在兹。当时，杜淹推荐邸怀道，太宗问他有何才能，杜淹说当时隋炀帝要巡游江都，只有他一个坚持认为不可去。太宗反而对这个劝谏感兴趣，说你当时为什么不劝谏？杜淹说自己当时地位卑微，劝谏不会听，徒死无益。太宗说既知炀帝不可谏，为何在朝为官？既立其朝，何得不谏？后来你辅佐王世充，地位尊显又为何不谏？连珠炮似的发问，最后让杜淹答不上来。最后太宗回到正题：现在你的地位称得上尊贵了，可以进谏吗？杜淹回答：甘愿冒死强谏。

太宗费了这一番功夫，目的还是希望臣子直言强谏。他曾对公卿说："人欲自见其形，必资明镜；君欲自知其过，必待忠臣。""事有得失，毋惜尽言"。而很多直言强谏者，都因此而升任奖赏。比如孙伏伽苦谏太宗不要骑马射箭，没几天太宗即任命孙为谏议大夫。裴仁轨私下役使看门人，太宗大怒要处斩他，殿中侍御史李乾祐劝谏称轻罪以极刑会让人无所适从，太宗即任命他为侍御史。太宗曾说及关中人与山东人有所不同，张行成谏说天子以四海为家，不当有东西之异，恐怕会让人觉得心胸狭隘。太宗赏赐丰厚，后每有大事都让他"预议"。

贞观元年，气象纷呈，真是史不尽书。

二十九

白鹊做窝非祥瑞，贤能才是

——李世民用人史话（三）

当时，连白鹊在皇宫寝殿的槐树上构巢建窝，合欢交配如腰鼓状，左右大臣也齐声称贺。太宗说："我常笑隋炀帝好祥瑞。瑞在得贤，此何足贺！"

太宗的做法很独特，把都督、刺史的名字写在屏风上，坐卧都留心观看，得知在任内的善恶事迹，均注于他们的名下，以备升迁和降职时参考

凉州都督李大亮有一只很好的鹰，太宗的使节到了这里，便暗示将其呈给皇上。李大亮却上了一道密表

公元 628 年，太宗问魏征"人主何为而明，何为而暗？"魏征说："兼听则明，偏信则暗。"这实际上讲的是居上位者在用人问题上不可偏听偏信。

魏征举了许多前代的例子：尧帝询问民间疾苦，便听到有苗的恶行；舜帝明四目达四聪，共工等不能掩匿罪过。"秦二世偏信赵高，以成望夷之祸；梁武帝偏信朱异，以取台城之辱；隋炀帝偏信虞世基，以致彭城阁之变。是故人君兼听广纳，则贵臣不得拥蔽，而下情得以上通也。"偏听偏信一人，则其再贤能，往往也会有疏漏，甚至为其所挟，玩于股掌。是以，用人上要搞五湖四海，在具体用其能上，也要兼听广纳。

当时，连白鹊在皇宫寝殿的槐树上构巢建窝，合欢交配如腰鼓状，左右大臣也齐声称贺。太宗说："我常笑隋炀帝好祥瑞。瑞在得贤，此何足贺！"

大唐初立，太宗很善于汲取前朝的教训。当时，他翻阅《隋炀帝集》，见其文辞深奥博雅，也知道推崇尧舜而不崇桀纣，

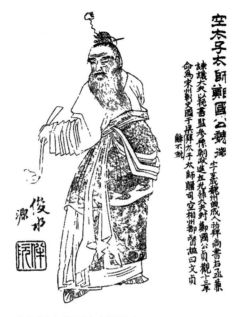

魏征（选自《历代古人像赞》）

于是感慨"然行事何其反也！"这放在今天，大抵就是说一套做一套，也警示各级领导干部，不可只求理念宏阔华美，而当竭尽全力付之以行，否则说得到、做不到，则必失信于民、徒留笑柄，沦为自欺欺人之举。

魏征的回答，着眼的是君主为治之道，他说君主虽然是圣哲之人，"犹当虚己以受人，故智者献其谋，勇者竭其力"，意为再圣贤的人，也难以一人治好天下，必虚心容纳接受他人，智勇之士才会尽其智慧与力量，这样大事才可成。他接着说："炀帝恃其俊才，骄矜自用，故口诵尧舜之言而身为桀纣之行，

《步辇图》（唐·阎立本绘）

曾不自知以至覆亡也。"

这一年，大臣恭贺祥瑞之事就有好多次，说白了就是拍皇帝的马屁。太宗很清醒，说大的祥瑞听任上表奏闻，其他"申有司而已"。当时，连白鹊在皇宫寝殿的槐树上构巢建窝，合欢交配如腰鼓状，左右大臣也齐声称贺。马屁声声，往往也能捧杀一个王朝。太宗说："我常笑隋炀帝好祥瑞。瑞在得贤，此何足贺！"把得到贤才视为祥瑞，和战国时期齐威王视人才为宝贝同类。

但不久之后，唐太宗却干了一件枉杀人才的事。当时，他认为瀛州刺史卢祖尚"才兼文武，廉平公直"，便征召他入朝，说"交趾久不得人"，命令他去镇抚。瀛州在今天的河北河间市，距离唐朝首都西安相对较近，而交趾在今天的越南北部，属于大唐的边远地区，却是个比较大的地方。同为州刺史却从近往远去，的确对卢祖尚没什么吸引力，这也说明太宗欠考虑。所以当时卢祖尚拜谢出朝，不久又后悔，以旧病复发相辞。太宗便让杜如晦传旨说，一般人尚能重然诺守信用，你为什么答允了又后悔呢？但卢祖尚执意辞退，太宗再次召见，晓以道理，但卢祖尚固执不可。太宗大怒说："我使人不行，何以为政！"下令斩之于朝堂，但不久又后悔了。

不知这种情形当时律法该如何处置，不过这卢祖尚固执得可以，但太宗斩之乃是盛怒之下为之。后来他即问大臣"齐文宣帝何如人？"这说的是南北朝时的北齐文宣帝高洋，史称此人淫荡而残暴。太宗这时候想到他，当是想起他之前所做的事。魏征便讲起来，说文宣帝虽然狂暴，"然人与之争，事理屈则从之"，当时青州长史魏恺出使梁朝还朝，被拜为光州长史，不肯赴任，丞相杨遵彦奏与文宣帝。文宣帝也是大怒，召而责之。但魏恺说："臣先任大州，使还，有劳无过，更得小州，此臣所以不行也。"文宣帝觉得他说的有道理，便回头对杨遵彦说："其言有理，卿赦之"。魏征说"此其所长也"，称赞齐文宣帝有此一长。

魏征算是隐含道出了太宗之失，失在用人不得其所，而又不能制怒以致贤才被杀。太宗说，卢祖尚"虽失人臣之义，朕杀之亦为太暴，由此言之，不如文宣矣！"下令恢复了卢祖尚子孙的门荫。唐太宗悔杀人才，与汉武帝滥杀人才，形成鲜明对比。

> 太宗的做法很独特，把都督、刺史的名字写在
> 屏风上，坐卧都留心观看，得知在任内的善恶事迹，
> 均注于他们的名下，以备升迁和降职时参考

接下来，魏征的犯颜直谏，屡屡在大唐史上上演，对贞观之治留下不朽功劳。史称魏征相貌平平，但很有胆略，善于挽回皇帝主意，常常犯颜苦谏，有时碰上太宗怒甚，魏征面色不改，太宗的神威也为之收敛。他曾经告假去祭扫祖墓，回来后对太宗说，人们都说陛下要临幸南山，外面都严阵以待、整装完毕，你最后又没去，不知何故？太宗笑着说："初实有此心，畏卿嗔，故中辍耳。"如此畏惧忠臣直言而不敢稍有纵欲私行，其惜才重才也如斯。有一次太宗曾得到一只好鹞鹰，将它放在臂膊上玩，远远望见魏征来了，便藏在怀里。结果魏征站在那里上奏朝政大事，没完没了，最后鹞鹰竟死在太宗怀里。

由此可见，即便雄主亦有"玩物"之心，但与庸主的区别在于，他们畏于贤臣"丧志"之谏。面对忠良之臣，只能收敛玩物之心，自感于丧志之警。太宗之用人，可谓渐入高境，无人能及。

有一次，温彦博、王珪因一事劝谏，被太宗怒责，但王珪不行礼说："陛下责臣以忠直，今臣所言岂私曲邪（难道有私情吗）！此乃陛下负臣，非臣负陛下！"太宗默然而罢。第二天，

太宗对房玄龄说：自古以来帝王虚心纳谏的确很难，我昨天责备他们俩，到现在还在后悔，"公等勿为此不尽言也"。担心因此一怒而堵塞言路，太宗用心良苦。由此亦可知，古人讲"人非圣贤，孰能无过"，雄主如唐太宗者，尚且常有听直谏而大怒，何况今天的领导干部？但有过不可怕，有怒不可怖，可怕的是不能知错而改，更可怕的则是听不得逆耳忠言。唐太宗能常有悔而改，因而能为千古一贤主。今天的居上位者，倘"过而能改"，其善不止在养德，更在善治。

如何考察用人？太宗的做法很独特，把都督、刺史的名字写在屏风上，坐卧都留心观看，得知在任内的善恶事迹，均注于他们的名下，以备升迁和降职时参考。这"名于屏风，坐卧观之"，表明太宗把人才放在心中，把用人放在首位。我们今天强调县委书记的极端重要性，当时的太宗则说："县令尤为亲民，不可不择"，真可谓古今一理。当时，太宗下令朝廷内外五品以上官员，各荐举能胜任县令职位的人，报上他们的姓名。太宗治政，确能抓其关键。

凉州都督李大亮有一只很好的鹰，太宗的使节到了这里，便暗示将其呈给皇上。李大亮却上了一道密表

公元 629 年，太宗任命房玄龄、杜如晦为左右仆射，魏征

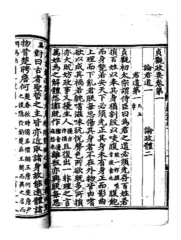

《贞观政要》书影

为秘书监，"参预朝政"。三位贤臣被放在了关键岗位上，期待的是他们有一番新作为。然而，不久太宗就发现，房玄龄、杜如晦二人忙于受理辞讼案情、目不暇接，大为忧虑。说："公为仆射，当广求贤人，随才授任，此宰相之职也"，你们每天这样，"安能助朕求贤乎！"因此下令，尚书省琐细事务归尚书左右丞掌管，只有应当奏明的大事，才由左右仆射处理。这是为他们减轻俗务负担，而一心抓大事，求贤能。这是太宗用人谋略的过人处，用好大贤，则大贤能广求贤人。

房玄龄与杜如晦"引拔士类"皆不遗余力，可以说为大唐发现任用了一批人才。唐太宗每次与房玄龄谋划政事，一定要说："非如晦不能决"，及如晦至，最后还是采用房玄龄的建议。

这是因为太宗深知，二人各有所长，房玄龄善谋、杜如晦能断，史称"房谋杜断"，二人深相投合，同心效国，唐朝称贤者，首推二人。太宗用人，可谓用得其妙。

这一年4月，太宗开始到太极殿听政，即对群臣训戒，要求听到不同意见："比来唯睹顺从，不闻违异。若但行文书，则谁不可为，何必择才也！"显然，他把贤才定位到了高一层次，不能仅做些例行公事，而是要参与政事，唱唱"反调"。其用意当然不是要让大家各吹各的调，而是善于从反面寻找漏洞，以达到善治之境。

太宗还很善于从臣子建议中发现人才。当时，太宗诏令文武百官畅言得失，有位中郎将常何一介武夫，不知道说什么，此时有茌平人马周游历长安，正住在他家，便代他上呈建议二十多条。太宗一看很是惊奇，常何便老实回答：这是我的客人马周代我起草的。太宗立即召见马周，结果马周没来，便又派人去催了几次。后来太宗与他谈论，甚悦，令其暂在门下省做事，不久又任命为监察御史，奉使出巡很合旨意。太宗认为常何知人善任，还赐给他三百匹绢帛。由此足见太宗遇贤才之急迫。

当时，凉州都督李大亮有一只很好的鹰，太宗的使节到了这里，便暗示将其呈给皇上。这要放到其他朝代，莫敢不割爱。而如使节这般媚上钻营之士，即便太宗这样的朝代，也不乏其人。然而，有太宗以上率下，而污浊苟且之歪风邪气就会受到遏制。

　　面对使节的暗示，李大亮却上了一道密表说：陛下一直拒绝畋猎而使节却为您要鹰，假如这是陛下的意思，则深与过去主张相背离；如果是使节自作主张，便是用人不当。太宗因此对大臣说："李大亮可谓忠直"，于是亲书诏令以褒奖并有所赐。

　　由此看来，媚上钻营之士什么时代都有，关键要有不逢迎趋奉的忠直之士，更要有秉公守正的居上位者。设若无此居上位者，即便有忠直之士也不见用，反而会见疑，久之则风气必乱，如此恶性循环，善治不可再也。

三十

"四海之主，不得独私故人"

——李世民用人史话（四）

濮州刺史庞相寿因贪污被免职，上表陈情说自己是秦王府僚。太宗怜惜他，想让他官复原职。魏征说这样做"恐人人皆恃恩私，足使为善者惧"。太宗欣然采纳："我昔为秦王，乃一府之主，今居大位，乃四海之主，不得独私故人。"

太宗对李靖大加责备是促其知过，予以特赦是念其大功，论功行赏是激励奋进，这于当时的定边守疆之将的确是正法度、慰人心之举

治国需要不同类型的大贤，非一人独能专任。而太宗能得众贤，众贤皆能尽职守责，焉能不成就"贞观之治"

元629年，差点发生一件大事，却很值得后人深思。

濮州刺史庞相寿因贪污被免职，上表陈情说是秦王府僚。太宗怜惜他，想让他官复原职。魏征说这样做"恐人人皆恃恩私，足使为善者惧"。太宗欣然采纳："我昔为秦王，乃一府之主，今居大位，乃四海之主，不得独私故人。"

当时，房玄龄、王珪执掌朝廷内外官吏的考核，治书侍御史权万纪上奏称有不公平处。太宗便命侯君集重加推勘。照理这都很在理，但真要这么做了，又会有什么后果？幸好魏征看出其中端倪，便劝谏道：房玄龄、王珪都是老臣，素以忠直为陛下信任，所考核官员过多，中间能没有一二个人考核失当？体察其实情，绝不是有偏私。如果找到失当处，那就不可信，怎么能重新担当重任呢？

魏征着眼的是大局与后果而非具体是非。毕竟，贸然行之，首先就是隐含着一种不信任，其次发现有一二个人失当，则等于把失当放大而掩其绝大部分得当，也是一种不公平。魏征接着分析权万纪的动机，说他近来一直在考堂叙职，并没有任何驳正，等到自己没得到好的考核结果，才开始陈述意见。"此正欲激陛下之怒，非竭诚徇国也。"最后，太宗便放下此事不再过问。今天看来，太宗重加推勘有点矫枉过正，但完全不察也有失公平。对于今天的干部考核来说，大可不必兴师动众重新来过，有谁失当改之即可。

这一年，太宗还差点干了一件徇私情的事，还好又是魏征及时劝阻。当时，濮州刺史庞相寿因贪污被免职，上表陈情说自己是秦王府僚。太宗怜惜他，想让他官复原职。今天，居上位者为昔日故友网开一面，很合乎一般人的思维。也正因此，魏征和太宗的一番话，更振聋发聩。

魏征说：秦王府的旧僚属居朝廷内外官职的很多，"恐人人皆恃恩私，足使为善者惧"。事情的演绎往往就是这样，你为一人偏袒，所有人都因此而倚仗，要想得善政从此就困难了。太宗欣然采纳了魏征的意见，说的话也发人深省："我昔为秦王，乃一府之主，今居大位，乃四海之主，不得独私故人。大臣所执如是，朕何敢违！"于是赐帛打发他走了。由此想起毛泽东同志曾为自己定下的三条原则："恋亲，但不为亲徇私；念旧，但不为旧谋利；济亲，但不以公济私。"把亲旧看得重，更把公与私分得清，这是所有居上位者应有的情怀。

不久，大唐房杜二贤即失其一，公元630年，杜如晦病重去世。太宗每次得到好物品，都会想起杜如晦，派人将物品赐给他的家人。时间长了，提到杜如晦，就会流下眼泪，对房玄

先悟草雄後千四英
古今取法文武蒉贀

李靖

李靖（选自《历代古人像赞》）

龄说："公与如晦同佐朕，今独见公，不见如晦矣！"太宗痛
失贤才之情，可谓泪湿青史。

　　太宗对李靖大加责备是促其知过，予以特赦是
　　念其大功，论功行赏是激励奋进，这于当时的定边
　　守疆之将的确是正法度、慰人心之举

　　公元630年，李靖平定突厥，生擒颉利可汗，太上皇李渊感叹：
当年汉高祖刘邦被匈奴围困白登城而不能报仇，现在我的儿子
一举剿灭突厥，"吾托付得人，复何忧哉！"然而，正是李渊，

当年起兵后,因李靖平素与他有矛盾,便想杀掉李靖,李靖说
你兴义兵,想要平息暴乱,怎么能"以私怨杀壮士乎!"李世
民替他再三求情,李渊才放了李靖,李世民就把他安排在自己
的幕府里。若果当年枉杀一将才,何来唐太宗今日之丰功?

不久,李靖便被御史大夫萧瑀弹劾说,他大破颉利可汗牙帐,
治军无法度,突厥珍奇宝物,抢掠一空。太宗予以特赦,不加弹
劾。但等到李靖觐见,太宗则大加责备。过了很久,太宗才说:
隋朝的史万岁打败达头可汗,有功不赏,以罪致戮。我不这样做,
"录公之功,赦公之罪"。加封李靖为左光禄大夫,所赐甚丰,
其后太宗又对李靖说:以前有人说你的坏话,现今我已醒悟,"公
勿以为怀"。这一段故事,体现的是太宗的用人谋略,大加责备
是促其知过,予以特赦是念其大功,论功行赏是激励奋进,这于
当时的定边守疆之将的确是正法度、慰人心之举。

这一年7月,太宗问房玄龄、萧瑀:隋文帝作为一代君主怎
么样?两人例举一些事例后说可称为励精图治之主。太宗说你
们只知其一,不知其二。"文帝不明而喜察。不明则照有不通,
喜察则多疑于物,事皆自决,不任群臣。天下至广,一日万机,
虽复劳神苦形,岂能一一中理!群臣既知主意,唯取决受成,
虽有愆违,莫敢谏争,此所以二世而亡也。"太宗对隋朝开国皇
帝杨坚的分析可谓明达,比之于今之居上位的领导干部,事皆
自决,不信任下属,又不太贤明,即使勤勉有加,也难以事事
处理得当。而下属知你刚愎自用,都只会无条件接受,即使看
到你有过失,也不会争辩谏议。

太宗接着说自己："择天下贤才，置（充任）之百官，使思天下之事，关由（汇总）宰相，审熟便安（深思熟虑），然后奏闻。有功则赏，有罪则刑，谁敢不竭心力以修职业，何忧天下之不治乎！"然后敕令百司：今后诏敕文书"有未便者，皆应执奏，毋得阿从，不尽己意"。太宗可谓深得用人之妙。从用人看，文帝是用自己，虽日理万机而挂一漏万；太宗是用众贤，即便垂拱而万无一失。从听言看，文帝是事皆自决，而群臣莫敢谏争；太宗则是广纳群言，择善而从。

事实上，对这个问题太宗不止一次深思过，深知广开言路、广纳群言的重要性。此前在公元629年，就曾问给事中孔颖达《论语》中"以能问于不能，以多问于寡，有若无，实若虚"的意思。孔颖达在详尽阐释后即引申道："非独匹夫如是，帝王亦然"，"若位居尊极，炫耀聪明，以才陵（凌）人，饰非拒谏，则下情不通，取亡之道也"。太宗深善其言，孔颖达之语很适于对杨坚的评价。

> 治国需要不同类型的大贤，非一人独能专任。
> 而太宗能得众贤，众贤皆能尽职守责，焉能不成就"贞观之治"

对于臣子之间的关系，太宗也是着眼大局，显其有知人之明。萧瑀与宰相参议朝政，萧瑀性情刚直又能言善辩，房玄龄等人均说不过他，不过太宗也多不采用他的意见。而房玄龄、魏征、

萧瑀（选自《凌烟阁功臣图》）

孔颖达（选自《古圣贤像传略》）

温彦博曾有小的过失，萧瑀以此弹劾，太宗丝毫不理，萧瑀快快不乐，于是被免去御史大夫职，改任太子少傅，不再参与朝政。在太宗心里应该很清楚，人非圣贤孰能无过，若皆因小过而弹劾，则何处有贤才为用？萧瑀揪住小过不放，看似秉公直言，实质上却容易把太宗的人才基础挖空。

对众贤的所长，太宗了然，不过有一次他让其中一位贤才来评价自己和诸人，甚得其趣。当时，众位宰相陪太宗饮宴，太宗对王珪说，你很精通鉴别人才，又很健谈，房玄龄以下宰臣，请你详细品评，并且说一下自己与他们相比如何？王珪说："孜孜奉国，知无不为，臣不如玄龄。才兼文武，出将入相，臣不如李靖。敷奏详明，出纳惟允（议事详尽周到，传达诏令反映群臣意见都平允恰当），臣不如温彦博。处繁治剧，众务毕举，臣不如戴胄。耻君不及尧、舜，以谏争为己任，臣不如魏征。至于激浊扬清，嫉恶好善，臣于数子，亦有微长。"太宗深以为然，众亦服之，这从一个侧面说明，治国需要不同类型的大贤，非一人独能专任。而太宗能得众贤，众贤皆能尽职守责，焉能不成就"贞观之治"？

对于贤才的定位，太宗曾说"瑞在得贤"，以得贤才为祥瑞。这一年，又有以贤才为"甲兵"之喻。当时房玄龄说：朝廷府库里的"甲兵"即兵械，远远超过隋朝。太宗说：甲兵武备诚不可少，然而隋炀帝的甲兵难道还不够吗！最后还是丢掉了江山，"若公等尽力，使百姓乂安，此乃朕之甲兵也"。意为如果你们尽心竭力，使百姓人心思定，这就是朕最好的兵械。在太宗心里，念念不忘的，还是贤才。

三十一

尉迟敬德打了李道宗一顿老拳
——李世民用人史话（五）

权万纪和侍御史李仁发，均因告发别人而得到太宗宠幸，从此诸位大臣多次被迁怒。小人在贞观年间亦能得逞，利用的正是太宗把纳谏奉为治道圭臬，不能不说任何制度都会有漏洞

太宗罢朝回宫，怒气冲冲地说："会须杀此田舍翁"，把魏征比作乡巴佬，并想以后找机会杀了他，可见太宗之怒甚

尉迟敬德见有人席位在他之上，勃然大怒说："汝何功，坐我上"，正好李道宗坐在他下方，便反复劝解，结果这位老兄竟然迁怒于他，一顿老拳打得道宗眼睛差点瞎了一只

公元631年，太宗干了一件因言杀贤的错事，由此可见虚心纳谏，也有一个悉心鉴别的过程。正所谓上有所好，下必甚焉。直言强谏者有忠臣，却也必有奸佞。奸佞甚至会利用居上位者的情绪，来剪除异己。

> 权万纪和侍御史李仁发，均因告发别人而得到
> 太宗宠幸，从此诸位大臣多次被迁怒。小人在贞观
> 年间亦能得逞，利用的正是太宗把纳谏奉为治道圭
> 臬，不能不说任何制度都会有漏洞

当时，河内人李好德患有心病，妄为妖言，太宗下诏按察其事。大理丞张蕴古奏道，好德受疾病折磨而有证验，依法不当治罪。不曾想治书侍御史权万纪弹劾道，张蕴古籍贯在相州，李好德的哥哥李厚德为相州刺史，为讨人情而纵容阿附，蕴古按察结果与事实不符。太宗大怒，下令将张蕴古在集市处斩。可见奸佞善于捕风捉影、捏造事实。居上位者若听风就是雨，

必入奸佞"套路"。过后太宗便后悔了，可惜晚了，因而下诏说：今后有死刑犯人，即使下令立即处决，仍须三次复议才得执行。这就是用制度来堵住情绪的漏洞。太宗思过，却从制度着眼，不亦大善乎。

事实上，史载权万纪和侍御史李仁发，均因告发别人而得到太宗宠幸，从此诸位大臣多次被迁怒。看来，即便在大唐这样的盛世，亦有如许奸佞，真是令人慨叹。而小人在贞观年间亦能得逞，利用的正是太宗把纳谏奉为治道圭臬，不能不说任何制度都会有漏洞。迷信制度，一味闻谏则喜，而不能具体事情具体分析、对谏言详加甄别、择善而从，则反为制度所伤。

关键时刻，还是魏征站出来说公道话。他劝谏太宗说："万纪等小人，不识大体，以讦为直，以谗为忠"，陛下并非不知道他们，只是取其讲话无所忌讳，想以此警策众大臣。然而权万纪等人"挟恩依势，逞其奸谋，凡所弹射，皆非有罪"，陛下既然不能标举善行以激励风俗，怎么能亲昵奸邪以损害自己的威信呢！这一席话，说得太宗默然，赐给了魏征绢五百匹。这一默然，颇值玩味，太宗之善纳谏的副作用如何规避，则恐怕太宗自己无解，而后人亦恐难有科学之解。很久以后，权万纪等人的奸状自行暴露，皆获惩罚。

制度的生命在于执行，而执行能否不折不扣、恰到好处则是千古一难。太宗思过的制度之举，即在"落实"中落空。他下令死刑要三次复议，但"有司须臾之间，三覆已讫"，太宗便继续抓落实。规定判死刑的犯人，两天之内中央部门要五次复议，下到各州的也要三次复议。而凡是五次复议的，在处决前一两天，到处决当天又要三次复议。制度的微调，正如太宗所言"盖欲思之详熟故也"。

对于虚心纳谏，太宗不仅自己身体力行，也要求臣子这样做。当时，他对执政的大臣说："朕常恐因喜怒妄行赏罚，故欲公等极谏。公等亦宜受人谏，不可以己之所欲，恶人违之。苟自不能受谏，安能谏人。"太宗事实上是指出了为什么要纳谏的原因，人皆有喜怒，甚至还有智慧见识方面的不足，受此限制的赏罚行事，很容易出格，若无直言规劝，就必然会悖离善治。广纳众言，古今一理。

太宗用人这般贤明，却也有乱用之举，所幸有人谏阻而太宗深纳。当时，王长通、白明达等为乐工，太宗想破格授予官爵，于是监察御史马周上奏疏言及此事："王长通、白明达皆乐工，韦槃提、斛斯正止能调马，纵使技能出众，正可赉之金帛，岂得超授官爵，鸣玉曳履（佩玉饰、拖着鞋），与士君子比肩而立，同坐而食？臣窃耻之！"太宗深信其言，并采纳了他的意见。

马周之言，在今天看来，亦令人警思。有的专业人才做出了突出贡献，一些地方和部门对他们的奖励就是提拔任用到领导岗位上，而不看其是否适合为官。拿领导岗位当奖励，不独是官本位思维使然，更在于缺乏丰富灵活的人才激励机制。发放奖金、提高薪资、授予荣誉、给予平台等等皆可，岂独为官一途？把不适合为官的专业人才放到领导岗位上，既可能导致不作为、乱作为，又会导致才非其用，从哪方面看都得不偿失。

> 太宗罢朝回宫，怒气冲冲地说："会须杀此田
> 舍翁"，把魏征比作乡巴佬，并想以后找机会杀了他，
> 可见太宗之怒甚

犯颜直谏，说起来很动听，也很见人之肚量胸襟，但在实际运行中，往往就是情绪的碰撞，会因让人下不来台而导致"龙颜大怒"。即便贤明如唐太宗者，也常有情绪失控之时。即便有如魏征这般深得其信任的社稷之臣，唐太宗也有犯浑的时候。

有一次，太宗罢朝回宫，怒气冲冲地说："会须杀此田舍翁"，把魏征比作乡巴佬，并想以后找机会杀了他，可见太宗之怒甚。幸好魏征犯颜直谏的贤名，长孙皇后早有耳闻。便问太宗是谁惹怒了他，太宗说魏征常在朝堂上羞辱他。皇后便退下穿上朝服站在庭院内，太宗惊奇地问这是何故，皇后说："妾闻主明臣直。今魏征直，由陛下之明故也，妾不敢不贺！"太宗这才转怒为喜。长孙皇后亦可谓善谏，太宗也是一时怒甚，未必真要找机会杀魏征，但长孙皇后之谏则是给太宗戴了一顶帽，找了一个台阶。

魏征之强谏，还透着一种倔强，太宗若不听从，再与他讲话，魏征便总是不做应答。这在今天一般人理解起来，委实觉得魏征有点过了，未必你的谏言每次都正确啊。不过魏征自有一番

道理。他说：我以为事情不可行，所以谏阻；陛下不听从谏阻而我如果答话，那么事情便得到施行，所以不敢应答。原来魏征怕的是太宗把他的答话本身当成对事情可行的默认。

太宗说：你暂且应答而后再谏阻，也没有什么伤害啊。从今天的视角看，太宗所说的未尝不是一个得体的建议方式，毕竟有些谏言的逆耳指数很高，在当时情境之下要迅速调整情绪来接纳非一般人所能为，同时是否正确可靠也有一个消化和辨析的过程，因而谏言者如太宗所说暂且应答而后再谏阻，实则给双方设置了一个心理缓冲地带，于听言者来说更容易接纳谏言，于谏言来说更能达到进谏的目的。否则，屡屡犯颜直谏必使双方无回旋余地，即便如太宗这般贤明也屡有情绪失控之时，何况一般人？

当然，有忠良之臣，必有贤明之主；有贤明之主，而有忠良之臣。魏征敢屡屡犯颜，既源于其忠良品性，更源于太宗之贤明。魏征回答太宗说，舜帝曾告诫群臣，你们不要当面顺从，背后却说另一套。如果我心里知道不对嘴上却答应陛下的意见，这正是当面顺从。太宗大笑道："人言魏征举止疏慢，我视之更觉妩媚，正为此耳！"用"妩媚"来形容大老爷们有点奇怪，形容忠厚刚正的品性却是奇崛。魏征则起身谢道："若陛下拒而不受，臣何敢数犯颜色乎！"这和长孙皇后之言是一个道理，自古臣子敢犯颜直谏，多在于君主之开明雄略。否则，庸主不听，则阿谀之辈当道，贤能之臣靠边。

尉迟敬德(选自《历代古人像赞》)

　　尉迟敬德见有人席位在他之上，勃然大怒说："汝何功，坐我上"，正好李道宗坐在他下方，便反复劝解，结果这位老兄竟然迁怒于他，一顿老拳打得道宗眼睛差点瞎了一只

　　在开国一代，往往会面临开国元勋们的居功自傲问题。面对这一难题，太宗的做法是宽严相济、恩威并施，而非滥杀一途。

在一次宴会上，尉迟敬德见有人席位在他之上，勃然大怒说："汝何功，坐我上"，正好李道宗坐在他下方，便反复劝解，结果这位老兄竟然迁怒于他，一顿老拳打得道宗眼睛差点瞎了一只。

太宗很不高兴地罢宴，对尉迟说："朕见汉高祖诛灭功臣，意常尤之，故欲与卿等共保富贵，令子孙不绝。然卿居官数犯法，乃知韩、彭菹醢，非高祖之罪也。国家纲纪，唯赏与罚，非分之恩，不可数得，勉自修饬，无贻后悔！"这样的警告，是太宗之德，亦显其威，令尉迟从此才知道恐惧而约束自己，千载以下亦令人警醒，那些恃宠而骄、居功自傲之人，甚至狗仗人势、恃恩而贪之人，往往就缺少居上位者这样的厉言警告，以致滑入罪恶渊薮，走上了不归路。

贞观六年即公元632年，太宗与魏征的对话，表明太宗的用人谋略已深化。当时太宗对魏征说："为官择人，不可造次。用一君子，则君子皆至；用一小人，则小人竞进矣。"这就是我们今天常说的用人导向问题，几年治政让太宗懂得用人不可仓促行事，用什么人、不用什么人大有学问。而魏征之答，更体现在不同时期有不同的用人谋略。

魏征说："天下未定，则专取其才，不考其行；丧乱既平，则非才行兼备不可用也。"这说的正是德与才的问题，司马光就说："才者，德之资也；德者，才之帅也""才德全尽谓之'圣人'，才德兼亡谓之'愚人'；德胜才谓之'君子'，才

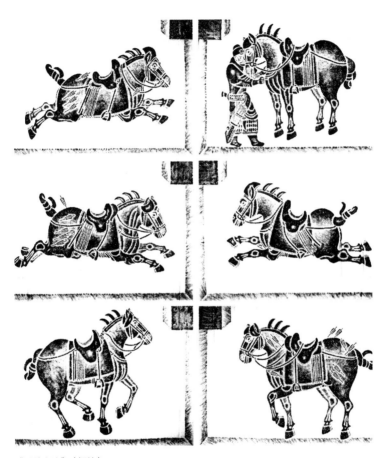

《昭陵六骏》（拓片）

胜德谓之'小人'"。纷争时主要矛盾是"破",承平时主要矛盾是"立",而德与才在解决主要矛盾方面各有所长、且力度不同。

在纷争时代,往往计才不计德,如魏文侯之用杀妻求将的吴起、汉高祖刘邦之用贪财好色的陈平。原因在于,才在"破"上极为关键,谁得大才谁就可能扭转乾坤、赢得天下,而重才产生的用人导向,更能吸引天下有才者归之。无德虽然带有破坏性,但可能"破"的是对方,即便"破"自己,社会对此也相对宽容。假使刘邦无韩信之力,则能否得天下还很难说。当然,极度无德无良无极限之人,也没有人敢用,比如吕布,最终因无人敢用而沦为曹操刀下之鬼。

而在承平时期,就必须德才兼备方能任用。这时,才为的是"立",但正所谓"马上得天下不能以马上治之",治国需讲究"烹小鲜"的功夫,此时即便大才也往往只有慢火徐图之功,而无立竿见影之效。新秩序既已建立,就有其运行的惯性,即使一般性的人才也能维持秩序运行。相对而言,德在"立"这一主要矛盾上的作用就凸显,社会对德的要求也变得更高,正所谓"上行下效""其身正,不令而行;其身不正,虽令不从"。德若不佳,则立马能"破",产生极大破坏效应,影响社会风气,甚至影响为政的公信力。若重才不重德,则一面"立"而一面"破",无异于伤敌一千自损八百。唯重德才兼备则皆致力于"立",方能致善治。同时,更产生强烈的用人导向,

长孙无忌（选自《历代古人像赞》）

使贤人近、小人远。

　　唯才是举，必然面临亲疏的问题。太宗刚即位时面临的是一些人的才情弱而私情重的矛盾，最终秉公处之而服众人。现在面临私情与才情兼具的矛盾，太宗的做法是举贤不避亲。公元633年，朝廷任命长孙无忌为司空，长孙无忌执意推辞说：我忝列外戚，担心天下人说陛下徇私情。太宗不允许，说："吾为官择人，惟才是与。苟或不才，虽亲不用，襄邑王神符是也；如其有才，虽雠不弃，魏征等是也。今日所举，非私亲也。"这话说得酣畅淋漓，惟才是举，关键就在居上位者有一颗公心，不偏私，就无惧各种议论，亦能令众人皆服。当然，从今天看来，要做到举贤不避亲，而又令众人皆服，关键在于让贤才的几把刷子亮出来，是骡是马拉出来遛遛，让其在实践中显真功，而不能光凭嘴上说说。

三十二

李世勣"其为长城，岂不壮哉！"
——李世民用人史话（六）

太宗广开直言忠谏之路，再次产生副作用，就是有人借此攻讦他人。于是，太宗便决定予以校正

唯有贤良时时提醒忠谏，方能避危险、抗风险，始终保持政失、政恶的警觉警醒。否则，一批阿谀奉承之辈，极尽阿谀奉承之言，江山必在一片歌舞升平中沦陷玩完

并州大都督府长史李世勣在并州任职16年，令行禁止，百姓顺服安定。太宗感慨道："其为长城，岂不壮哉！"于是任命他为兵部尚书

太宗对魏征的倚重到了离不开的地步。在公元 634 年，唐太宗想要分派大臣为诸道黜陟大使，主要考察地方官吏贤能与否，起用埋没已久的人才，询问民间疾苦等。但没有合适人选，李靖便推荐魏征，太宗说："征箴规朕失，不可一日离左右。"这是真重视劝谏，在相当意义上说，也正是看到了自己人性的缺陷，容易受情绪左右而影响决策、出现过失，因而注重以他人谏言来补漏。最后派李靖和太常寺卿萧瑀等 13 人去巡行各地。

太宗广开直言忠谏之路，再次产生副作用，就是有人借此攻讦他人。于是，太宗便决定予以校正

事实上，是人就有情绪与脾性，面对直言强谏，人的反应是理性上应该接受，感性上则极为拒斥。唐太宗也不例外，当时中牟县丞皇甫德参上书说："修洛阳宫，劳人；收地租，厚敛；俗好高髻，盖宫中所化。"太宗又怒了，想治他诽谤罪。魏征劝谏道："自古上书不激切，不能动人主之心，所谓狂夫之言，圣人择焉，唯陛下裁察！"太宗才醒悟，因此而赐给德参二十

匹绢。过了几天，魏征上奏说："陛下近日不好直言，虽勉强含容，非曩时（过去）之豁如。"于是太宗对皇甫德参另加优厚赏赐，官拜监察御史。因直言强谏而用之，太宗常如是。

公元635年，唐太宗又面临私恩情面的问题，当时岷州都督高甑生延误军期，李靖弹劾他，高甑生怀恨在心，便诬告李靖谋反。高甑生获罪，这时有人说，甑生是秦王府功臣，应当"宽其罪"。太宗说："甑生违李靖节度，又诬其反，此而可宽，法将安施！且国家自起晋阳，功臣多矣，若甑生获免，则人人犯法，安可复禁乎！我于旧勋，未尝忘也，为此不敢赦耳。"显然，太宗在一直坚持标准，也必令那些妄图恃恩而"作"者有所畏。

这一年，太宗加封萧瑀为特进，命他"参预政事"。太宗说他"斯人也，不可以利诱，不可以死胁，真社稷臣也！"还因此赐给他一首诗，这就是后世广为流传的"疾风知劲草，板荡识诚臣"。萧瑀其人，优点和缺陷甚为明显，太宗之用萧瑀，可见太宗不敢轻易舍弃人才。

公元636年，长孙皇后病逝，遗言太宗"愿陛下亲君子，远小人，纳忠谏，屏谗慝，省作役，止游畋"，太宗感言"入宫不复闻规谏之言，失一良佐"。史上长孙皇后多有贤惠之名，而究其原因，仍在于太宗能听其忠言，而激发出其贤惠。

太宗广开直言忠谏之路，再次产生副作用，就是有人借此攻讦他人。这一年，太宗便决定予以校正，对大臣说道："朕开直言之路，以利国也，而比来上封事者多讦人细事，自今复有为是者，朕当以谗人罪之。"任何一项制度，都可能会被用以徇私，这里的关键是正视之、规避之，使制度的正向作用最大化、负向作用最小化。

这时，治书侍御史权万纪上书说，宣州、饶州有大量白银可采，每年可得数百万缗。这事不是他的分内事，太宗便说道，我贵为天子，"所乏者非财也，但恨无嘉言可以利民耳。与其多得数百万缗，何如得一贤才！卿未尝进一贤、退一不肖，而专言税银之利。"当天罢免了权万纪的官职，让他回家赋闲。对这类小人，太宗终于是找到了机会。

这一年，魏征写就著名的《谏太宗十思疏》，指出"总此十思，宏兹九德，简能而任之，择善而从之。则智者尽其谋，勇者竭其力，仁者播其惠，信者效其忠。文武争驰，君臣无事，可以尽豫游之乐，可以养松乔之寿，鸣琴垂拱，不言而化。何必劳神苦思，代下司职，役聪明之耳目，亏无为之大道哉！"可谓是一揽子谏议，而用人放在关键一环。

> 唯有贤良时时提醒忠谏，方能避危险、抗风险，始终保持政失、政恶的警觉警醒。否则，一批阿谀奉承之辈，极尽阿谀奉承之言，江山必在一片歌舞升平中沦陷玩完

即便如唐太宗这般虚心纳谏者，久亦有倦怠之意。公元637年，即贞观十一年，魏征连续上奏疏。五月奏疏指出，太

唐太宗教谕将卒(选自《养正图解》)

宗从善如流、闻过必改的精神不如从前,而谴责惩罚别人的事情渐多,逞威发怒比过去严厉了。"乃知贵不期骄,富不期侈,非虚言也。"意谓富贵时不希望引来骄横奢侈,但骄横奢侈却不期而至。

七月的奏疏则指出:"其待君子也敬而疏,遇小人也轻而狎;狎则言无不尽,疏则情不上通""夫虽君子不能无小过,苟不害于正道,斯可略矣",期待太宗"诚能慎选君子,以礼信用之,

何忧不治！不然，危亡之期，未可保也。"太宗醒悟说"得公之谏，
朕知过矣"，并说要把他的箴言放在几案上自警。

其后，侍御史马周上奏疏，指出太宗用人上的偏差："自
古以来，国之兴亡，不以畜积多少，在于百姓苦乐"，"今朝
廷唯重内官而轻州县之选，刺史多用武人，或京官不称职始补
外任，边远之处，用人更轻。所以百姓未安，殆由于此。"太
宗闻过即改说：刺史由自己亲自选拔，县令则诏令朝官以上官
员每人荐举一人。

公元638年，魏征再次指出太宗在虚心纳谏上热情消退。
当时，太宗以皇孙降生而宴请五品以上官员，太宗在宴会上说
贞观年以前跟随他夺取并治理天下，以房玄龄的功劳最大。贞
观年以来，纠正他的过失，主要是魏征的功劳。其后，在谈到
治政与往年的差异时，魏征说："陛下贞观之初，恐人不谏，
常导之使言，中间悦而从之。今则不然，虽勉从之，犹有难色。
所以异也。"太宗感慨："人苦不自知耳！"其君臣之言，可
为后世警醒。

从太宗前后十几年的变化可以看出，广开言路、鼓励进谏
制度化的必要性。其贤如太宗者，亦有倦怠之意、消退之情，
然而治国却不可凭此任事，唯有贤良时时提醒与忠谏，方能避
危险、抗风险，始终保持政失、政恶的警觉警醒。否则，一批
阿谀奉承之辈，极尽阿谀奉承之言，江山必在一片歌舞升平中
沦陷玩完。

公元 638 年，太宗和大臣谈到了那个后世著名的"创业与守成孰难"的话题。房玄龄认为创业难。魏征说："自古帝王，莫不得之于艰难，失之于安逸，守成难矣！"太宗说："玄龄与吾共取天下，出百死，得一生，故知创业之难；征与吾共安天下，常恐骄奢生于富贵，祸乱生于所忽，故知守成之难。然创业之难，既已往矣；守成之难，方当与诸公慎之。"这是雄主的认知与气度，不管创业难，还是守成难，都要一如既往克之。不过，在公元 640 年，太宗就对身边大臣说："朕虽平定天下，其守之甚难。"这当是守成的甘苦自知之言，而破解守成之难，恐怕还是得从用人上寻解。

并州大都督府长史李世勣在并州任职 16 年，令行禁止，百姓顺服安定。太宗感慨道："其为长城，岂不壮哉！"于是任命他为兵部尚书

公元 640 年，唐朝攻下高昌，太宗想将高昌改为州县建置，魏征认为这是分散有用资财而供奉无用之地，劝立高昌国王。太宗不听其意见，将高昌所在地改置为西州。于是唐朝地域"东极于海，西至焉耆，南尽林邑，北抵大漠，皆为州县"，东西 9510 里，南北 10918 里，奠定大唐宏伟基业。后来，褚遂良也劝立高昌国王，使其永为大唐屏障，太宗亦不听。及至公元 642 年西突厥进犯，太宗十分后悔说："魏征、褚遂良劝我复立高昌，吾不用其言，今方自咎耳。"当然，太宗这是着眼听

兵部尚书英国公李世勣

宋苏曹州离狐人本姓徐子英赐姓积官山戴功封英国公平刘黑闿进封舜国绛陟尉国公赏封高户勣亲十三年命为�州刺史仍封英靳千朕来徽中论高丽进太太师赠食邑千年十六赠太尉扬州大都督谥曰贞武

刘源绘

李世勣（选自《凌烟阁功臣图》）

谏言来说的，从开疆拓土上来说未必如此，但在处理周边问题上设置缓冲地带，也无宜是智慧的。

公元 640 年，魏征指出太宗在用人上的过失，说在委任职责上"重大臣而轻小臣"，但遇到了事，则又"信小臣而疑大臣"，如此，"信其所轻，疑其所重，将求致治，其可得乎！"这一警示可谓深刻，其结果还有一个副作用，就是"若任以大官，求其细过，刀笔之吏，顺旨成风，舞文弄法，曲成其罪"，这样做会让刀笔吏百般构陷罗织其罪，而群臣则会"苟求免祸，矫伪成俗矣！"这表明，当时的太宗，对臣子要求仍然很苛严，魏征则指出这种苛严产生的恶果。

居上位者,稍有不慎,就可能形成不好的导向。有一次,太宗当着朝中大臣的面问张玄素在隋朝时官居何职,答曰县尉,追问县尉之前做什么,如此不断追问,让张玄素感到羞耻,"出阁殆不能步,色如死灰"。这时谏议大夫褚遂良上奏疏说:"君能礼其臣,乃能尽其力。玄素虽出寒微,陛下重其才,擢至三品,翼赞皇储,岂可复对群臣穷其门户!弃宿昔之恩,成一朝之耻,使之郁结于怀,何以责其伏节死义乎!"太宗后悔。用今天的视角看,对人才不尊重,大庭广众之下,扒其旧闻,必然伤其心,人心不附,如何成事?

第二年,太宗对人才又有长城之喻。当时,并州大都督府长史李世勣在并州任职16年,令行禁止,百姓顺服安定。公元641年,太宗感慨道:"隋炀帝劳百姓,筑长城以备突厥,卒无所益。朕唯置李世勣于晋阳而边尘不惊,其为长城,岂不壮哉!"于是任命他为兵部尚书。把武将视为长城,和把人才视为祥瑞等一样,都表明太宗念兹在兹的,是人才。

三十三

凌烟阁二十四功臣成就贞观之治
——李世民用人史话（七）

太宗在凌烟阁画上朝廷的大功臣 24 人。
在这份大唐大贤名单中，属于秦王府旧
臣的并不多，足见太宗治国用人，惟贤
是举，不论亲疏、不分爱仇

唐太宗"尝私幸端门，见新进士缀行而
出，喜曰：'天下英雄，入吾彀中矣！'"
让天下英雄都钻进自己的口袋，此语貌
似带有圈套计谋的味道，却又何尝不是
聚天下英才而用之的胸怀

雄主与贤才的关系，太宗很关注，于公元642年问身边大臣，"自古或君乱而臣治，或君治而臣乱"，二者之间哪个更厉害些？魏征说："君治则善恶赏罚当，臣安得而乱之！苟为不治，纵暴愎谏，虽有良臣，将安所施！"魏征把雄主与贤才，看成源与流的关系。太宗说：北齐文宣帝身边有个杨遵彦，不是君乱而臣治吗？魏征说：他也只能延缓灭亡而已，如何谈得上能治理好朝政呢？

不能不说魏征的见识卓越，揭示的是历代兴衰的一个根本问题。

太宗在凌烟阁画上朝廷的大功臣24人。在这份大唐大贤名单中，属于秦王府旧臣的并不多，足见太宗治国用人，惟贤是举，不论亲疏、不分爱仇

公元643年，魏征去世，太宗甚为悲恸，而有痛失一面镜

像 南 河 褚

褚遂良（选自《古圣贤像传略》）

子之喻。史载太宗思魏征不已，对侍臣说："人以铜为镜，可以正衣冠；以古为镜，可以见兴替；以人为镜，可以知得失。魏征没，朕亡一镜矣！"以魏征为镜，足见魏征在太宗心中的分量，亦见太宗之为雄主，有足够改正过失的决心、使大唐大治的信心。

魏征之后，谏议大夫褚遂良差可比拟。当时太宗问他，舜帝制造漆器，谏阻的有十多人，这有什么值得进谏的？褚遂良说："奢侈者，危亡之本。漆器不已，将以金玉为之。忠臣爱君，必防其渐，若祸乱已成，无所复谏矣。"太宗迅速对号入座，说：

"朕有过，卿亦当谏其渐"，继而感慨前代拒谏帝王，多说"业已为之"，或说"业已许之"，最终都不加悔改，"如此，欲无危亡，得乎！"读《资治通鉴》到此，不禁哑然失笑，今天在一些地方，如此行为的，乃至说"业已为之"的，何其多也。比如超标建楼堂馆所的，比如超标搞豪华公务接待的，其言其行早有古人行之。历史，就是这样洞明通达，全在于我们是否以为镜鉴。而褚遂良能行魏征之事，太宗能有举一反三之思，所谓"贞观之治"其必也。

后来，太宗感慨君主行事之难说："人主惟有一心，而攻之者甚众。或以勇力，或以辩口，或以谄谀，或以奸诈，或以嗜欲，辐凑（各类人凑一起）攻之，各求自售，以取宠禄。人主少懈，而受其一，则危亡随之，此其所以难也。"此语可谓太宗理政的经验之谈，历史上那些平凡之辈，或昏庸之主，莫不在这些攻心者面前，无法善处。至于那些胡为之主，则是其心已坏，必自作孽了。古今一理，对于领导干部来说，各类攻心者不亦多乎？更有县委书记这关键一角儿，攻心者甚众，甚至有"围猎"之喻，当有如太宗般自警自醒。

这一年，太宗在凌烟阁画上朝廷的大功臣24人：长孙无忌、李孝恭、杜如晦、魏征、房玄龄、高士廉、尉迟敬德、李靖、萧瑀、段志玄、刘弘基、屈突通、殷开山、柴绍、长孙顺德、张亮、侯君集、张公瑾、程知节、虞世南、刘政会、唐俭、李世勣、秦叔宝。这是不忘贤才功勋的用意。在这份大唐大

侯君集（选自《凌烟阁功臣图》）

虞世南（选自《凌烟阁功臣图》）

贤名单中，属于秦王府旧臣的并不多，足见太宗治国用人，惟贤是举，不论亲疏、不分爱仇。

猜疑是人类的通病，即便雄主也不例外。就在公元643年，侯君集参与太子李承乾谋反被处死。此前，杜正伦曾把太宗对他讲的话告诉太子而被降职，及太子谋反事败露再次被降职。而当初，魏征曾推荐称杜正伦与侯君集有宰相之才。等到杜正伦、侯君集出事，太宗便开始怀疑魏征结党营私。此时又有人上书称魏征自己抄录前后在朝中的谏言给起居郎褚遂良看，太宗更加不高兴。于是，魏征儿子魏叔玉娶公主一事作罢，并毁掉了太宗为魏征所撰碑石。直到公元645年亲自征伐高丽未能最后取胜，太宗才深自懊悔感叹："魏征若在，不使我有是行也！"于是重新立贞观十七年所毁坏的石碑，并征召魏征妻子儿女到太宗所在行宫，亲自慰问赏赐。

太宗最后虽未拿下高丽，却得到辽东。不过，在太宗眼里，人才总是排第一位的。当时薛仁贵起于寒微，在征伐高丽中功勋卓著，太宗对他说："朕不喜得辽东，喜得卿也。"确然，广纳贤才而江山易得，失却众才而江山易失。

唐太宗"尝私幸端门，见新进士缀行而出，喜曰：'天下英雄，入吾彀中矣！'"让天下英雄都钻进自己的口袋，此语貌似带有圈套计谋的味道，却又何尝不是聚天下英才而用之的胸怀

公元 646 年，太宗对特进同中书门下三品萧瑀隐忍到头，把他降为商州刺史，说"朕隐忍至今，瑀全无悛改"。萧瑀此人性情耿介狷狂，与同僚多不合，曾对太宗进言："房玄龄与中书门下众臣，朋党不忠，执权胶固，陛下不详知，但未反耳。"这是给房玄龄扣了一顶谋反大帽，纯属主观臆想。太宗说："卿言得无太甚！人君选贤才以为股肱心膂，当推诚任之。人不可以求备，必舍其所短，取其所长。"这实际上仍体现太宗用人所长、用人不疑的理念。即便对于萧瑀本人，也是力促尽其才。

公元 647 年，太宗在翠微殿说自己"才不逮古人而成功过之"，自己不明说，问身边大臣是什么原因？最后太宗自己总

结了五点缘由认为"此五者，朕所以成今日之功也"，颇有点为自己一生盖棺论定的意思。

第一，"自古帝王多疾胜己者，朕见人之善，若己有之"，这是胜在气度胸怀。见别人长处如同自己的一样，而不嫉妒超过自己的人，无宽广胸怀必不能做到。

第二，"人之行能，不能兼备，朕常弃其所短，取其所长"，这是胜在用人谋略，讲求扬长避短、用人之长。

第三，"人主往往进贤则欲置诸怀，退不肖则欲推诸壑，朕见贤者则敬之，不肖者则怜之，贤不肖各得其所"，这是胜在用人境界。礼敬贤才而鄙视无能者，结果就是几家欢乐几家愁，不能凝心聚力如何成其大事？

第四，"人主多恶正直，阴诛显戮，无代无之，朕践阼以来，正直之士，比肩于朝，未尝黜责一人"，这是胜在容人肚量。听正直之士良言，而改己之过，则能善治；反之，堵塞言道，随心所欲，岂有不乱？

第五，"自古皆贵中华，贱夷狄，朕独爱之如一，故其种落皆依朕如父母"，这是胜在治国方略。

成就太宗功业的这五点原因，前四点都和用人相关，由此足见用人在为政中的地位。五代时期的王定保曾在《唐摭言》里记载，唐太宗"尝私幸端门，见新进士缀行而出，喜曰：'天下英雄，入吾彀中矣！'"让天下英雄都钻进自己的口袋，此语貌似带有圈套计谋的味道，却又何尝不是聚天下英才而用之的胸怀？

太宗用人，未必在识人上就总是高人一筹，但其用人大多得当，关键就在于他能虚心听人意见。比如，当时太宗任命司农卿李纬为户部尚书，其时太宗还在终南山翠微殿，房玄龄留守京城长安。有人从京城来，太宗便问房玄龄讲些什么？对方答道，他听说陛下拜李纬为户部尚书，"但云李纬美髭鬓"。其意是此人外表漂亮，隐含意思是其人不堪此任。太宗"遽改除（出任）纬洛州刺史"。

公元648年，房玄龄去世。后来，唐代史官柳芳评价称，房玄龄辅佐太宗平定天下，直到死于宰相位上，共32年，天下号为贤相，却无什么事迹可寻。原因就在于，其道德达至高境，"太宗定祸乱而房、杜不言功，王（王珪）、魏善谏诤而房、杜让其贤，英（李世勣）、卫（李靖）善将兵而房、杜行其道，理致太平，善归人主"。房玄龄被称为有唐一代的"宗臣"，堪为后世臣子宗法的楷模，而太宗能有贞观之治，有太宗的雄才大略，亦有其一班贤才的得力辅佐。

公元649年，贞观23年，太宗托孤于长孙无忌、褚遂良，而后去世。一代雄主，在短短20多年里，创造了不朽业绩而万世流芳，其用人谋略更令后世垂思。

三十四

"岂因吴三桂反叛，遂诿过于人耶！"
——康熙用人评略（上）

索额图等主张诛杀建议撤藩的大臣，以同吴三桂和解，康熙拒绝："岂因吴三桂反叛，遂诿过于人耶！"西汉时期，吴、楚等七国举兵叛乱以诛建议削藩的晁错，汉景帝便杀晁错，于此即见康熙胜其一筹

李光地推荐施琅时，康熙还问他，你能"保其无他乎？"面对一个完全不能知根知底而又要委以重任的人，这句问语问出了多少用人者心中的惴惴不安

尽管关于康熙的评价历来褒贬不一，但有清一代，康熙堪为最杰出的帝王。在中国历史上，康熙也算得上是一代雄主。正如《康熙政要》一书前言所述，在内有权臣挟制、朋党倾轧，外有割据叛乱、强敌环伺的情况下，康熙能捉鳌拜、平三藩、统一台湾、平定蒙古、安定西藏、击退沙俄，更能"正朝廷以正百官，正百官以正万民"，安社稷、抚民生，开创康熙之治。是以，其文治武功堪与历代雄主比肩。

然而，与历代雄主相形之下，康熙在用人上的谋略确实又稍逊风骚。不过，其用人方面又确有佳善可陈，一些方面于今亦有借鉴意义，因便主要依据忠于史实的《康熙传》（蒋兆成、王日根著，人民出版社）一书和清人章梫编纂《康熙政要》的有关事实和故事，评略于此。

索额图等主张诛杀建议撤藩的大臣，以同吴三桂和解，康熙拒绝："岂因吴三桂反叛，遂诿过于人耶！"西汉时期，吴、楚等七国举兵叛乱以诛建议削藩的晁错，汉景帝便杀晁错，于此即见康熙胜其一筹康熙八岁登基，十四岁亲政，在稳固权力的过程中，更多显示的是其少年英主的智谋。智除鳌拜不必多述，在平三藩特别是平吴三桂之叛的过程中，我们更多见到的是其作为军事统帅的才能，在任用杰出将领上却未见奇崛。按照唐太宗"岂借才于异代乎"的观点，其时并非无杰出贤能之将领，而康熙在知人善用上有所欠缺，以致吴三桂作乱经年而难速灭。

康熙撤藩令一下，吴三桂"愕然气阻"，发布讨清檄文，可谓"天下骚动，伪檄一传，四方响应"，而"举朝震动"。以大学士索额图为代表的多数大臣，主张诛杀建议撤藩的大臣，试图以此同吴三桂和解。可以说，这是少年康熙面临的第一大严峻考验，历代雄主鲜有如此年岁就经历这般挑战的，其用人智慧也必有一个成长成熟过程，诚可理解。

但在处理这件事上，康熙显示出其雄主气概。当时康熙拒绝道："岂因吴三桂反叛，遂诿过于人耶！"西汉时期，晁错提出"削藩"的建议，吴、楚等七国便以诛晁错为名举兵叛乱，即史称"七王之乱"，汉景帝却杀晁错以图罢兵，留下千古憾事。而少年康熙并没让憾事继续上演，于此一事即见康熙要胜汉景帝一筹。如《康熙传》一书所评价的，康熙这样做，既保护了坚持撤藩这一正确主张的少数大臣，又能集思广益，从容地作出军事、政治等方面的一系列决策，充分显示出年轻皇帝的清醒、坚定、果断和胆略。

在平吴的进程中，康熙更多展示的是个人运筹帷幄、把控大局的雄才大略和指挥有方的军事才能，而在任用将领上却乏

康熙（佚名绘）

善可陈。比如吴三桂占领贵阳后，迅速进兵湖南。而都统巴尔布、朱满、前锋硕岱行军迟缓，又"畏贼势盛不敢进"，以致吴军兵锋所指，清军举城而降。短短三个月吴三桂便将湖南全境控制在自己手中，前锋直抵湖北，沿江与清军大本营荆州相望。

又如，在西北方面，康熙很重视这一战线的战略意义，但在用陕西提督王辅臣的问题上存在善用却不知情的毛病，以致最终酿成大事端。当初王辅臣是吴三桂的老部下，只不过在云

康熙狩猎像（佚名绘）

南时因事与吴三桂不睦而请求康熙调任平凉提督。但吴三桂获悉如失左右手，行前赠予他二万两银子，亦是要收买人心。

康熙也很器重王辅臣。有一次康熙说很想留他在朝廷，但"平凉重地，非你不可"，将行前又召见说："行期接近，我实在舍不得你走，上元节日近在眼前，你陪我看灯后再起行。"甚至还把一对蟠龙豹尾枪，送给王辅臣一支说："这对枪是先帝送给我的，我每次外出，必列此枪于马前，表示不忘先帝……你拿着这支枪去镇守平凉，见到枪如同见到我一样，我看到留下的这支枪亦像见到你一样"。不能不说，康熙在栓心留人上也还是有一套的，这般器重的结果是使王辅臣在吴三桂的拉拢面前经受住了考验，用行动表示了其忠于清廷的态度。

然而，康熙以为这般感情投资，就能收获忠心回报，难免就有点粗疏托大了。其时四川归附吴三桂，康熙调王辅臣随莫洛征四川，王辅臣要求进京密陈韬略，但康熙未允，让他有重要建议与经略莫洛面谈。而莫洛不但听不进去，反而认为"其意忤谬"。王辅臣因此对莫洛产生嫌怨。他再次上奏愿出征湖南，康熙却说无论湖南还是四川皆可立功，王辅臣只好内心怏怏随莫洛调遣。显然，于康熙而言，以为信任臣子而臣子忠上即可，却不知臣子之间的矛盾，也是一个需要调和的大问题。这是康熙的一个大疏漏处。

王辅臣请求莫洛增兵，莫洛只给他添两千骑兵，却将其好马尽数调走，把疲瘦茶马拨给他。王辅臣十分气愤说："经略尽调我良马他往，以疲瘠者予我，欲置我于死地"。其后不久，王辅臣便发动兵变，进击并杀死莫洛。王辅臣叛变，打乱康熙由四川出击云南的战略部署，又促成他与吴三桂的结合，如康熙所言"今王辅臣兵叛，人心震动，丑类乘机窃发"。显然，正是康熙用人上的疏漏，导致了危机危局。

再如西北战场的主要指挥者贝勒董额是一个无能之辈，康熙居然任他胡折腾了好几年。临了康熙才任命才智出众的大学士图海为抚远大将军，总辖陕西满汉大兵，实际取消了董额的大将军职权。图海一到平凉，"明赏罚，申约束，军威大振，贼众闻之惧"，最后拿下叛臣王辅臣，才极大地孤立了吴三桂。当然，事后康熙在论功行赏方面还算不错，如其所言："图海器识老成，才猷练达，赞襄机务，宣力累朝。以文武之长才，兼忠爱之至性，劳绩茂著，朕甚嘉焉。其晋封三等公，世袭罔替。"

三藩之乱历经八年最终平定。在某种意义上说，这八年，是康熙用人观历经捶打磨砺的过程。在统一台湾这件大事上，康熙用人就要略成熟一些，虽然也多周折。

李光地推荐施琅时，康熙还问他，你能"保其无他乎？"面对一个完全不能知根知底而又要委以重任的人，这句问语问出了多少用人者心中的惴惴不安。说到底，还是知人的能力有限

康熙能够完成统一台湾的大业，选定帅才施琅替换原水师提督万正色是关键一环。施琅原是台湾郑氏部下，熟悉海，长

程子精微误毂雅

谢公近赛喻桃仁

姚启圣书法

于海战，因郑成功杀了他的父亲与弟弟，才弃郑投清。

在康熙十七年（1678年）、十八年时，福建总督姚启圣就先后两次推荐施琅"堪任水师提督"，但康熙却予以驳斥。他主要忧虑的是施琅的长子施齐和侄儿施亥在台湾郑军中任职。不能说这个忧虑不对，只是少了一些雄主用人的气魄。

战国时期魏文侯用乐羊伐中山，而其子乐舒就在中山为官。魏文侯左右的人以此事来阻止，但推荐乐羊的大臣翟璜却力排众议，而魏文侯能好善而从。事实证明文侯的正确，后来中山子姬窟以乐舒为要挟，甚至把乐舒烹成羹送给乐羊，而无改其伐中山之志。当然，康熙的犹豫与魏文侯的坚定，取决于人才的特性，更取决于雄主有无卓拔的知人之明。

　　直到康熙十九年二月，姚启圣弄清了施齐、施亥密图擒拿郑经因事机不密而致两家七十三口被磔杀的真相后，康熙才打消了对施琅的疑虑。但还是做了过细的调查。在康熙二十年二月，康熙问李光地说："施琅果有什么本事？"李答："琅自幼在行间经历得多，又海上路熟，海上事他亦知得详细，海贼甚畏之"。后来康熙又派大学士明珠去问李光地，李光地列举施琅的长处：一则施琅是"海上世仇，其心可保"；二则施琅"熟悉海上情形"；三则施琅"还有谋略"，"海上所畏唯此一人"。李光地推荐

施琅（佚名绘）

施琅时，康熙还问他，你能"保其无他乎？"李光地奏称："若论才略实无其比，至成功之后，在皇上善于处置耳。"

这一段故事，显示康熙在用人问题上的慎之又慎，但又不能不说是疑虑重重、游移不定，一句"保其无他乎？"可谓表露得淋漓尽致。说到底，还是知人的能力有限。面对一个完全不能知根知底而又要委以重任的人，康熙这一问可谓问出了多少用人者心中的惴惴不安。

当然，康熙的长处在于，既决定任用施琅，就深信不疑，给予全面支持。可谓得"疑人不用，用人不疑"精髓。当时大臣多以为施琅"不可遣，去必叛"，而康熙坚信施琅不去，"台湾断不能定"。在施琅题请任命有关人员官职时，康熙皆依允。比如，题请侍卫吴启爵随征台湾，兵部不批，康熙命令"著依施琅所请行"；要求授予陈威等人官职，吏部不准，康熙指出："目前进取台湾正在用人之际，福建总督、提督、巡抚凡有所请，俱着允行"。用人而捆其手脚，不但其人难发挥作用，更可能失去其人之心。康熙用一人，而能对其所请所事力挺，亦谓得用人之道。

不过，康熙在处理人才之间掣肘颉颃的问题上，如王辅臣与莫洛，再次缺乏决断力，以致征台之事一度迁延日久。

施琅被起用后，立即投入备战中，但他担心总督、巡抚不熟悉海战，而使自己在战事中受到掣肘，便向康熙上了题本，明确提出自己"职领水师，征剿事宜，理当独任"的请求，以力争执掌"专征台湾"的指挥权。问题是，总督姚启圣亦早有征剿台湾的素志，所以才一再推荐施琅复任福建水师提督。

从处世的角度看，施琅的做法显然有点不地道，人家推荐了你，结果你却拆人家的台，让人家靠边站，这在做人的评分上高不到哪里去。但从征台湾的大局看，施琅的建议却又很合理。征台湾是一门高难度的技术活，非谙熟军事、善于海战者不能任，即便都有此能，也有一个相互协调配合的问题，更何况总督、巡抚缺乏此能？可惜，康熙不同意施琅的请求，只是将总督、巡抚分了工，说："总督姚启圣统辖福建全省兵马，同提督施琅进取澎湖、台湾，巡抚吴兴祚有刑名钱谷诸务，不必进剿。"说到底，恐怕在最后关头，康熙还是有点放心不下的意思，因而有点让两人相互制衡的意味。

在一定意义上说，正是康熙这一骑墙之举，导致日后施琅、姚启圣二人多次在出征的风向、时间以及对待剿抚等诸方面相互掣肘、争执不已、分歧重重，如何判断孰是孰非，康熙也未必都能决。一直到康熙二十一年（1682 年）十月，康熙才改变主意，由施琅相机自行征剿。第二年六月即有澎湖决战告捷，基本摧毁了郑氏政权的军事力量，随后台湾被和平收复。康熙因此授施琅为靖海将军，晋封靖海侯。

而在随后台湾是弃是留的决断问题上，不少朝廷官员、封疆大吏们都认为台湾"孤悬海外，易薮贼，欲弃之，专守澎湖"，主张"迁其人、弃其地"，康熙最后能采纳施琅等关于"弃之必酿成大祸，留之诚永固边圉"的真知灼见，于是在台湾设立一府三县，使台湾正式隶属于清朝中央政权的行政管辖之下。于此，康熙展现了其为雄主的远见，亦见其能集思广益、择善而从。

其后，在与沙俄进行两次雅克萨之战、签订《尼布楚条约》，平定噶尔丹之乱，平定西藏等一系列大事中，更多见的是康熙的个人雄略，而在用人上并无突出故事可述。

三十五

"心术不善，纵有才学何用？"
——康熙用人评略（下）

康熙第一次南巡，为的是"体察民情，周知吏治。"他以为知人之道，不能仅靠舆论或身边人的褒贬，更要问之于民，民众"极口颂之"必贤，民众"含糊应之"必不贤

穆尔赛贪名远播，康熙亦早有听闻其"居官不善""品行最贪"，便让内阁九卿对其"从公会议"，结果竟然是穆尔赛并无劣迹

康熙认为："人必先心术，次才学。心术不善，纵有才学何用？"

在用人上，康熙相对可圈可点的是肃清吏治，即所谓"正朝廷以正百官，正百官以正万民"。在他任上，亦出现了一批有名的清官，为天下范。肃清吏治首先在知吏治积弊，对此康熙似乎很有一套。如其所言："人君以天下耳目为耳目，以天下之心思为心思，何患闻见之不广。"

　　康熙第一次南巡，为的是"体察民情，周知吏治。"他以为知人之道，不能仅靠舆论或身边人的褒贬，更要问之于民，民众"极口颂之"必贤，民众"含糊应之"必不贤

　　从历史记载看，他获知的途径有很多，从"部臣议事"而知一些官吏"惟知推诿卸责，而无任事之实心也"，也就是我们今天所说的官员推诿塞责，不担当、不作为；有从督抚治事而知"惟以蒙蔽养奸，而无澄清之实政也"，今天意谓欺上瞒下，蒙混过关，而不想真干事；有从言官条奏而知"或借端营私，巧为掩饰，或推诿卸过，冀免处分，或徇庇情面，曲为弥缝"，

《康熙南巡图》（局部，王翚、杨晋等绘）

即为官官相护、打保护伞；还有从官员往来获知"借名令节生辰，剥削兵民，馈送督抚、提镇、司道等官，督抚、提镇、司道等官，复苛索属员，馈送在京部院大臣、科道等官，在京官员亦交馈送"，用今天的话讲就是借婚丧嫁娶、生日节日之机收揽钱财。凡此，康熙可谓"门儿清"。

吏治积弊，乃积久而生。如上所列诸事，在任一个时代都可能存在，其所以清所以浊，全在于居上位者能否察觉到，是否愿意根治之。正所谓"徒法不足以自行"，再好的制度也难以实现"自净"，关键在于治，治则清，不治则浊。

康熙说："每念民生之休戚，由于吏治之贪廉""当今凡事俱可缓图，惟吏治民生最难刻缓"。康熙的做法是，严格考核官吏，在 30 多年里，大批不称职的官吏被及时处理，有1500 多人因"才力不及"和"浮躁"被降职调用，还有 1500多人因"不谨"和"罢软无为"而被革职。因廉洁能干受表彰的有 700 多人，因贪酷被惩处的有 500 多人，因老病而休致的达 2600 多人。

在用人问题上，康熙信奉"有治人无治法"的规条。他说："从来有治人无治法，为政全在得人……若诸臣肯洗心涤虑，公尔忘私，国尔忘家，和衷协恭，实尽职业，庶务何患不就理？国家何患不治平哉？"这一理念，当是源于实践的经验思维，法治、制度当然极为重要，但任何时候都不能忘了，制度律法最终都要靠人来执行，有了律法制度，更要有执行力、有能治理之人，归根到底，就是用人的问题。

对于委任的一般州县官员、题补武官、被参官员保举人员等，康熙都会亲自提问，"亲验补授"，并给予指示，如果发现庸劣者，便予以罢斥，相反则予以肯定。这样做，未必就真能知人优劣，对于那些善耍嘴皮子而不会干实事的人，此举必不管用，但好歹也算得上是一个知人之道，能够发挥一定效用。

康熙还让被任命的督、抚和各省其他文武大吏离京赴任前向他告别。公元 1685 年，漕运总督徐旭龄对康熙对他的信任和重用深表感激，并虔诚地向康熙讨教治漕的方略，康熙叮嘱说："源洁则流清，尔为大吏，务正己率属，官吏自不为奸。""其属官贤否，宜从容细访，廉察得真，方可入告。举一人，务使千万人知劝；劾一人，务使千万人知惩。至于待属吏，勿致过刻，伊等各有难处，尔若平心待之，则下吏皆悦服矣。"这说的正是用人之道的标杆作用问题，正人先正己，己身正不令而从。无论奖惩，不仅要注重其本身，更要注重其效应。

康熙知人的另一个渠道就是出巡。公元 1684 年，康熙第一次南巡，目的是"体察民情，周知吏治"。当时发现漕运总督邵甘"莅任以来，并无善状，且多不谨处"。在确知其怠政为实后，给予撤职处分。康熙曾说："凡居官贤否，惟舆论不爽，果其贤也，问之于民，民自极口颂之；如其不贤，问之于民，民必含糊应之。官之贤否，于此立辨矣。"这表明，康熙也得知人之道，不能仅靠舆论或身边人的褒贬，更要问之于民。民众的"极口颂之"与"含糊应之"，在今天看来都极有现实感。当然，难点就在于能否听到百姓的真话。

穆尔赛贪名远播，康熙亦早有听闻其"居官不善""品行最贪"，便让内阁九卿对其"从公会议"，结果竟然是穆尔赛并无劣迹

据称，扶植清官是康熙费力最多也最具特色的。他以为，加强纠察、惩处贪官固然重要，但贪官危害已成。积极的做法是培养扶植一批正直清廉的官吏。其实，这在今天看来是一体两面，反腐治贪设的是底线，让官员知止、知耻；扶清倡廉设的是高线，让官员思齐、对标，最终为的是形成良好政治生态。

于成龙廉而能干，一路被擢升至两江总督。公元 1681 年，康熙召见当时还任直隶巡抚的于成龙，"赐坐，赐茶，面谕曰：'尔为今时清官第一，朕所深知。'"勉励他要"始终一节"。公元 1684 年于成龙病故，康熙因他"清操始终一辙，非寻常廉吏可比，破格优恤，以为廉吏劝"，多有加赠哀荣。这算是给清官以高规格的礼遇与任用，康熙的目的就是试图以此树立榜样，克服贪墨之风。

公元 1687 年，康熙对大学士等说道："今观各官虽有品行清洁者，但畏国法而然。如直隶巡抚于成龙之真实清廉者甚少。"所谓官员清廉者，一为自律而清，一为他律而清，康熙心底很是清楚。因此，他希望通过扶植清官以确立用人导向："如此好官，若不从优褒奖，何以劝众？可令九卿集议。于成龙前因九卿推荐，朕始擢用，若再有如此好官，不拘大小，亦令九卿保举来奏。"

正所谓用一清官而清官毕至，在康熙的用人导向作用下，清官力量渐强，接连出现了两江总督腊塔、直隶巡抚格尔古德、闽浙总督王骘等一批清官。他们的出现如一股清风，给清朝官场带来不小的正向影响。

如果说扶持清官是一种"增量改革"，那么惩治贪官则是一种"存量改革"，其所遇阻力就要比前者大得多。这个道理古今亦然。

于成龙（选自《于清端公集》）

比如当时穆尔赛贪名远播，康熙亦早有听闻其"居官不善""品行最贪"，便让内阁九卿对其"从公会议"，结果竟然是穆尔赛并无劣迹。估计这样的结果也令康熙错愕，只是康熙惩贪的决心很坚定，便命原参穆尔赛之人监察御史钱钰，把其劣迹当着内阁九卿一一指实奏陈。

康熙说："夫诸臣不从公详议，如此徇庇具议，嗣后九卿诸臣何以倚任。事务何以得理"，"首先立议穆尔赛为人朴实不生事端者，即系庇护穆尔赛之人"，因此对互相包庇的行为也加以严惩。康熙算是头脑清醒，不仅惩治贪者，连包庇者也一同惩治，足见其看到当时官场政治生态之恶劣，欲一清官声的坚决。

然而，康熙肃清吏治并不彻底，尤其是涉及自身时，便反行其事，与唐太宗不可同日而语。当时，彭鹏曾几次上疏参劾大学士李光地，而李光地是康熙宠臣，其行事多为康熙授意。结果康熙指责彭鹏"题参多沽名取誉，使人惧怕，你自作威势"，最后竟把他赶出了京师。唐太宗善于纳谏而抑己，纠正过失，康熙则是不思己过。更严重的是，己身不正，焉能正人？康熙在用人上自己放水，只怕到下头就彻底乱套了。

康熙认为："人必先心术，次才学。心术不善，纵有才学何用？"

在用人理念上，康熙在不少方面达到一些雄主的水平，有些方面亦有所创见。

在用人的重要性上，康熙认为："知人难，用人不易，致治之道，全关于此。"这个认识还是很到位的。后来，他在读司马光上奏给宋仁宗的札子时感叹，司马光论述治国之道的三条：任官、信赏、必罚，"要言至理"，可以书写下来刊刻于碑，或置之座右，"万世不易也"。这说明他在内心里很是认同这三条治国之道。

比如公元1673年，在弘德殿，讲官进讲完毕，康熙就对讲官说："从来民生不遂，由于吏治不清。长吏贤，则百姓自安矣。"这个根源找得很对，官员不仅是标杆，更决定百姓福祉。

官员搞腐败，民生终必受伤，甚者直接与民争利，百姓如何能安？

在用人的德才考量上，康熙认为："人必先心术，次才学。心术不善，纵有才学何用？"公元1687年，康熙对吏部说："朕听政有年，见人或自恃有才，辄专恣行事者，思之可畏。朕意必才德兼优为佳。若止才优于德，终无补于治理耳。"足见康熙对德与才这个千古命题见识之深与察微之能。

在用人导向上，康熙察觉："君子进，则小人退；小人进，则君子退。君子小人，势不并立。"公元1714年，康熙的认识已经更深刻："昔人有言，正朝廷以正百官，正百官以正万民。举贤退不肖，正百官也，二者不可偏废。如但举贤而不退不肖，则贤者知所勉，而不肖者不知所惩，终非劝众之道。唯黜退不肖之员，则众人方知所戒，俱勉为好官矣。"意为举贤、退不肖两手都要硬。

在用人制度上，康熙亦有其看法："设官用人，国家大务，除授升迁，宜立画一之规，方可永行无弊。"可以说康熙对用人制度规范寄予了很高的期望。因此对吏部所进的《品级考》，指出了不少批评意见，寄望的正是用制度来管人用人。

附 一

中国传统治理中的识人之道

司马光说："知人之道，圣贤所难也。"
古代君主用大贤的，多重他人推荐、自
己明察

作为领导者，最忌通过自己身边人的臧
否，来判定谁可用、谁不可用

对于一个单位来说，可以听取别人意见，
但主要领导者最后要拿定用人主意，不
能全部交给组织人事部门去做

用人的前提是识人。不能识，如何用？识之有偏、有误，就会差之毫厘、谬以千里，因为"用一贤人，则贤人毕至；用一小人，则小人齐趋"。

治国理政，人才为本。"为政之要，首在得人""得人才者得天下，失人才者失天下"，用人的重要性，自古而今可谓至深至明。然而，知人之难乃是古今治理的第一大难题，如司马光所言"知人之道，圣贤所难也"。从千百年来的历史实践看，这一难题始终都没有"最优解法"。了解历史上的识人之道，对于我们今天做好人才工作大有启发。

推荐与明察

古人尤其是君主用大贤的，多重他人推荐、自己明察，或这两种办法组合使用。倘若君主不加详察，他人荐贤往往就会私恩盛行，而致庸人塞路。但当面详察，要求用人者本身就很贤明,有雄才大略。他们思考治理难题往往夜不能寐而求之于人,若所答能令己茅塞顿开就会引为高贤。历史上,齐桓公之与管仲、秦穆公之与百里奚、秦孝公之与公孙鞅,都有所谓三天三夜长谈的故事。但若为庸主,即便是贤才他也不鉴识,有贤能他也不善用,而贤才也会弃他而去。比如鲁庄公之于管仲、魏惠王之于公孙鞅、项羽之于韩信、袁绍之于荀彧。

刘邦用人尤其注重在实践中看实绩。萧何、周勃,起事时就在一起,可谓知根知底。张良、陈平是后来投奔,刘邦也是见到他们谋略的效用才逐渐起用的。刘邦甚至不太相信引荐这种方式,他不想把无能之辈用到官位上空享爵禄,即便如萧何这般重臣所荐,他也未敢轻信。萧何就多次向刘邦推荐韩信,但刘邦总不予重用。以致萧何追韩信,才触动刘邦,最终答应让韩信当大将。但在设坛拜将之后,刘邦还要一试韩信有无真本领:"将军何以教寡人计策?"刘邦听了韩信的一番话方大喜,才"自以为得信晚"。

民意怎么听

借助人才的名声与业绩考核的办法可以识别人才。然而,司马光指出过这种方法的弊端:"是故求之于毁誉,则爱憎竞进而善恶浑殽;考之于功状,则巧诈横生而真伪相冒。"意谓靠舆论的毁谤或赞誉,就会有个人的爱憎感情争相掺杂进来,使善良和邪恶混淆；而用功劳簿进行考核，就会巧诈横生，真假不明。千载以下，可谓至理。

战国时期的齐威王甚是明察。他曾召见即墨大夫，对他说：自从你到即墨任官，每天都有指责你的话传来。然而我派人去即墨察看，却是田土开辟整治，百姓安居乐业，官府平安无事，东方十分安定。"是子不事吾左右以求助也！"便封赐即墨大夫享用万户俸禄。又召见阿地大夫，对他说：自从你到阿地镇守，每天都有称赞你的好话传来。但我派人前去察看，只见田地荒芜，百姓贫困饥饿。当初赵国攻打鄄地，你坐视不救；卫国夺取薛陵，你不闻不问。"是子厚币事吾左右以求誉也！"当天，齐威王下令煮死阿地大夫及替他说好话的左右近臣。于是臣僚们毛骨悚然，不敢再弄虚作假，都尽力做实事，齐国因此大治，成为强盛的国家。

这说明，完全靠名声评判一个人存在一定的局限性。考察干部，重视哪个群体的意见，很关键。如果只是听自己身边人的意见，觉得这个人行，那个人不行，看似身边人与考察对象没什么关系，却往往在实际上大有干系。作为领导者，最忌通过自己身边人的臧否，来判定谁可用、谁不可用。

对不同范围的民意，孟子早就说过："左右皆曰贤，未可也；诸大夫皆曰贤，未可也；国人皆曰贤，然后察之见贤焉，然后用之。"这里，孟子提示了一个更大范围听取对象，用今天的话讲，就是广大群众。

孟子（选自《圣贤像赞》）

绩效怎么考

三国时期的魏明帝痛恨浮华之士，对吏部尚书卢毓说："选举莫取有名，名如画地作饼，不可啖也。"于是让散骑常侍刘邵制定考课法，刘邵制定了《都官考课法》72 条供百官讨论。

群臣对这种考绩之法，多有非议，傅嘏的观点最有代表性。他认为这种考绩是治国的细微末节，"本纲不举而造制末程，国略不崇而考课是先，惧不足以料贤愚之分，精幽明之理也"。结果久议不决，事竟不行。

的确，这种考绩的具体工作繁琐庞杂，最后分数多一分者就比少一分者优秀？当然未必，而且很容易被用来作弊徇私。

司马光就此事写过一段很长的议论。他认为识人之本"在于至公至明而已矣""为人上者至公至明，则群下之能否焯然形于目中，无所复逃矣。苟为不公不明，则考课之法，适足为曲私欺罔之资也"。意谓居上位的人至公至明，属下能否胜任就会看得清清楚楚，无所遁形。如果不公不明，那么考绩之法就会成为徇私、欺骗的凭借。这个道理很有现实针对性，也比较在理。

司马光认为，"为人上者，诚能不以亲疏贵贱异其心，喜怒好恶乱其志，欲知治经之士，则视其记览博洽，讲论精通，斯为善治经矣；……欲知治兵之士，则视其战胜攻取，敌人畏服，斯为善治兵矣"。其核心意思就是，内心公正，根据属下的实绩来选人，肯定能选好。他认为，选人这种事，虽然要听取别人的意见，但决断在于自己；虽然考核要看实际表现，但审察却要用自己的内心。探讨实情而斟酌是否适宜，最为精密、最为细微，怎么能预先定出法规而全部交给职能部门去做呢？今天看来就是，对于一个单位来说，可以听取别人意见，但主要领导者最后要拿定用人主意，不能全部交给组织人事部门去做。

司马光也指出了一种用人的实际："所喜所好者败官而不去，所怒所恶者有功而不录；询谋于人，则毁誉相半而不能决，考求于迹则文具实亡而不能察。"他认为，如果用人者凭喜好怒恶来选人，听别人意见毁誉各半不能决，考核事迹又文书具备却内容空洞而不能觉察，这样即使制定再好的考核办法，也得不到真实情况。

司马光的看法是：居上位的人，不只是君王而已，太守居于一郡之上，刺史又居于一州之上，九卿居于属官之上，三公居于百官之上，如果各级都用这个办法考察任免自己的下属，君王也用这个办法考察任免三公、九卿、郡守，就不会有什么烦劳。

附 二

千古德才费思量

有些大才的德行其实很成问题，比如法正，一餐之德、睚眦之怨无不以报，以致擅自杀害了一些人。诸葛亮治蜀，很强调严刑峻法。却对法正这般宽纵，为的还是要笼络大才

承平时期，就必须德才兼备方能任用，如魏征所说："天下未定，则专取其才，不考其行；丧乱既平，则非才行兼备不可用也。"

知人贤否，不能仅靠舆论或身边人的褒贬，更要问之于民。民众"极口颂之"与"含糊应之"，官之贤否于此立辨

治国经邦，人才为急，古今治理，都把人才放在首位，所谓"得人才者得天下，失人才者失天下"。然而，人才的标准是什么？人们常常说要"德才兼备"，把德与才作为用人的两个重要参数，但"才德全尽"之圣人又不常有，那古人是如何把握德与才的尺度的？

一般而言，在才的问题上，人们多无异议。在德上看法则有不同，也往往因势而变。

德才兼备从来难

如司马光言："才者，德之资也；德者，才之帅也"，古代君主用人，多取德才兼备，更以德为先。然而，那些有能为的雄主，往往又习惯于突破"以德为先"的律令，以为大礼不拘小节、大才不考细行。

作为春秋五霸之首的齐桓公，在纠合诸侯以伐宋的途中，遇见贤才宁戚，就想用他。面对臣子的劝阻，桓公说出了一番

司 馬 君 實 像

司马光（选自《历代古人像传赞》）

发人深省的话，《吕氏春秋》生动地记载了这一段故事。其臣说，宁戚是卫人，不如派人去打听一下他的口碑，"而固贤者也，用之未晚也"。桓公说："不然。问之，患其有小恶。以人之小恶，亡人之大美，此人主之所以失天下之士也已。"

显然，齐桓公采取的是"唯才是举"的策略，甚至不愿面对小恶与大美的纠结，对有无小恶根本不问。这种用人思路，吸引了管仲、宁戚等一批大才辅佐，成其"九合诸侯，一匡天下"的春秋霸业。

三分天下、刘备入蜀之后，蒋琬被任命为广都长，估计蒋琬觉得官不大，也就没怎么上心。没想到，有一天刘备突然到了广都，见蒋琬不处理政务，正好又喝得烂醉，大怒要治他死罪。还好有诸葛亮为其求情："蒋琬社稷之器，非百里之才也。其为政以安民为本，不以修饰为先，愿主公重加察之。"刘备尊重诸葛亮，因而只是免了蒋琬的官职。

诸葛亮这一求情，实际为刘备留下了治国的后备大才。诸葛亮去世后，蒋琬便成为接班人。倘若对贤才严加苛责，对细过不放过，恐怕治蜀就后继无人了。

战国时期，各国更是争相求才，如何用人，彰显的是不同君主的胸襟气度。比如公元前 377 年，子思向卫国国君推荐苟变说：他的才能足以统帅五百辆战车的军队。卫侯说：我也知道他是个将才，然而苟变做官吏的时候，有次征税吃了百姓两个鸡蛋，所以我不用他。面对卫侯的苛严标准，子思劝道："夫圣人之官人（选人任官），犹匠之用木也，取其所长，弃其所短；故杞梓连抱（合抱巨木）而有数尺之朽，良工不弃。今君处战国之世，选爪牙之士，而以二卵弃干城之将，此不可使闻于邻国也。"

子思一言，令卫侯警醒，乃用了苟变。而一句"不可使闻于邻国"，更点出了战国时期人才紧俏的大环境。你用人求全，弃而不用有小恶的大才者，邻国必闻之大喜、延揽了去，就会成为本国的大患。这样的故事在战国时期并不鲜见。

乱世更重才

事实上，在开明的君主眼里，不仅不考察大才的细行，有些大才的德行其实很成问题，却也往往会网开一面。

比如吴起。

当初，吴起在鲁国任职，齐国来攻鲁国，鲁国想用吴起为大将，但其妻为齐国人，鲁国便疑忌他。于是，吴起杀妻而求将，大破齐军。尽管如是，但为求将而杀妻，恐怕是吴起的道德污点，有人便以此在鲁国国君面前攻击他。吴起知道后怕治罪，又听说魏文侯贤明，便投奔他。文侯估计心里也有点想法，还好去征求李悝意见，李悝说：吴起为人贪婪而好色，然而他的用兵之道，连齐国的名将司马穰苴也是比不上的。

李悝之言，打消了魏文侯的顾虑，于是任命吴起为大将，派他攻打秦国，连克五城。战国时期，魏国能首先称雄，是与文侯这种用人所长、不究恶行的谋略分不开的。当然，魏文侯一去世，吴起便被人设计陷害，使魏武侯对吴起产生疑忌。吴起怕有杀身之祸，便投奔楚国，楚悼王即任命吴起为国相，短短数年楚国便迅速强大，"南平百越，北却三晋，西伐秦，诸侯皆患楚之强"。由此可见失一大才，为国之患；得一大才，为国之幸。

刘邦用陈平时，估计比魏文侯心里还要不安。当时，魏无知把陈平引见给刘邦，刘邦问他在项羽那里居何职后，便也封了陈平一样的官职。不久，陈平便遭遇流言攻击，连绛侯、灌婴等都对刘邦说他的坏话，说陈平和嫂嫂通奸，又收受贿赂。刘邦听了流言，便把魏无知叫来责备一番。

魏无知说："臣所言者，能也；陛下所问者，行也""楚汉相距，臣进奇谋之士，顾其计诚足以利国家不耳。"估计魏无知这一番话，还不足以让刘邦醒悟，刘邦又把陈平叫来责问，陈平的一番话才彻底警醒刘邦。

陈平说："项王不能信人，其所任爱，非诸项即妻之昆弟，虽有奇士不能用，平乃去楚。闻汉王之能用人，故归大王。臣裸身来，不受金无以为资。诚臣计画有可采者，愿大王用之；使无可用者，金具在，请封输官，得请骸骨。"意谓项羽任人唯亲，刘邦任人唯贤，如果自己的计谋不可用，请刘邦把自己收受的钱财没收归公，请求辞职还乡。

刘邦一听，赶紧赔礼道歉，还厚厚赏赐，拜陈平为护军都尉。陈平可以称得上刘邦的"阴谋家"，一共给刘邦出了六次奇计。倘若刘邦因陈平之过而不用，焉能如司马迁所说"常出奇计，救纷纠之难，振国家之患"？

与那些大才相比，法正的德行应该是最差的。他一餐之德、睚眦之怨无不以报，以致擅自杀害了一些人。有人对诸葛亮说他太肆无忌惮，应当抑其威福。

诸葛亮说："主公之在公安也，北畏曹操之强，东惮孙权之逼，近则惧孙夫人生变于肘腋。法孝直为之辅翼，令翻然翱翔，不可复制（不再受制于他人）。如何禁止孝直，使不得少行其意邪！"

事实上，诸葛亮治蜀，很强调严刑峻法。却对法正这般宽纵，为的还是要笼络大才。当时，汉中是蜀之战略要地，被称为益州咽喉，汉中一失，三巴难守，等于割去蜀地的四肢。法正抓住良机，助力刘备夺取汉中，解决咽喉之患。

牢牢守住用人底线

然而，即便纷乱之时放宽用人标准，"专取其才，不考其行"，但也不是没底线。对于那些极度无德无良无极限之人，也没有人敢用，比如吕布，最终无人敢用而沦为曹操刀下之鬼。

吕布确有万夫不挡之勇，但其德行有亏，最要命的就在于不忠，一会儿投奔这个，一会儿投奔那个。因而吕布被曹操击败而投奔刘备时，刘备却看不上眼。曹操用人的眼光略逊一筹，后来还曾亲自写信给吕布，对他大加慰勉和拉拢。

但陈登对曹操说："布勇而无谋，轻于去就，宜早图之"，劝曹操尽早对他下手。曹操才说："布狼子野心，诚难久养，非卿莫究其情伪。"后来曹操捉住吕布，吕布请在座的刘备为他求情：绳子把我捆得太紧，难道不能帮我说句话吗？曹操笑着说："缚虎不得不急。"下令准备给吕布松绑。这时刘备却说：不行，您没有看到吕布事奉丁原与董卓的情况吗？曹操点头赞同。气得吕布瞪刘备道："大耳儿，最叵（不可）信！"曹操因而杀了吕布。

魏文侯之用乐羊，则清晰表明，人才一旦突破底线，就无人敢用。

当初，魏文侯用乐羊而不疑，用之而攻中山国，其子乐舒就在中山为官。文侯左右本就妒忌乐羊骤得大用，见其总是不攻，便在文侯面前说他的坏话。但文侯把群臣的告状信都封在箧内，在乐羊攻下中山后，文侯为之设宴庆贺，宴毕送他两个箱子的告状信。

然而，文侯的疑心也便在攻中山国之时种下了。当时，中山子姬窟把乐舒烹成羹送给乐羊，想以此使乐羊悲恸而不能战，没想到乐羊够狠，直接就在使者面前吃了一杯。文侯对睹师赞说："乐羊以我之故，食其子之肉。"很有点感激感动的意思。但睹师赞对道："其子之肉尚食之，其谁不食！"这和管仲怀疑易牙"人情莫爱于子，其子且忍之，何有于君"之论是一个道理。

睹师赞一语警醒了魏文侯，文侯在庆功宴后，封乐羊为灵寿君而罢其兵权。《战国策》写道："文侯赏其功而疑其心"。正所谓"无情未必真豪杰，怜子如何不丈夫"，又"虎毒不食子"，连自己的亲骨肉都敢吃、都敢烹给国君吃，如此无底线，无基本的"人性"，倘若日后出现特定条件，他就极可能不忠。

德的标准会因势而变

考诸历史可以看出，在天下纷乱时，往往只看重才干，而忽略德行。然而，国家安定时，对德行的重视度就大幅提升。这方面，古人亦早有知觉。

贞观六年即公元 632 年，太宗对魏征说："为官择人，不可造次。用一君子，则君子皆至；用一小人，则小人竞进矣。"这就是我们今天常说的用人导向问题。而魏征之答，道出的正是用人标准变化的原因："天下未定，则专取其才，不考其行；丧乱既平，则非才行兼备不可用也。"

为何德的标准会因势而变？

事实上，纷争时主要矛盾是"破"，着眼于创业，打破旧秩序；承平时主要矛盾是"立"，着眼于守成，建立新秩序。而德与才在解决主要矛盾方面各有所长、且力度不同。

在纷争时代，往往计才不计德，原因在于，才在"破"上极为关键，谁得大才谁就可能使国富民强，甚至扭转乾坤、赢得天下，而重才产生的用人导向，更能吸引天下有才者归之。无德虽然具有"破坏性"，但可能"破"的是对手，即便产生一定的自我破坏力，社会对此也相对宽容。

而在承平时期，就必须德才兼备方能任用。这时，才为的是"立"，但正所谓"马上得天下不能以马上治之"，治国需讲究"烹小鲜"的功夫，此时即便大才也往往只有慢火徐图之功，而无立竿见影之效。而新秩序既已建立，就有其运行的惯性，即使一般性的人才也能维持秩序运行。

相对而言，德在"立"这一主要矛盾上的作用就凸显，社会对德的要求也变得更高，正所谓"上行下效""其身正，不令而行；其身不正，虽令不从"。德若不佳，则立马能"破"，产生极大破坏效应，影响社会风气，甚至影响为政的公信力。若重才不重德，则一面"立"而一面"破"，无异于伤敌一千自损八百。唯重德才兼备则皆致力于"立"，方能致善治。同时，更产生强烈的用人导向，使贤人近、小人远。

在德与才的问题上，康熙见识亦很深刻。他认为："人必先心术，次才学。心术不善，纵有才学何用？"公元1687年，康熙对吏部说："朕听政有年，见人或自恃有才，辄专恣行事者，思之可畏。朕意必才德兼优为佳。若止才优于德，终无补于治理耳。"显然，康熙着眼的还是承平时的治理而非纷乱时的虎争，其结论也正是在治理实践中得出来的。

古人如何考德

天下既平，用人开始强调德才兼备、以德为先，势所必然。但问题是，德如何考察？

有人说："对人的道德进行量化评价，是一个管理学上的世界难题。"原因就在于，与才干的"外秀"相比，德更倾向于"内秀"。德虽然也有外在表现，但有时未必能真切彰显德的本质。同时，德不在于一时，如白居易诗"试玉要烧三日满，辨材须待七年期。周公恐惧流言日，王莽谦恭未篡时。向使当初身便死，一生真伪复谁知。"劲草是否名副其实,唯有疾风可知;臣子是否真正忠诚,唯局势危难之"板荡"能识。然而,真到关键时刻,虽然能识忠奸,只怕一切都晚了。

这个关键时刻,德比才更为重要。古代君主识人能否高出一筹,关键就在这个德上比一般人更能洞察幽微,或有远见卓识。没这等功夫,往往就会游移不定、迟疑不决。相反,就会气定神闲、泰然自若。

康熙二十年(公元 1681 年),康熙终于决定起用施琅,问李光地道:"施琅果有什么本事?"李答:"琅自幼在行间经历得多,又海上路熟,海上事他也知得详细,海贼甚畏之"。后来又派大学士明珠去问李光地,李光地列举施琅的长处:一则施琅是"海上世仇,其心可保";二则施琅"熟悉海上情形";三则施琅"还有谋略","海上所畏唯此一人"。后来,李光地推荐施琅时,康熙还问他,你能"保其无他乎?"

这一句"保其无他乎?"令人忍俊不禁,说到底还是担心其德行靠不住,表明康熙在知人上到底是稍逊风骚。相形之下,战国时期的齐威王在知人上就很有一套。

据《战国策》载,当时,秦国通过韩、魏去打齐国,齐威王派章子为将应战。章子与秦军对阵,居然搞的军使来往频繁,大有结盟友好之势。章子甚至还把军旗换成秦军的样子,却暗地里派部分将士混入秦军。当然,这番良苦用心的计谋,非凡夫俗子所能理解,一些不明就理的人,马上就说他叛秦了。连续三次都有探子如此这般的报告，但威王始终不反应。当时就有朝臣急了，请求发兵攻打章子。齐威王说："此不叛寡人明矣，曷为击之？"

面对三人成虎、众口铄金的情势，齐威王仍然无动于衷，坚定信任章子。不久捷报传来，齐兵大胜，秦军大败，秦惠王只好自称西藩之臣，派特使向齐国谢罪请和。威王左右侍臣想弄明白，他怎么就知道章子绝对不降秦。齐威王便说了一段往事，足见其察于平时、知于细微。

齐威王说，章子的母亲启死后葬在马棚下，我任命章子为将军时，勉励他说：先生的能力很强，过几天全兵而还时，一定改葬将军的母亲。当时章子说：母亲生前得罪了父亲，臣父不允许臣改葬后就死了，假如臣得不到父亲允许而改葬母亲，"是欺死父也。故不敢"。威王的结论是："夫为人子而不欺死父，岂为人臣欺生君哉？"以今天的眼光看，很难说章子对待父母的态度是正确的。当然，历史地看，章子谨守的是当时的基本道德伦理，以此为底线而不敢有违。威王也正是从"人性"的角度去考察的，他的判断是，能恪守基本道德伦理的人，德行怎么会差呢？

当然，今天要用日常生活中的这等细行，来决定干部的任免，恐怕又会贻笑大方。一些地方致力于日常德行的细化、量化考核，这种尝试当是有意义的，作为参考大有裨益，德考分过低值得警觉。但另一方面，若以此为硬杠杠，恐怕也多少会存在一些问题，70 分和 80 分相比可能很难说明，前者就一定比后者德行差。

《相马图》（赵孟𫖯绘）

坚持正确的用人导向

在一定程度上，古人以问之于民、用人导向和事后惩处等办法，解决德考量化的难题。

虽然德考量化容易存在误判，但品行不佳之人，自有公论。康熙提出了一个重要的思路。他说"凡居官贤否，惟舆论不爽，果其贤也，问之于民，民自极口颂之；如其不贤，问之于民，民必含糊应之。官之贤否，于此立辨矣。"意谓知人贤否，不能仅靠舆论或身边人的褒贬，更要问之于民。民众的"极口颂之"与"含糊应之"，在今天看来都极有现实感。当然，难点就在于能否听到百姓的真话。

康熙还强调用人上的惩恶扬善，两手都要硬："昔人有言，正朝廷以正百官，正百官以正万民。举贤退不肖，正百官也，二者不可偏废。如但举贤而不退不肖，则贤者知所勉，而不肖者不知所惩，终非劝众之道。唯黜退不肖之员，则众人方知所戒，俱勉为好官矣。"用今天的视角看，举贤，就是树立一个标杆，让大家见贤思齐；退不肖，就是构筑一个底线、红线，让大家自警勿碰。

三国时期的曹操，在用人导向上搞了一把生动实践。公元208年，曹操担任丞相，分别委任崔琰、毛玠为丞相西曹掾、东曹掾。两人一起负责官员选拔、任免，"其所举用皆清正之士，虽于时有盛名而行不由本（品行不佳）者，终莫得进"。他们选拔敦厚务实的人才，排斥只会空谈的浮华之人；任用谦虚和睦的长者，压抑结党营私的小人。"由是天下之士莫不以廉节自励，虽贵宠之臣，舆服不敢过度"，结果就是"吏洁于上，俗移于下"。曹操知道后，叹道："用人如此，使天下人自治，吾复何为哉！"

这就是用人导向的力量。当然，古人运用起来过于粗疏简陋，属于"初级版"，以致出现了一些"副作用"。后来即如丞相掾属和洽所言："今朝廷之议，吏有著新衣、乘好车者，谓之不清；形容不饰、衣裳敝坏者，谓之廉洁。至令士大夫故污辱其衣，藏其舆服；朝府大吏，或自契壶飧以入官寺。"这就是过于机械的标准带来的负效应，导致人们只通过外表来判断清廉与否，更导致官员故意投人们所好装可怜。所以，和洽对曹操说："古之大教，务在通人情而已；凡激诡之行，则容隐伪矣。"意思是，那些过于诡诞的行为，往往会包藏虚伪；那些有悖常理的行为，往往会衍生奸邪。这恰恰说明，树立用人导向也必须精准，结合实际，因势利导，而不可偏执一端。

梳理古代雄主的用人谋略可以发现，在德上的考量，大体合乎魏征的上述判定。特别是在承平之世，对德行如此强调尤令今人深思。很多时候，一些不良细行看似微不足道、无伤大雅，甚至让许多人内心里认为大可不必如此较真，但若真放任这些道德上的污点，则必如"蚁穴"，产生"用一小人，则小人竞进"的恶性效应，久而久之可溃千里之堤。相反，强调"非才行兼备不可用"，把德的要求放在优先位置，就在无形中树立了强有力的导向，如唐太宗言，产生"用一君子，则君子皆至"的良性效果。

时代不同，条件有异，用人的方略也必然有变。师古而不泥古，取其精华而鉴今，于今天治道方能有所裨益。

后　记

人近中年，往往喜欢从历史中去寻找现实和未来的答案。渐渐地，读史成为一大嗜好。

当然，这容易遭遇一些道德家的批判，甚至给中国人都扣上一顶帽子。说因为中国历史悠久，所以我们凡事都喜欢回望过去，结果是钻到故纸堆里打不破思维的枷锁；美国历史不长，所以美国人凡事都喜欢畅想未来，结果是在奇思妙想中脑洞大开。

其实，在一定意义上，法国人托克维尔早就对这种声音作了回答：当过去不再照亮未来，人心将在黑暗中徘徊。不过，这种声音也值得我们警醒，就是不要为历史而历史，不要陷入思维僵化的泥淖中。我们回望历史，不是要钻到故纸堆里去出不来，而是要着眼现在和未来的，这也是克罗齐"一切真历史都是当代史"的一个用意所指。

立足现实、放眼未来，当然首先要有创新而不是守旧的思维，但历史毕竟是前人留下的宝贵财富，有悠久历史乃是国民的一大幸事。尽管时代变化也速，历史上的环境、条件早已如过眼烟云，但道理的进化，乃至人性的进化，却何其慢也。很多事，当先人付出了血的教训或代价，战胜了一些人性的积弊，印证出了一些道理，而后人不去汲取，那么历史就还可能再度上演。

所谓历史之为财富，正在于它潜在地揭示了一些沟坎与正途，更潜藏着一个可以驾驭行走的未来。

读史，人们往往是在寻找治道。而"为治之要，莫先于用人""为政之要，惟在得人"，在相当意义上说，用人之道正是打开历史、资治兴国的密钥。或许正因如是，古人在史籍中记述的用人故事甚多，也最用力。近年读史而被撼动心魄，又拍案叫绝、击节以叹的，也是雄主们的用人谋略与故事。因便做些笔记，述其情由，而又兴感随由，纵论古今，聊以自娱。

习近平总书记多次强调"聚天下英才而用之"的理念，指出："要把我们的事业发展好，就要聚天下英才而用之。要干一番大事业，就要有这种眼界、这种魄力、这种气度。"这种用人的雄略气概，让我想起先前所做的那些笔记与读史批注，或有些益处。便于2016年开始，整理一些篇什，在《秘书工作》杂志等陆续刊用。更一时兴起，辑成此书，以应时事，以襄盛举，以奉方家贤达。若能有所增益，用于治道，不亦幸乎？

收入书中的篇什，读者诸公或有若干疑问，于此逐一应之，以释疑也。

或问，雄主冠以"历代"，为何有秦皇、汉武、唐宗而无宋祖，更无一代天骄成吉思汗？而那位被近代梁启超所称"黄帝以后第一伟人"的赵武灵王竟也算不得雄主么？

确然，或因史料记载所限，或因雄主如赵武灵王者虽有雄略却在用人上乏善可陈，或因在下挂一漏万，因而只能得此数十篇、十数人而已。如《元史·太祖本纪》所载："帝深沉有大略，用兵如神，故能灭国四十，遂平西夏。其奇勋伟迹甚众，惜乎当时史官不备，或多失于纪载云。"成吉思汗有其丰功伟绩，又或有其独到用人之道，却不见于正史，若干野史或小说家言，算不得真，也便只好不以为据了。

或问，历代雄主的用人谋略故事依《史记》《资治通鉴》等尚可稍信，而春秋战国时期人物不少有参考冯梦龙《东周列国志》处，后者为历史演义小说，可信乎？

确然，《东周列国志》虽如是，但其特点乃据史实录，"事取其详，文撮其略"，而其资料来源以《左传》《国语》《史记》为主，参以《孔子家语》《公羊传》《谷梁传》等。因而史家多赞此著"羽翼信史而不违"。考虑到这不是在写历史学术论文，乃是以述各类史料而借古喻今、阐明用人大旨，因便在一些篇什里采用了这部著作的一些说法，量无关宏旨。倘若追究每一件事的细节是否历史上真如此、每一句话是否历史上真为原话，则放眼史海必无可信而跌入历史泥淖中去了。因为所有撰写历史的人，在记载历史人物的言语时，都会加以修饰，如司马光所言："凡为史者记人之言，必有以文之"。

虽如是，这本书中差误处必繁多，切盼方家指正。书中有关史实的叙述参考了中华书局出版的《史记》(韩兆琦主译)、《资治通鉴》(沈志华、张宏儒主编)等有关译本，在此一并致谢。

陈家兴

2017 年春节于金台园